UNDE HOC MIHI
¿POR QUÉ A MÍ?

Memorias del Cardenal
Luis Aponte Martínez
Arzobispo Emérito de San Juan de Puerto Rico

UNDE HOC MIHI
¿POR QUÉ A MÍ?

Memorias del Cardenal
Luis Aponte Martínez
Arzobispo Emérito de San Juan de Puerto Rico

GRUPO
EDITORIAL
norma
http://www.norma.com

Bogotá, Barcelona, Buenos Aires, Caracas, Guatemala,
Lima, México, Panamá, Quito, San José, San Juan,
Santiago de Chile, Santo Domingo.

Aponte Martínez, Luis
Unde Hoc Mihi: ¿Por qué a mí?
Memorias del Cardenal Luis Aponte Martínez / S.E.R. Luis Cardenal Aponte Martínez
San Juan : Grupo Editorial Norma, 2005.

p. 430; 23 cm. (Colección Biografías y documentos)

ISBN: 958-04-9064-3

Dirección editorial: Gizelle F. Borrero
Edición: Luis López Nieves
Asistencia editorial: Miriam Ramos, Secretaria
de S.E.R. Luis Cardenal Aponte Martínez
Diseño, diagramación y armada electrónica:
Tanya Rivera Santiago
Fotografía de la derecha: Joyce A. Pagán Nieves

CC: 38027
ISBN: 958-04-9064-3

Este libro se compuso en caracteres:
AGaramond, Usherwood, Optima
Impreso por: Imprelibros S. A.
Impreso en Colombia - Printed in Colombia
Impresión: noviembre de 2005

Contenido

PRÓLOGO

Desde hace muchos años he sentido gran respeto y afecto por la persona y la obra pastoral de Su Eminencia el Cardenal Luis Aponte Martínez. Idéntica vivencia me afecta ante las *Memorias* que se ofrecen hoy al público lector. A pesar de mis múltiples limitaciones, me he plegado a la petición e inmerecida confianza de Su Eminencia, para prologar esta interesante síntesis de su servicio a la Iglesia.

Puerto Rico y el mundo entero sufren vertiginosos cambios con nuevas corrientes de pensamiento, sepultando a veces en el anonimato nombres de personas que han ofrecido su vida al servicio de los demás. Es necesario publicar libros como estas *Memorias* y llenar esos vacíos de memoria histórica. Nuestros jóvenes urgen modelos con auténtico raigambre puertorriqueño, personas que desde la humildad se han hecho con su propio esfuerzo, han superado muchas barreras y han ofrecido lo mejor de sí mismos. Esos modelos deben seguir hablando a su pueblo y prestigiando a la Iglesia.

Al abrir la puerta de estas *Memorias*, tomamos el hilo conductor del itinerario en el lema episcopal de nuestro Cardenal: *"In virtute Dei"*, con la *fuerza de Dios*. En estas páginas van a desfilar personalidades dispares y protagonistas que nos asombrarán; leeremos acontecimientos difíciles, logros que no cabía soñar. Y se dieron así porque en el entramado humano y social, para el creyente siempre hay un propósito divino, una providencia salvadora, una energía que conduce a metas inesperadas con la *fuerza de Dios*.

Las *Memorias* de nuestro primer Cardenal son un importante capítulo de la historia eclesiástica puertorriqueña: es la *fuerza de Dios* en la Iglesia del Señor. Los estudiosos de la historia eclesiástica encuentran aquí un texto obligado para entender la transición y evolución de la Iglesia Católica en Puerto Rico en los últimos 50 años: tiempos de desligamientos, crecimientos y acercamientos a áreas jerárquicas vecinas. Por ahí están las huellas de la *fuerza de Dios*. Los historiadores abordarán este texto con la seguridad de descubrir una mina de datos eclesiales, en una redacción con estilo libre y sin una finalidad estrictamente histórica. Monseñor Luis Aponte Martínez fue ordenado "segundo Obispo puertorriqueño" en toda la historia del país y sirvió en puestos de máxima responsabilidad en el marco de años altamente conflictivos y exigentes para la Iglesia en la Isla. Su secreto: con la *fuerza de Dios*, *"In virtute Dei"*.

Nuestra Iglesia y la sociedad en Puerto Rico han protagonizado, durante los últimos 50 años, procesos sociales impensables en los siglos anteriores. Éstas son las *Memorias* de un dedicado pastor que, con aguda visión, se anticipó eficientemente a la explosión urbanística del Área Metropolitana. Sin complejos, con serenidad, sin estridencias y con visión de futuro asumió la Arquidiócesis de San Juan con 42 parroquias; y, al concluir su servicio episcopal en 1999, dejó 155 parroquias establecidas y pastoreadas todas por sacerdotes. Se adelantó a los desarrolladores para ubicar en lugares estratégicos iglesias, capillas, centros de evangelización, comunidades religiosas, servicios de caridad, etc. Estuvo junto a su pueblo en todo momento. Los sociólogos de nuestra reciente historia podrán identificar la variedad y la complejidad de tantas obras espirituales, evangelizadoras y sociales. El libro recoge estadísticas que parecen datos fríos, pero revelan en su trasfondo una persona vigilante que con sus energías, desvelos, tiempo, sueños, dejó una vida comprometida con Dios y con su pueblo.

Muchas veces se habla del "cardenal jíbaro". Su Eminencia nunca ocultó su origen y condición: hijo de una cuna humilde de 18 hermanos, alumno aprovechado de una escuela hogareña de sacrificio, sobriedad, religiosidad, solidaridad y auténtico orgullo de nobleza campesina. En este libro los humanistas encontrarán al "jíbaro" sencillo, sincero y "aguzao". No descubrirán títulos académicos, ni preparación especializada en grandes Seminarios que le hubieran capacitado para espectaculares tareas pastorales. A estas alturas de su vida, la persona del Cardenal Aponte se ha acreditado el respeto y la admiración reflejada en muchos Grados *"Honoris Causa"*, otros títulos honoríficos y abundantes reconocimientos. Es difícil recoger la lista completa y exhaustiva.

Los años sesenta del siglo veinte marcaron a la Iglesia y a la sociedad puertorriqueña con tensiones traumatizantes. En este libro los analistas políticos descubrirán al hombre que fuera nombrado Obispo en la vorágine de los años sesenta, con el protagonismo del Gobernador Don Luis Muñoz Marín y de la Iglesia del "Partido de Acción Cristiana". Monseñor Aponte sucedió en Ponce a Su Excelencia Monseñor James McMannus, el Obispo que incidió fuerte en el mundo político de la época. Es necesario subrayar, para la presente y futura memoria, que en los cuarenta largos años de su episcopado, el Cardenal mantuvo un diálogo de altura y respeto con todas las ideas y personajes políticos de su época, y preservó la imagen de la Iglesia al margen de toda lucha político-partidista.

La Iglesia, a pesar de su objetivo espiritual y divino, no puede evitar el manejo de los bienes materiales y necesita procurar y ordenar los medios económicos para proveer sus servicios a los hombres. Los que se acerquen a las *Memorias* del Cardenal Aponte, pueden admirar cómo se desarrollan grandes proyectos con sencillez y audacia. La variada experiencia en las parroquias regentadas en su juventud le capacitó y entrenó para supervisar tareas de gran envergadura ante el apremio de las necesidades actuales; y aprendió a mirar al futuro inmediato y proveer para largo plazo. Monseñor Aponte fue siempre atento testigo de los movimientos y desplazamientos humanos, y con su aguda visión de futuro, se adelantó y acompañó a la población civil. Supo reunir fondos para financiar la construcción de tantas obras que es difícil enumerar: iglesias, capillas, colegios, centros, etc.

El Cardenal ha sido amigo, padre providente y maestro de los Pastores de su Iglesia. Los sacerdotes sabíamos de las intensas jornadas de escritorio complementadas hábilmente con la atención al clero a quien conocía personalmente y llamaba a cada uno por su nombre, incluso por su apodo... Era conocido y conocía personalmente a sus sacerdotes, a las religiosas y a tantos líderes seglares. No era un extraño para su pueblo. Su propia experiencia le preparó desde su juventud para comprender a sus sacerdotes en sus necesidades y sentimientos personales, en sus envolvimientos y compromisos pastorales. Estas relaciones arrancan desde el ámbito del espíritu, más allá de las simpatías personales y cercanías apostólicas: es la comunicación vital del Buen Pastor, Cristo.

Cuando usted lea las *Memorias* de Su Eminencia Luis Cardenal Aponte disfrutará de una obra escrita con espontaneidad, con estilo narrativo muy personal y cautivador. Sentirá interés por conocer el contenido de los próximos capítulos, porque fluyen tal y como vienen a su privilegiada memoria. No se esclaviza al orden estrictamente cronológico. Saltan los ejemplos y las anécdotas que revelan el espíritu sencillo, generoso y bondadoso que caracteriza a Su Eminencia. Su narración no se ciñe estrictamente al quehacer pastoral como Arzobispo de San Juan. Tampoco el autor pretende agotar todos los temas. Estas *Memorias* son una visión retrospectiva de una vida consagrada al bien de los demás en generosas entregas diarias, vividas con la *fuerza de Dios*.

Las presentes *Memorias* recogen ochenta y tres años de la vida de Su Eminencia Luis Cardenal Aponte. Al final, la figura que se inicia en forma sencilla el 4 de agosto de 1922 en el Barrio La Haya de Lajas, culmina felizmente como primer Cardenal y Arzobispo Emérito de San Juan. En toda esa trayectoria se destaca la personalidad de un hombre de Dios que optó por el servicio pastoral de todos desde las más eminentes incumbencias. Sus raíces humildes se han transparentado siempre y jamás se apartó de su opción fundamental. Vivió consagrado a Dios, dedicado a su pueblo y cargado por largas horas de trabajo, con grandes espacios dedicados a la oración. Disfrutó del cariño de su pueblo, de sus feligreses, sacerdotes, religiosas e innumerables amigos.

La lectura de las *Memorias* despierta en el lector una secreta inquietud que es muy difícil de identificar con fechas, sitios y nombres. Se percibe por doquier una fuerza misteriosa que acompaña toda la acción. Si los lectores aceptan mi intuición o percepción, la explicación la encuentro en el lema acuñado para el escudo episcopal: *"In virtute Dei"*. La *fuerza de Dios* se deja sentir en todas las *Memorias*. Realizar tantas tareas, llenar a cabalidad su tiempo, atender campos tan diversos, perseverar a pesar de los conflictos y llegar al final de la vida con la paz del servicio prestado y con el don divino de una memoria privilegiada para narrar los hechos con lucidez, sencillez y transparencia, conlleva una explicación muy especial: *"In virtute Dei"*, con la *fuerza de Dios*.

Obispado de Arecibo, Puerto Rico, 4 de agosto de 2005, 83mo. cumpleaños de S. E.

P. José Dimas Soberal Díaz, Pbro.
Vicario General

Capítulo I

INTRODUCCIÓN

18

Unde hoc mihi: ¿Por qué a mí?
Memorias del Cardenal Luis Aponte Martínez

Hoy, en el año 2005, que estoy celebrando mi trigésimo octavo aniversario de instalación como Arzobispo de San Juan, que ocurrió el 15 de enero de 1965, y he cumplido mis 83 años de edad, comienzo a complacer a muchos amigos, tanto dentro como fuera del clero, que a menudo me han pedido que escriba mis memorias. Siempre he contestado lo mismo: que no tengo vocación de escritor, que mi vocación siempre fue la de sacerdote.

No deja de resonar en mi corazón una pregunta que desde hace mucho tiempo me he hecho en la presencia de Dios, al meditar sobre las misericordias divinas en mi pobre vida. "¿Et unde hoc mihi...?" (Lc 1,43). Aquel: "¿Y de dónde a mí...?" de Isabel, cuando se maravillaba de la bondad divina por sentirse inmerecidamente agraciada ante el don del que era objeto. De igual manera me hago la misma pregunta: "¿Por qué a mí?" ¿Cómo he llegado a ser el segundo Obispo nativo de toda la historia de mi querida Isla Borinqueña, el primer Arzobispo puertorriqueño, el primer y único Cardenal que nuestra tierra ha dado a la Santa Madre Iglesia Católica en más de quinientos años de historia?

De hecho, cuando fui al Seminario de Boston, en el año 1944, comencé un diario... pero nunca superó las dos páginas. Por eso, en este momento en que me propongo complacer a los amigos que me siguen exhortando a que cuente mi vida, no dispongo de datos escritos que me ayuden a recordar los detalles de los acontecimientos más importantes de mi vida. Sin embargo, intentaré complacerlos por la siguiente razón:

A partir del 30 de abril de 1960 la Iglesia puertorriqueña tomó un giro muy particular. Fue el momento en que la Santa Sede decidió elevar la Diócesis de San Juan al rango de Arquidiócesis y nombrar a su Obispo

Residencial, Su Excelencia Reverendísima Monseñor Jaime Pedro Davis, quien fungía como Obispo de San Juan desde el 3 de julio de 1943, como su primer Arzobispo. Al mismo tiempo se creó la Diócesis de Arecibo y se designó a Su Excelencia Reverendísima Monseñor Alfredo Méndez como Obispo de la misma.

También se nombró un Prelado para las Islas Vírgenes: Monseñor Edward J. Harper, de los Padres Redentoristas. Y se designó un Obispo Auxiliar para la Diócesis de Ponce, a petición del Ordinario del lugar, Su Excelencia Reverendísima Monseñor Jaime Eduaro McManus.

Dicho nombramiento recayó en este servidor, Luis Aponte Martínez, y me convirtió en el segundo Obispo puertorriqueño en casi cinco siglos. El primero fue Don Juan Alejo de Arizmendi, quien sirvió en los llamados "tiempos de España": del 1803 al 1814. Con mi nombramiento comenzó, en realidad, la jerarquía Católica nativa de Puerto Rico.

Cuatro años más tarde, el 4 de noviembre de 1964, cuando se me designó Arzobispo de San Juan, se creó simultáneamente la nueva Diócesis de Caguas y se nombró a Monseñor Rafael Grovas Félix como su primer Obispo. Más adelante fue creada la Diócesis de Mayagüez, el 1 de marzo de 1976, con Monseñor Ulises Casiano Vargas como su primer Obispo.

Más allá de lo publicado en la prensa local y en algunas revistas, periódicos o boletines de la Iglesia, lamentablemente no existe una crónica ordenada, ni una historia real de todo lo ocurrido desde que se crearon la Arquidiócesis y las nuevas Diócesis; es decir, desde que quedó establecida la Provincia Eclesiástica de Puerto Rico.

La ausencia de un escrito ordenado, que sustente nuestra historia como Iglesia Católica con jerarquía nativa, ha sido un motivo más para escribir mis memorias. Espero que con ellas pueda dejar constancia escrita de nuestra historia de los últimos 40 años y un poco más. Lo que narro en estas memorias, insisto, es fruto únicamente de mis recuerdos a los 83 años de edad cumplidos. Tal vez ésta sea la mejor prueba del estado de mi memoria en el momento actual. Les prometo que trataré de ser lo más fiel posible a los sucesos y acontecimientos ocurridos desde el 1960, cuando fui nombrado Obispo Auxiliar de Ponce, hasta el momento de mi jubilación el 26 de marzo de 1999.

20

Unde hoc mihi: ¿Por qué a mí?
Memorias del Cardenal Luis Aponte Martínez

He querido titular estas memorias con las palabras latinas ¨Et unde hoc mihi¨, que pueden traducirse un poco libremente al español como: ¨¿Por qué a mí?¨, o ¨¿De dónde a mí?¨ o "¿Quién soy yo?"

Prefiero la traducción: "¿Por qué a mí?" Recordarán que fueron las palabras pronunciadas por Santa Isabel cuando la Santísima Virgen llegó a su presencia en aquel Misterio de la Visitación. Asombrada de ver a su prima que ya tenía en su seno al Redentor, exclamó:

—*¿De dónde a mí que la Madre de mi Señor venga a visitarme?* (Lc. 1, 43).

Es lo único que acude a mi mente al pensar en las muchísimas y grandes bondades que el Señor ha tenido conmigo: ¨¿Por qué a mí?¨

Vengo de una familia bien humilde, de gran fe, pero pobre. Teníamos pocos recursos económicos, pero muchos recursos espirituales, gracias a Dios. Siempre he pensado "¿Por qué a mí?"al recordar a aquellos talentosos y piadosos compañeros que ingresaron al Seminario más o menos en mi tiempo, y en aquellos ejemplares sacerdotes que me precedieron o que todavía vivían durante los días en que fui elegido Obispo.

Recuerdo con afecto a grandes sacerdotes como Monseñor Mariano Vasallo en San Juan; Monseñor Noel y Monseñor Aguilera en Ponce; Padre Rivera en Humacao. A ellos y a todos los demás compañeros los recuerdo siempre que reflexiono sobre mi vida. Y siempre termino haciéndome, una y mil veces, la misma pregunta: "¿Por qué a mí?"

A mi edad casi he llegado a la conclusión de que esta pregunta no tiene respuesta. Tal vez estas páginas me ayuden a encontrarla.

Don Juan Alejo De Arizmendi
Primer Obispo puertorriqueño
(1803-1814)

S.E.R. Monseñor Luis Aponte Martinez
Segundo Obispo puertorriqueño (1960-1964)
Primer Arzobispo puertorriqueño (1965-1999)
Primer y Único Cardenal puertorriqueño (1973...)

Capítulo II

DATOS PERSONALES

24

Unde hoc mihi: ¿Por qué a mí?
Memorias del Cardenal Luis Aponte Martínez

Antes de seguir adelante, quisiera brindarles algunos datos personales: nací en el Barrio La Haya de Lajas el 4 de agosto de 1922. Mis padres fueron Santiago Evangelista Aponte y Rosa María Martínez, ambos difuntos.

Fui el octavo de 18 hijos, siendo mis hermanos: Francisca, †Úrsula, †Isabel Luisa, †Juana, †Miguel Antonio, †Juan José, †Santiago, Luis, Cándida Rosa, †Daniel, Santos Aníbal, †Ana Teresa, Rosa Aurora, Ana Evangelina, María Monserrate, Santiago Salvador, †Jesús Reinaldo y Elba Milagros Aponte Martínez.

Comencé mi escuela elemental a los 6 ó 7 años en una escuelita en el Barrio Ancones, cerca de la casa de mis abuelos, donde estudié mi primer y segundo grados. El edificio de madera donde estaba la escuela pertenecía a mi tío Justino. De esa escuela pasé a la escuela del Barrio Maresúa en San Germán, donde estudié el tercero y cuarto grados. Luego pasé a la Escuela Luis Muñoz Rivera en Lajas, donde completé hasta el octavo grado.

De mi escuela elemental guardo gratísimos recuerdos. Ahí fue que empezaron a forjarse mi carácter y sentido de responsabilidad... y nacieron mis primeras inquietudes sobre mi vocación sacerdotal. Mis primeras maestras fueron dos hermanas de una familia muy distinguida de Lajas: María Cristina y Josefina Biaggi. Josefina sustituyó a María Cristina al ésta enfermarse. En segundo grado tuve a la Sra. Celina Pagán de Feliú, otra gran profesora.

En Maresúa, para tercer y cuarto grados, me tocó un profesor que dejó huella en mí. Provenía de una familia muy distinguida de San

Germán: los García Yanguas. Se llamaba Esteban. Su hermano Aurelio era el Juez de Paz de San Germán. En aquellos tiempos esos puestos tenían mucha resonancia. Era un gran profesor. La escuelita era poco más grande que la sala de una casa normal y ahí él atendía tres grados: tercero, cuarto y quinto; pero enseñaba mucho. Ya en esos grados él nos motivaba a leer la prensa y a interesarnos por asuntos internacionales. Recuerdo como ahora cuando nos traía el periódico y nos señalaba casos como el secuestro del hijo de Lindberg y el proceso que se siguió contra el supuesto secuestrador, que causó revuelo internacional por haber sido Lindberg el primer hombre en cruzar el Océano Atlántico por avión. La escuelita de madera aún existe. La última vez que la visité estaba dedicada a un Hogar Crea.

Además de las clases ordinarias, teníamos deportes y una huerta en la que aprendíamos la siembra de vegetales que después consumíamos en nuestras comidas. Ahí aprendí lo poquito que sé de pelota y también cogí mi primer reglazo, con una regla de 18 pulgadas con la cual él nos "medía" de vez en cuando.

Teníamos en el patio un hermoso árbol de nísperos. Un mediodía se me ocurrió treparme con un rastrillo nuevo a tumbar nísperos. Por desgracia el rastrillo se me cayó, quedó partido en dos, y luego él prácticamente me partió la regla encima. Pero insisto: era uno de aquellos tremendos maestros de nuestros campos. Gracias a él, al pasar al quinto y sexto grado en Lajas, en la Escuela Muñoz Rivera, no tuve que estudiar el séptimo grado, que era al que más temía, por los rumores que se escuchaban de otros estudiantes de que las asignaturas eran cada vez más fuertes.

Ahí en Lajas me tocaron también magníficos maestros, comenzando por el príncipal, don Jerónimo Irizarry, progenitor de un grupo de magníficos maestros. Su hermana, doña Josefina Irizarry de Escalona, excelente profesora del sexto grado, fue la que me enseñó a estudiar. Era de esas maestras que se interesaba por el estudiante como persona, y si ella le notaba algunos talentos especiales o defectos en el aprendizaje, se los hacía reconocer. Gracias a Dios yo tenía una buena memoria y me embotellaba capítulos enteros de historia antigua. Jamás olvidaré que un día, después de un examen, ella me llamó para felicitarme, pero también me hizo una seria advertencia:

—Si algún día te tocara estudiar Filosofía fracasarías si no cambias tus hábitos de estudio. La Filosofía exige la razón y no la memoria.

No se imaginan cuántas veces recordé este consejo cuando en el Seminario de Boston, en las clases de Filosofía, tuvimos que competir con compañeros egresados del Boston College y Holy Cross College, que eran dos de los mejores en aquel tiempo (y me parece que lo siguen siendo hoy). Como pueden apreciar, ya en aquel tiempo el Señor comenzaba a ayudarme para lo que quería de mí en el futuro.

Nunca me consideré un estudiante brillante, pero siempre, lo digo con toda modestia, fui aplicado y responsable. Por eso en casa me encerraba en un cuarto con una vela o farolito a estudiar, pues no gozábamos del gran lujo de la luz eléctrica. El farolito era simplemente una lata llena de gas y una mecha. No se vayan a creer que era un farolito como los que tenemos hoy día.

Tenía también un gran obstáculo de carácter físico: no veía absolutamente nada por mi ojo derecho. De pequeño me caí y se me afectó el nervio óptico. Me trataron muy buenos especialistas en Boston, pero sin remedio. Estaba en gran desventaja, pues cuando estudiaba o leía intensamente se me cansaba mucho el ojo izquierdo... y se me sigue cansando hasta el día de hoy. En las oficinas del Arzobispado el personal me bromeaba diciendo:

—Menos mal que ve por un solo ojo.

Todo esto fue parte de la gran lucha con los estudios; pero como ya he dicho, con la gracia del Señor sobrevivimos.

Déjenme advertirles que mientras estudiábamos en la escuela elemental, además, teníamos que hacer todos los quehaceres de la casa. Por ejemplo, yo me levantaba a las 5:00 de la mañana para salir a caballo a buscar leche al Barrio Santa Rosa de Lajas, que estaba a una hora de distancia. Tenía que llevarla a San Germán para distribuirla, y estar de regreso a las 8:00 de la mañana en la escuela.

También había que conseguir la yerba para los animales, pues teníamos algunos caballos, cerdos y cabras en la finquita. Y buscar agua en un pozo que distaba a casi una hora de la casa en un lugar llamado Culebras. El agua se llevaba en latones o cubos pasando por veredas de puro polvo o fango cuando llovía. Así teníamos que colaborar en los quehaceres de la casa para poder salir adelante. Afortunadamente mamá tuvo la buena suerte de dar a luz primero cuatro niñas, y ésas le ayudaron a criar y, en parte, a sostener a los demás. Le ayudaban en los quehaceres de la casa. También cosían pañuelos y camisas para allegar alguna ayuda económica.

En aquella época el obrero ganaba algunos 65 centavos al día; o sea, que un padre de familia traía prácticamente $3.50 a la semana a la casa. Y esto era durante la zafra, en el tiempo de la caña, que duraba por lo regular tres o cuatro meses . Luego venía lo que se llamaba el invernazo, cuando apenas se encontraba trabajo. En ese tiempo lo que se hacía era desyerbar y abonar la caña durante algunos meses. Papá tuvo un negocio de leche y eso nos ayudaba un poco. Pero durante el tiempo muerto las entradas eran escasas. Recuerden que crecí durante los años de la gran depresión en Estados Unidos, que tanto afectó a Puerto Rico, y del huracán de San Felipe, que en 1928 barrió con nuestra Isla.

Al graduarme de la escuela elemental en Lajas, pasé a la escuela superior Lola Rodríguez de Tió, en San Germán. Al principio significó un gran sacrificio porque tenía que caminar a pie desde mi casa, en el Barrio La Haya de Lajas, hasta la escuela superior en San Germán. Era una caminata de más de una hora por la famosa carretera Cuesta de El Viento, subiendo y sudando para llegar con un uniforme caqui sudado al salón de clases, a las 8:00 de la mañana.

Diría que casi todo el primer año tuve que hacer ese sacrificio; pero, afortunadamente, teníamos unos cuantos tíos en San Germán, entre ellos el hermano mayor de mamá, tío Emilio, casado con tía Rita, que tenían tres hijas y un hijo. Era un matrimonio ideal. Jamás les vi discutir o indisponerse uno con el otro. Además eran ejemplares en cuanto a su generosidad y práctica religiosa. Por eso, a pesar de que tenían cuatro hijos, por un tiempo vivió con ellos mi abuelo y luego mi abuela; también mi tío Polo, mi tía Ana y mi prima Magdalena. Me hicieron un huequito también para evitarme la caminata diaria. Tío Emilio trabajaba en un almacén de maderas, ganaría unos $8.00 a la semana, y con eso nos mantenía a todos.

Así era entonces. La familia se ayudaba en todo lo que podía. Esto contribuyó grandemente a mi desarrollo espiritual. Yo diría que, gracias a Dios primero, por supuesto, y luego a ellos, pude hacer mi escuela superior en San Germán. Al graduarme, ingresé al Seminario Menor San Ildefonso, en el Viejo San Juan.

Mi abuelo materno, Juan Nepomuceno, a quien le decíamos cariñosamente Puchón, era un hombre de gran fe y piedad. Casi a los 80 años de edad me despertaba todas las mañanas a las cinco para que lo acompañara a la Misa que se celebraba en el Hospital de la Concepción en San Germán. Las Hijas de la Caridad estaban a cargo del Hospital y necesitaban asistir a la Misa temprano para poder iniciar sus labores de atención a los enfermos. Una de las Religiosas, Sor Ramona, que murió hace poco, se empeñó en que aprendiera a ayudar a la Misa y así lo hice. El Capellán era un sacerdote Agustino, el Padre Luis González Rubio, muy santo y poeta también. Así empecé la práctica de ir a la Misa y comulgar todos los días. Más adelante, cuando ya al abuelo no se le hacía fácil madrugar, me iba a la Iglesia del pueblo, a la Misa de 7:00 de la mañana. Regresaba a desayunar y luego iba a la escuela. Así fui nutriendo la vocación con la comunión diaria.

Papá alternaba entre su negocio de venta de leche, el cultivo de la caña y la siembra en la finquita que nuestro abuelo nos había cedido. Mamá se dedicaba a la costura y a los quehaceres de la casa que, con 18 hijos, no eran pocos. Sin embargo, éramos una familia con una fe muy grande, que habíamos heredado de nuestros abuelos maternos: Juan Nepomuceno Martínez y Vicenta Torres.

Mi madre era muy devota y de gran compromiso cristiano. Era nuestra catequista y la del barrio. Era la que nos preparaba para los Sacramentos. Afortunadamente, ella tuvo muy buena preparación de los Padres Agustinos de San Germán, que también estaban a cargo de la parroquia de Lajas. Eran muy buenos formadores, y mamá no solamente podía enseñar religión y catequesis, sino que podía también ayudar a la Misa y contestarla en latín. Era una gran rezadora, y no sólo era la catequista, sino que visitaba a los enfermos, les rezaba a los difuntos y preparaba a las parejas consensuales para que se casaran a lo católico.

Mamá bautizó a cientos de niños. En aquella época al sacerdote no se le hacía fácil visitar los campos, las distancias eran grandes y los caminos muy malos. Además, había mucha mortandad infantil con las epidemias de aquellos tiempos, como la malaria, paludismo, anemia, etc. Mamá los bautizaba echándoles agua; luego, si el niño no moría, lo llevaba a la Iglesia para que el sacerdote supliera el resto del Sacramento. Esto era algo muy común en aquel tiempo. De hecho, el sacerdote por lo regular preguntaba si al niño se le había echado agua. Si la persona que le había echado agua era confiable, el sacerdote meramente le suplía el resto del Sacramento; si no, los bautizaba bajo condición.

Por las mañanas mamá nos despertaba con el rezo del Ángelus. Ella decía:

—*El Ángel del Señor anunció a María.*

—*Y concibió por obra y gracia del Espíritu Santo* —todos teníamos que contestarle.

Así comenzaba las oraciones de la mañana que todos teníamos que seguir. Por la noche nos ponía a todos en círculo y rezábamos el Rosario con ella. Siempre cuento, como broma, que ella tomaba el Rosario en una mano y la escoba en la otra, porque al que se durmiera, se riera o se distrajera, devotísimamente le daba su escobazo. Así era que nos mantenía atentos.

Ella nos preparaba para la Primera Comunión, luego nos llevaba al sacerdote para que nos examinara y aprobara. También nos recordaba que siempre que pasáramos por la Iglesia, si estaba abierta, entráramos a hacer una visita al Santísimo y una comunión espiritual. Asistíamos a Misa y comulgábamos los Jueves Eucarísticos y los Primeros Viernes de mes. Así fue que nos fuimos formando espiritualmente.

Mamá tuvo la dicha de verme sacerdote, Obispo, Arzobispo y Cardenal. A pesar de que se desvelaba por todos sus hijos e hijas, el mayor orgullo de ella era su hijo sacerdote. Mamá veneraba a los sacerdotes. Los saludaba besándoles la mano. Jamás la escuché criticar a un sacerdote. Dios me la conservó hasta la edad de 84 años. Aunque siempre fue una

30

Unde hoc mihi: ¿Por qué a mí?
Memorias del Cardenal Luis Aponte Martínez

mujer vigorosa, en sus últimos años la diabetes prácticamente terminó con ella. Tuve la gran dicha de tenerla un tiempo viviendo conmigo en la Residencia Arzobispal, pero llegó el momento en que hubo que hospitalizarla. Durante los últimos días de su enfermedad entró en estado de coma. Llegó el momento en que no podía tragar ni recibir la Comunión. Cuando la visitaba me seguía con la vista, como si quisiera pedirme algo.

En esos días tuve que asistir al retiro anual del clero en la Casa de Cursillos en Aguas Buenas. El segundo día me avisaron que ella se agravaba. Fui al hospital y mamá seguía mirándome con insistencia. Hacia la medianoche me retiré y le pedí a mis hermanas, que la acompañaban, que me avisaran si empeoraba.

Temprano por la mañana me llamaron. Tan pronto llegué, entró el Ministro Extraordinario de la Comunión a traerle la Comunión a mis hermanas. De pronto se me ocurrió pedirle una partícula de la Sagrada Hostia. La puse en una cuchara con agua y la coloqué en la boca de mamá. Tragó con dificultad, cerró los ojos y expiró.

Entonces recordé que ella era muy devota de los Primeros Viernes de mes. Se cumplió en ella la promesa de que, quien los observe, no morirá sin los Sacramentos. También recordé que mucha gente cree que el hijo sacerdote se pierde porque se va lejos de la familia. Mamá me tuvo a su lado hasta el último momento.

Papá, desafortunadamente, no tuvo la misma suerte de tener una formación religiosa sólida como la de mamá. No obstante, era muy temeroso de Dios, serio, muy estricto, de carácter bien fuerte, pero muy comprensivo. Jamás le escuché criticar a mamá por el cumplimiento de sus deberes religiosos, sus devociones o sus actividades de carácter apostólico.

Cuando decidí ingresar al Seminario temía que me negara el permiso, porque hasta ese momento era el único de la familia que había podido estudiar más allá del octavo grado. Pero fue todo lo contrario. Su respuesta fue:

—*Si ése es tu deseo, sigue adelante. Pero recuerda que el sacerdocio, como el matrimonio, es algo muy serio y de toda la vida, hasta la muerte. Debes pensarlo bien.*

Jamás manifestó ningún disgusto durante mis años en el Seminario. Después de ordenado sacerdote, al igual que mamá, se sentía muy orgulloso de su hijo sacerdote. Me trataba de "usted", y cuando nos encontrábamos su saludo era:

—*Écheme la bendición y que Dios le bendiga.*

Reconocía primero al sacerdote y luego bendecía al hijo.

Papá fue un hombre luchador. Venía de una familia de costumbres muy sanas. Le gustaba la política, las peleas de gallos y el baile. En casa se daban sus bailecitos. Como de los hijos e hijas, las primeras cuatro eran mujeres, se organizaban bailes para divertirse ya que para ese tiempo no había radio ni televisión.

Gracias a Dios todos los hermanos y hermanas que escogieron la opción del matrimonio se casaron muy bien y han sido muy felices, a pesar de que a dos de mis hermanas Dios no las favoreció con hijos propios, como a mamá. Tuvieron que adoptar. Otras dos optaron por la vida religiosa y luego tuvieron que abandonarla por motivos de salud. Pero han permanecido solteras, con vidas ejemplares y al servicio de la Iglesia, a pesar de que ambas son profesionales.

Mi hermano mayor, Miguel Antonio, fue de los últimos que murió, hace apenas meses. Mi hermano Daniel le precedió. Los demás varones murieron pequeños. Las hermanas, una murió pequeñita y dos ya mayores. La última, Úrsula, hace apenas un año. Al momento de escribir estas líneas, de los 18 sólo quedamos nueve.

Papá murió a los 84 años de edad. Era fumador empedernido de cigarros. El cáncer se encargó de sus pulmones. Al igual que a mamá, pude atenderlo hasta el último momento. No tuvo la dicha de verme ya creado Cardenal, pero disfrutó inmensamente de mi sacerdocio y episcopado. Sus restos mortales, juntamente con los de mamá, descansan en una cripta del Cementerio Porta Coeli en Bayamón.

Que Dios les haya concedido el descanso eterno a ese padre y a esa madre. Después de Dios, a ellos les debo cuanto he podido ser y hacer.

Mis padres: Rosa María Martínez y Santiago Evangelista Aponte.

Grupo Quinto Grado, Escuela Luis Muñoz Rivera,
Lajas, año 1934.

Grupo Octavo Grado, Escuela Luis Muñoz Rivera, Lajas, año 1937.

Foto familiar tomada con mis padres y hermanos el día de mi instalación como Arzobispo de San Juan. De pie, de izquierda a derecha: Rosin, †Daniel, †Miguel Antonio (Toño), Elba (Yiye, la menor de todos), Santiaho (Pito), †Papá, este servidor, †Mamá, Santos, Cándida (Candy), Panchita (la mayor de todos); al frente de rodilla, de izquierda a derecha: Ana, Mary y †Úrsula.

Capítulo III

VOCACIÓN SACERDOTAL

El Padre Jesús Fernández, Párroco de San Germán, era un sacerdote muy emprendedor. Había invitado a las Hermanas Josefinas, de Brentwood, a que vinieran a hacerse cargo del Colegio San José, en el edificio que antes había sido el Monasterio de las Madres Carmelitas. Vino un grupo de Hermanas excelentes, hacia el año 1936, si mal no recuerdo. A pesar de que apenas sabían español, iban por los campos, barrios y capillas a enseñar Catequesis. Entre ellas estaba la Superiora, Sister Modwena, quien se interesó mucho por los jóvenes. Teníamos la Sociedad Juvenil del Santo Nombre y ella estaba siempre muy atenta a nosotros. Mensualmente asistíamos a la Santa Misa en grupo y comulgábamos; luego, ella nos invitaba al convento a desayunar. Si notaba que alguno de nosotros aparentaba ser más o menos bueno, ella no dudaba en proponerle el ingreso al Seminario.

Un día bajaba yo de la escuela superior y ella venía entrando al portón del Convento, que quedaba bien cerca de la escuela superior. Al verme, me paró y preguntó:

—*¿Cuándo te vas al Seminario?*

Yo diría que ese fue el toque final. Era mayo, y el 18 de septiembre de ese mismo año ingresé al Seminario San Ildefonso, en la Calle Cristo del Viejo San Juan.

Mientras tanto, había sucedido algo que me dio a entender que el Señor, ciertamente, me quería para su servicio. El Principal de la escuela superior era un señor del Sur de los Estados Unidos, evangélico, no recuerdo si metodista o bautista, pero una gran persona. En aquellos tiempos los principales y maestros norteamericanos hacían lo mismo que Sister Modwena: cuando veían un muchacho que prometía, le ofrecían becas. Así fue que en Puerto Rico tuvimos líderes evangélicos prominentes, sobre todo en la política y en el gobierno, que estudiaron con becas de la iglesia evangélica.

Un día él me llamó a su oficina para ofrecerme una beca para lo que quisiera estudiar. Imagínense ustedes qué tentación enorme para un estudiante pobre que había hecho un gran sacrificio para poder entrar a la escuela superior. De hecho, en casa fui el primero que pudo llegar a escuela superior. Pero él se quedó perplejo cuando se lo agradecí y le dije que tenía ya mi solicitud y aceptación para ingresar al Seminario para hacerme sacerdote católico. Le extrañó muchísimo porque en aquellos tiempos, y aún hoy, en el Sur de los Estados Unidos el sacerdote católico era una especie de ave rara. Pero fue muy respetuoso y me dijo que siguiera adelante, no insistió. Se los cuento para que vean que soy sacerdote por vocación y no porque no tuviera la oportunidad de estudiar otra profesión. Nunca quise ser otra cosa excepto lo que soy: sacerdote.

Se me olvidaba decirles que Sister Modwena, por ese celo que la caracterizaba por las vocaciones sacerdotales, envió a unos ocho de nosotros al Seminario. En mi tiempo había estado ya Víctor Nazario, Leoncio Quiñones y Ceferino Martell. Al año de yo comenzar, hizo su ingreso también Fremiot Torres Oliver, quien más tarde me sucedió como Obispo de Ponce. Habíamos coincidido en la escuela superior, en el Seminario Menor y luego en el Seminario Mayor en Boston.

Cuando yo era niño, para mí el sacerdocio era algo enigmático; veía al sacerdote predicar y creía que se encerraba en la sacristía y allí recibía del Señor la inspiración para luego predicar. Era la idea que tenía del sacerdote. Según fui creciendo y relacionándome con los sacerdotes, sobre todo con los Padres Agustinos de la Parroquia y las Hermanas Josefinas del Colegio San José en San Germán, fui descubriendo mejor mi vocación y madurando en el ideal sacerdotal.

Hubo un tiempo en que los Padres Agustinos me invitaron a convivir con ellos en la casa parroquial para que los ayudara, en especial cuando se quedaban sin sacristán. Además, y esto es importante, uno de los Padres me enseñó a manejar los archivos. El archivo parroquial de San Germán es muy antiguo, tiene libros de Bautismo y de Matrimonios desde el año 1600. Bajo la dirección del sacerdote preparé, en estricto orden alfabético, los índices de los libros parroquiales. Ese fue un gran entrenamiento para otras experiencias futuras. De hecho, la convivencia con los Padres fue de gran ayuda espiritual... y un factor decisivo para mi vida futura.

Capítulo IV

AÑOS EN EL SEMINARIO SAN ILDEFONSO

18 de septiembre de 1940 al 24 de diciembre de 1944

42

Unde hoc mihi: ¿Por qué a mí?
Memorias del Cardenal Luis Aponte Martínez

El Seminario San Ildefonso, en el Viejo San Juan, lo dirigían los Padres Paúles que eran, y son, muy buenos formadores. Guardo recuerdos muy buenos de ellos. Allí aprendí el latín, el griego y mejoré mi conocimiento del inglés. El profesor de inglés, el Padre Jerónimo Solá, natural de Navarra, España, quien murió hace poco a la edad de 96 años, había estudiado en Londres y llegado jovencito al seminario durante la Guerra Civil Española. Con él fue que aprendí la gramática inglesa que sé. Ciertamente era un gran profesor y amigo. Por eso quiero compartir con ustedes el texto de la última tarjeta que me envió para el Día de los Padres y la Fiesta de San Luis Gonzaga, el 21 de junio de 2002. Todos los años siempre me recordaba en ese día con un saludo y un breve mensaje.

En el Seminario los estudios eran como un repaso de lo que habíamos estudiado en la escuela superior. Además de las asignaturas propias de la escuela superior (literatura, matemáticas, etc.) aprendimos también lógica, física, metafísica y hasta algo de química.

Para esa época ya se había iniciado la Segunda Guerra Mundial. Estaba en segundo año, y en la tarde del 8 de diciembre de 1941, día de la Inmaculada Concepción, cuando íbamos paseando por Puerta de Tierra, escuchamos por radio la noticia del ataque de Japón a Pearl Harbor. Desde ese momento comenzaron los tiempos duros. Escaseaban los alimentos, pues los barcos eran hundidos por los submarinos alemanes. Comenzaron también los llamados "blackouts", o sea, los simulacros alertándonos para cualquier emergencia. Al tocar las sirenas, si era en las noches, había que apagar todas las luces. Si las tocaban de día, había que detener la circulación de vehículos. En una ocasión, como a las 3:00 de la madrugada, se nos llenó el dormitorio de marinos norteamericanos, en una especie de asalto. Ellos alegaban que durante un simulacro habían visto a alguien en la azotea del seminario con una linterna tratando de configurar los colores de la bandera japonesa. Durante la noche alumbraban la bahía con unos reflectores y alegaban que desde la bahía habían observado tales señales. Al otro día se corrió la noticia de que nos habían llevado a un campo de concentración. Naturalmente, el entonces Obispo, Monseñor Jaime Pedro Davis, pidió excusas a los cuarteles generales del ejército en San Juan, por mediación de Monseñor Mariano Vasallo, quien era Jefe de los Capellanes del Ejército con rango de Coronel, y al mismo tiempo Vicario General de la Diócesis.

Otra experiencia inolvidable durante la guerra fue la siguiente: Los domingos por la tarde teníamos permiso para ir de paseo. Teníamos que salir en grupos de cuatro, utilizando nuestro uniforme, que era un traje azul marino con una gorra negra. El paseo consistía prácticamente en una caminata desde el Viejo San Juan hasta el Parque Luis Muñoz Rivera en Puerta de Tierra y, según el reglamento, no podíamos pasar del Puente Dos Hermanos. Durante el recorrido visitábamos el Capitolio, el edificio de Medicina Tropical y la Casa de España.

En una ocasión se nos ocurrió desobedecer la regla y la culpa fue mía. Debido a que yo sabía escribir a maquinilla, se me nombró Director

44

Unde hoc mihi: ¿Por qué a mí?
Memorias del Cardenal Luis Aponte Martínez

del periodiquito del Seminario, que se editaba mensualmente y llevaba el nombre de *Ecos del Seminario*. Era nuestra comunicación hacia fuera, pues hacia dentro no podíamos recibir periódicos, revistas o llamadas telefónicas. Para editarlo contábamos únicamente con un mimeógrafo y una maquinilla que tal vez era de las primeras que llegaron a Puerto Rico. La maquinilla se nos dañó y averigüé que en la casa parroquial de la Iglesia de Nuestra Señora del Carmen, en Barrio Obrero, había una. Se me ocurrió pedirle a los compañeros de paseo que nos montáramos en una guagua y llegáramos hasta allá. Tuvimos tan mala suerte, o tal vez castigo por no obedecer las reglas, que estando todavía en la casa parroquial sonaron las sirenas y se paralizó toda la transportación, incluidas las guaguas; tuvimos que esperar casi una hora. Llegamos al Seminario a las 6:00 de la tarde.

Los Padres del Seminario atendían la Iglesia de Santa Ana, ubicada en la Calle Tetuán, y bajaban todas las tardes a dar la bendición con el Santísimo. Con tan mala suerte para nosotros que ese día la bendición le tocó hacerla al Padre Rector, el Padre José Fernández, quien siempre caminaba con la cabeza bien inclinada, pero no se perdía detalle alguno. El Padre Fernández venía subiendo la Calle del Cristo y alcanzó a vernos. Naturalmente, nos pidió que pasáramos inmediatamente a su oficina. Como se podrán imaginar, el regaño se lo llevó el seminarista mayor que nos acompañaba, pero en realidad el culpable fui yo. Por fortuna, al decirle al Padre Rector a qué se debía la desobediencia, fue más comprensivo y nos perdonó. Eran sacerdotes muy caritativos, generosos y comprensivos. El Padre Rector, naturalmente, era el más recto de todos.

S.E.R. Monseñor Aloysius J. Willinger,
Obispo de Ponce (1929-1946), quien
me envió al Seminario.

Capítulo V

SEMINARIO MAYOR
SAINT JOHN'S EN BOSTON
25 de diciembre de 1944 a abril de 1950

48

Unde hoc mihi: ¿Por qué a mí?
Memorias del Cardenal Luis Aponte Martínez

Como en aquella época no había Seminario Mayor en Puerto Rico, los Señores Obispos enviaban los seminaristas a estudiar Filosofía y Teología a diversos Seminarios en los Estados Unidos, sobre todo en aquellos donde pudieran conseguir becas. Al Seminarista Fremiot Torres Oliver y a este servidor nos tocó ir al Seminario Saint John's de Boston.

Es bien interesante señalar que el Cardenal Arzobispo de Boston, William O'Connell, no aceptaba seminaristas que no fueran de la Arquidiócesis; sin embargo, siempre abrió sus puertas a los seminaristas puertorriqueños. Así es que, desde los tiempos del Padre Juan José Ortiz Alibrán (hermano del famoso comediante Diplo), o aun antes, estudiaron en ese Seminario seminaristas puertorriqueños. Cuando el Cardenal O'Connell murió, su sucesor, el Cardenal Richard Cushing, abrió las puertas del Seminario para todo el que solicitara admisión. Por eso, además del Seminarista Leoncio Quiñones, de San Germán, que ya estaba en su tercer año de Teología, fuimos aceptados el Seminarista Ramón Guzmán, de Mayagüez; Fremiot Torres Oliver, de San Germán; y este servidor de Lajas. Al año siguiente fueron aceptados Rodolfo Mari, de Mayagüez, y Samuel Díaz, de Morovis.

Eran momentos muy difíciles para conseguir boletos de avión. La única línea aérea que volaba durante la guerra era la Pan American. Esperamos casi desde principios de septiembre hasta diciembre para conseguir el pasaje. Por fin conseguimos los boletos en diciembre y salimos, nada menos que en Nochebuena, el 24 de diciembre del 1944, como a las 8:00 de la noche, desde el aeropuerto de Isla Grande, en un hidroavión de Pan Am que viajaba a Nueva York. Tuvimos la suerte de que en el vuelo viajaban también el Señor Eugenio Henríquez y su esposa, doña Ñé Palmer, quienes eran personas muy conocidas, tanto de Fremiot Torres Oliver como de este servidor. Eso fue para nosotros un consuelo pues no tuvimos oportunidad de llamar a la familia para despedirnos.

Tuvimos tan mala suerte que se presentó una tremenda tormenta y tuvimos que desviarnos a Bermuda y pernoctar. Ahí pasamos todo el día, salimos para Nueva York la noche siguiente, y llegamos al otro día por la mañana. Ese mismo día los Henríquez nos llevaron al Hotel Taft, y de allí al ferrocarril para llegar a Boston por la tarde. Recuerdo que nos recibió el Seminarista Leoncio Quiñones.

Llegamos al Seminario y nos alojamos en la casa de Filosofía que se llamaba Saint William´s Hall. Pasamos la noche y fuimos a ver al Rector, Monseñor Edward Murray, por la mañana. Pasado el Año Nuevo, comenzamos nuestros estudios de Filosofía.

Los cursos de Filosofía duraban dos años y a nosotros no se nos hizo muy fácil. En primer lugar, estábamos acostumbrados al latín, y en inglés se nos hacía más difícil. Afortunadamente, el profesor había estudiado en la Sorbona y manejaba el Latín muy bien. Cuando no entendíamos algo le pedíamos que nos lo explicara en Latín. También teníamos que competir con estudiantes del Boston College, algunos de los cuales habían estudiado ya Filosofía, y con oficiales del Ejército y de la Marina que ya se habían retirado y comenzaban sus estudios. No fue fácil, pero sobrevivimos, y pasamos a la Teología.

Los cursos de Teología se estudiaban en otro edificio localizado como a media milla del de Filosofía. El Seminario estaba localizado en un predio de terreno muy grande donde estaba ubicada también la residencia del Señor Cardenal Arzobispo de Boston, la Cancillería Arquidiocesana, una gran biblioteca, el edificio del Seminario Menor y un gimnasio. Todos los edificios estaban bastante separados uno del otro por las áreas deportivas y los diferentes accesos. De hecho, para nosotros una de las grandes pruebas era tener que caminar durante el invierno de un edificio a otro para las comidas y otras actividades, sobre todo cuando nevaba o llovía. Aquellos que conocen Nueva Inglaterra saben de sus temperaturas bajas y de sus tormentas de nieve. No fueron pocas las veces que nos tocó coger palas, a las 7:00 de la mañana, para abrirnos camino. ¡Bien sabroso para un puertorriqueño del trópico!

50

Unde hoc mihi: ¿Por qué a mí?
Memorias del Cardenal Luis Aponte Martínez

En el 1947, al terminar la Filosofía, comenzamos el primer año de Teología que era, por cierto, muy interesante, pues al final del mismo teníamos los temibles exámenes canónicos que precedían a la Tonsura. En el antiguo orden de estudios, la Tonsura era la puerta para las demás Órdenes Menores y Mayores, que era como se les conocía entonces. Si pasábamos el examen canónico quedábamos aprobados para la Tonsura. Para dichos exámenes venían sacerdotes de afuera, por lo regular antiguos profesores doctorados en algunas de las materias: Sagrada Escritura, Dogma, Moral o Derecho Canónico. Yo tuve la gran suerte de que me tocó un Monseñor, muy amigo de Monseñor McManus, que había visitado Puerto Rico. La mayor parte del examen la pasamos hablando de sus visitas y experiencias en la Isla, y de la materia del examen apenas hablamos. Así es que pasé el examen bien fácilmente, gracias a nuestra Isla del Encanto.

Pero ese año había sucedido algo muy especial. Monseñor Aloysius J. Willinger, C.SS.R., Obispo de Ponce desde el 8 de marzo de 1929, había sido trasladado a la Diócesis de Monterrey-Fresno en California. Le sucedió Monseñor Jaime Eduardo McManus, quien había sido Párroco en Aguadilla y en Mayagüez, y quien asumió la Diócesis el 10 de mayo de 1947. No recuerdo cómo me enteré de que Monseñor McManus visitaría la famosa Iglesia de los Padres Redentoristas en Boston, conocida como "Mission Church", y aproveché para visitarle y pedirle que me permitiera asistir a su Toma de Posesión en Ponce. Sería la primera vez que visitaría Puerto Rico, y la familia, en tres años. Entonces era así y los viajes por Pan American o Eastern duraban ocho horas.

En atención a que había pasado el examen canónico y recibido la Tonsura, Monseñor McManus me concedió el permiso para viajar a Puerto Rico y asistir a su Toma de Posesión como Obispo de Ponce, el 1 de agosto de 1947. Fue una gran experiencia, poder regresar a Puerto Rico y estar con la familia. Luego regresé al Seminario para continuar los estudios. En aquellos tiempos se nos ordenaba de subdiáconos al comenzar el tercer año de Filosofía; luego, a fin de año, se nos ordenaba de Diáconos. Durante el Diaconado se nos enviaba los domingos a predicar en algunas parroquias y conventos de religiosas y también un domingo en la Capilla del Seminario.

Los estudios de Teología transcurrieron normalmente. Como ya indiqué, en el primer año de Teología, alrededor del año 1947, recibí la Tonsura y las Órdenes Menores que me fueron conferidas por un Obispo Auxiliar de la Arquidiócesis de Boston, Monseñor James P. Kelleher.

La tonsura era la ceremonia mediante la cual el candidato al sacerdocio se incorporaba al estado clerical. La administraba un Obispo y consistía en el recorte de una porción del cabello de la cabeza, significando así la entrega del candidato al servicio de Dios y de la Iglesia. Esta ceremonia fue eliminada después del Concilio Vaticano II mediante la Carta Apostólica del Papa Pablo VI del 15 de agosto del 1972 y sustituida por lo que ahora se conoce como el Rito de Admisión.

El subdiaconado, que era el primero de las tres Órdenes Mayores, me fue conferido por Monseñor John Wright, que era Auxiliar de la Arquidiócesis; fue Obispo de Worcester y Pittsburg y, finalmente, Arzobispo, Cardenal y Prefecto de la Sagrada Congregación del Clero. En el Cónclave de 1978, cuando se eligió al Papa Juan Pablo II, ya estaba bastante impedido y asistió en silla de ruedas.

El Diaconado me fue conferido a finales del tercer año de Teología, en el 1949. Al año siguiente, al terminar el cuarto de Teología, el Señor Obispo de Ponce, Monseñor McManus, hizo arreglos con la Facultad del Seminario para que pudiéramos regresar a Puerto Rico para la ordenación sacerdotal.

Fachada actual del edificio principal del Seminario Mayor Saint John's,
en Boston, donde estudié Teología.

Mis compañeros de clase en el Seminario Mayor Saint John's en Brighton,
Massachusetts. Este servidor, tercero de derecha a izquierda en la primera fila.

En mis tiempos de seminarista, mis últimos
años de Teología.

Junto a un compañero de estudios
en el Seminario de Boston.

Después de mi ordenación de diácono.

Diferentes momentos en que compartí con la familia
del Padre Tony Laurano, mi compañero de estudios en
el Seminario Saint John's, cuya familia me adoptó durante
el tiempo que permanecí en Boston.

Capítulo VI

ORDENACIÓN SACERDOTAL

10 de abril de 1950

58

Unde hoc mihi: ¿Por qué a mí?
Memorias del Cardenal Luis Aponte Martínez

El Señor Obispo fijó mi ordenación sacerdotal para el 10 de abril de 1950. Era el lunes de la Octava de Pascua. Fuimos a hacer los ejercicios espirituales en preparación para la ordenación a Casa Manresa, en Aibonito, en cuyas instalaciones estaba el Seminario Menor.

Recuerdo que para aquel tiempo en Puerto Rico estaban llevándose a cabo las famosas misiones de los Padres Jesuitas, con los Padres Junquera y Céspedes. El Padre Junquera acababa de terminar su misión en Ponce y regresó esa tarde a Manresa, y con él nos trasladamos al Seminario de Aibonito. Al terminar la Semana Santa y los ejercicios espirituales, nos desplazamos a San Germán, donde tendría lugar la ordenación, en la Iglesia San Germán de Auxerre, regentada por los Padres Agustinos.

Nuestra ordenación sacerdotal fue un gran acontecimiento porque era la primera que se efectuaba allí, y también la primera que hacía Monseñor McManus. Para mí, especialmente, que había comenzado mis estudios con tanto sacrificio, verme ya ante el altar para la ordenación sacerdotal era algo muy especial porque era la realización de uno de mis principales sueños. Éramos tres ordenandos: el Diácono Félix Díaz, que era el mayor de los tres, natural de Barranquitas y hermano del Padre Luis León Díaz, quien fue mi primer Párroco en Patillas; el Diácono Fremiot Torres Oliver, natural de San Germán; y este servidor, natural de Lajas.

Al Diácono Torres Oliver le acompañaba su madre, doña Amelia, y toda su familia. A mí me acompañaba mi familia: mamá, papá, mis hermanas y hermanos; mis tíos, tías, primos y todos los familiares que pudieron venir de Lajas. También me acompañó el Padre Ramón E. del Toro, quien fue Párroco de mi pueblo de Lajas cuando entré al Seminario.

Asistieron otros sacerdotes: Monseñor Vicente Murga, Monseñor Leoncio Quiñónes (que era también de San Germán y había estudiado con nosotros en Boston) y Monseñor Tomás Maisonet. Se pueden imaginar mi gran alegría al ver colmado mi segundo y principal sueño: ser sacerdote.

Al otro día, 11 de abril, celebré mi primera Misa Solemne en Lajas. Me acompañó como maestro de ceremonias el Padre José Fernández, sacerdote Paúl, quien había sido nuestro Rector en el Seminario de San Juan. Predicó el Padre José Rodríguez, Agustino, quien era el Párroco de San Germán cuando yo salí para el Seminario. Uno de los monaguillos fue el joven Francis López, quien más tarde ingresó al Seminario, estudió también en Boston, y ocupó importantes cargos en las Diócesis de Ponce y Mayagüez, donde fue Vicario General y Rector del Santuario de Hormigueros. Cantó el Coro de la Academia San Luis de Lajas, dirigido nada más y nada menos por quien sería el primer Obispo de Mayagüez: el estudiante Ulises Casiano a quien más tarde, el 30 de abril de 1976, tuve la gran dicha de consagrarle Obispo y de instalarle como primer Obispo de Mayagüez, siendo yo Arzobispo y Cardenal.

Aunque la ordenación fue en día de semana, la Iglesia se llenó, ya que asistieron también las Hermanas Josefinas, quienes dirigían la Academia, y los alumnos. En ese tiempo había en Lajas un sacerdote muy bueno y muy servicial, el Padre Antonio Pinto, quien cooperó en todo para que la Misa estuviera bien solemne. La Directora de la Academia, Sister Aloysius, quien murió recientemente, también cooperó para que después de la Misa tuviéramos un almuerzo en la Academia.

Al otro día, 12 de abril, celebré mi Primera Misa rezada en el Convento de San José, en San Germán, como manifestación de gratitud a las Hermanas Josefinas por lo mucho que me habían ayudado. Mamá y papá también me acompañaron. Después me fui a casa con ellos a disfrutar de unos días de vacaciones que me había concedido el Señor Obispo.

60

Unde hoc mihi: ¿Por qué a mí?
Memorias del Cardenal Luis Aponte Martínez

Secuencia fotográfica de la ceremonia de ordenación sacerdotal,
Iglesia San Germán de Auxerre de San Germán, 10 de abril de 1950.

En esta foto aparezco (extrema derecha) con mis otros compañeros de
ordenación. De izquierda a derecha: Padre Félix Díaz y el Padre Fremiot
Torres Oliver. En la parte posterior, el Padre Ramón E. del Toro, quien
fue mi padrino de ordenación.

Momento de la ceremonia de ordenación sacerdotal en que los candidatos se postran ante el altar mientras se entonan solemnemente las *Letanías de todos los Santos*.

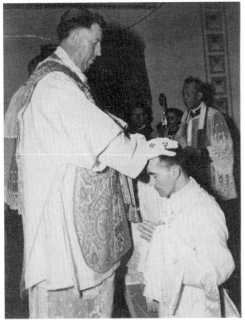

Imposición de manos de S.E.R. Monseñor Jaime E. McManus, mediante la cual quedé ordenado sacerdote, 10 de abril de 1950.

62

Unde hoc mihi: ¿Por qué a mí?
Memorias del Cardenal Luis Aponte Martínez

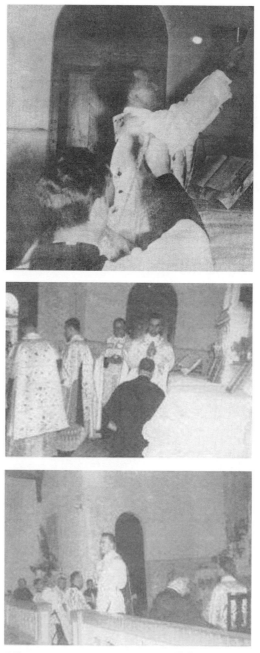

Diferentes momentos de la celebración de mi
Primera Misa Solemne en la Iglesia Nuestra
Señora de la Candelaria, en mi pueblo natal
de Lajas, 11 de abril de 1950.

Secuencia fotográfica de la Primera
Misa Rezada en la Capilla del Colegio
San José de San Germán, 12 de abril
de 1950. Asistieron las Hermanas
Josefinas y mis Padres. Me acompañaba
en el altar, como maestro de ceremonias,
el Padre José Fernández, C.M., quien
fuera mi Rector en el Seminario San
Ildefonso del Viejo San Juan.

Fotografía tomada en el Colegio San José de
San Germán con papá y mamá después de
mi primera misa.

64

Unde hoc mihi: ¿Por qué a mí?
Memorias del Cardenal Luis Aponte Martínez

En esta foto aparecen las Hermanas Josefinas, quienes me acompañaron en la primera Misa Rezada, y que al momento de mi ordenación sacerdotal dirigían el Colegio San José de San Germán.

En esta foto me acompañan, además de mis padres, algunos de mis hermanos y hermanas. De izquierda a derecha: mamá, Candy, Rosín, Padre Luis, papá, Ana y Santiago (Pito).

Capítulo VII

PATILLAS: PRIMER DESTINO COMO SACERDOTE

26 de abril de 1950 al 4 de enero de 1952

68

Unde hoc mihi: ¿Por qué a mí?
Memorias del Cardenal Luis Aponte Martínez

Después de disfrutar de casi 15 días de descanso inmediatamente después de la ordenación sacerdotal, el Señor Obispo me asignó como asistente de la Parroquia de Patillas, cuyo patrón era el Santo Cristo de la Salud. Ese fue mi primer destino. Como se pueden imaginar, llegué crudito. Entré a la parroquia un viernes al anochecer, conocí al párroco y me dio unas orientaciones. El domingo por la noche, para gran sorpresa mía, sin más ni más, me entregó las llaves de la parroquia y de la casa parroquial. Me dijo:

—*Te harás cargo de todo pues el Señor Obispo me ha dado dos meses de vacaciones. Salgo mañana por la mañana para Estados Unidos.*

Yo estaba fresquito, acabado de llegar. Mi único conocimiento de la operación de una parroquia era lo poquito que había aprendido con los Padres Agustinos en San Germán y con Monseñor Juan de Dios López de Victoria, cuando le ayudé en la Catedral de San Juan durante los veranos, siendo seminarista. Pero como era joven y recién llegado, la gente, que era buenísima y muy piadosa, me cogió mucho cariño y trató de ayudarme. De hecho, comenzaron a llamarme "el Padrecito", y aún hoy la gente mayor, que para entonces eran niños y jóvenes, me recuerdan más bien por "Padrecito" que por Cardenal.

Comencé a visitar a la gente, acudía todos los días al hospital, y siempre que podía y me invitaban, entraba a las casas a saludar.

Luego iba a las capillas, pues era una parroquia extensa. Era mayormente gente pobre, sencilla, pero de gran fe. Fue mi primera experiencia parroquial y los recuerdo como ellos a mí. Siempre que visito Patillas me encuentro con hijos y nietos de algunos de ellos, y con algunos que todavía viven. Fue una experiencia maravillosa.

Esa parroquia había tenido de párroco a Monseñor Gonzalo Noel, sacerdote puertorriqueño de gran prestigio y santidad. Para ese tiempo ya estaban bien activos los Hermanos Cheos (Congregación de San Juan Evangelista), quienes eran un grupo de laicos que, al cambiar el régimen en 1898 y comenzar a llegar los grupos protestantes a la Isla, se unieron para defender la fe católica. Los que iniciaron el grupo se llamaban ambos José y de ahí el nombre de Hermanas Cheos. Era interesante porque el párroco me decía que la gente rendía mucha más reverencia a los Hermanos Cheos que al mismo sacerdote. Los Hermanos Cheos eran grandes misioneros. Llevaban a Monseñor Noel en hamaca a predicar por los campos, ya que padecía de mala circulación en las piernas. Monseñor Noel fue Rector del Seminario San Ildefonso en San Juan y Párroco de la Catedral. Al crearse la Diócesis de Ponce, permaneció allá y murió siendo Capellán de la Clínica Dr. Pila en Ponce. La parroquia tenía también un grupo de Hijas de María buenísimas y un grupo de socios del Santo Nombre muy buenos, familias muy sanas, familias laboriosas y muy generosas que mantenían aquellas lindas tradiciones de cariño y respeto hacia el sacerdote. Durante el año engordaban un lechoncito y luego en Navidad lo mataban. La mejor carne la traían a la parroquia para los sacerdotes. Recuerdo que en unas Navidades el Párroco me dijo:

—*Si vas para tu casa lleva alguna de esa carne porque aquí no la vamos a consumir toda.*

Los fieles no podían dar mucha ayuda económica en las ofrendas, pero eran bien generosos con lo que tenían. Era gente tan piadosa que, según recuerdo, nunca terminé de confesar en Patillas. A veces me sentaba a confesar el sábado a las 3:00 de la tarde, y no terminaba hasta las 8:00 de la noche. Luego, los domingos, mientras el otro Padre celebraba la Misa, yo confesaba.

Eran los días en que había que estar en ayunas, no se podía tomar ni agua hasta después de la última Misa; luego había que hacer los Bautismos. Cuando terminábamos, almorzábamos algo, descansábamos un rato y luego salíamos para alguna de las capillas. Como yo no manejaba, ni tenía carro, viajaba en unas guagüitas públicas muy calurosas que llamaban "cariocas". Cuando llegaba ya estaba la capilla llena y la gente haciendo fila para confesarse.

70

Unde hoc mihi: ¿Por qué a mí?
Memorias del Cardenal Luis Aponte Martínez

Para ese tiempo se buscaba también al sacerdote para visitar enfermos; todavía había mucha tuberculosis en Puerto Rico. En las visitas a los enfermos no dejé de tener buenas y malas experiencias. Una vez me avisaron para visitar una señora que estaba muy enferma. Tuve que viajar en guagua como una media hora, luego cruzar a pie una quebrada, varias veces. Cuando llegué, me encontré con una señora que cogía gandules tranquilamente. Le pregunté por la enferma y me dijo:

—*Soy yo.*

—*Pero ¿usted no está enferma?* —pregunté asombrado, mientras me secaba el sudor.

—*Es que yo, "cuantito" me da un dolorcito de cabeza, me gusta llamar al Padre* —contestó sonriente.

En otra ocasión tuve una experiencia realmente desagradable. Me vino a buscar un señor con un caballo, por cierto con dos banastas, y yo bromeando le dije:

—*¿Y esas banastas, son para vender aguacates o panas?*

Las banastas eran a manera de dos canastas redondas que se usaban sobre el aparejo del caballo para llevar la carga.

—*No, es para que usted vaya a ver a un compadre mío que está grave* —respondió.

Fui a ver al enfermo. Cuando llegamos a la casa y éste me vio, exclamó:

—*¿Qué hace este cura aquí? Yo no he pedido ningún cura, ni quiero un cura aquí.*

Cuando el hombre que me llevó escuchó el rechazo que hacía al sacerdote, hizo una Cruz en el piso y le dijo:

—*Compadre, no más compadrazgo. Esto no se le hace a nadie, así que no más compadrazgo.*

Debo aclarar que en esa época había gran respeto hacia los compadres, muchas veces casi más que a un hermano. Al ver la actitud del enfermo salí de la casa; no había llegado a mi parroquia, cuando ya había muerto el pobre hombre. Sinceramente espero que mi presencia, y las muchas oraciones que hice por él de regreso a la parroquia, lo hayan ayudado a arrepentirse en el momento de morir. Fue una experiencia muy fuerte para mí como sacerdote joven.

Tuve otra experiencia que jamás olvidaré. Como a la 1:00 de la tarde fue una señora a buscarme. Le pregunté por qué no había venido más temprano. Contestó:

—*Salí de casa a las 5:00 de la madrugada.*

Cuando me di cuenta de que estaba descalza no tuve ánimo de preguntarle más. Busqué un carro público y me fui con ella hasta el kilómetro 20 de la carretera de San Lorenzo, donde me esperaban con un tremendo caballo. Tardé mucho más de una hora en subir la montaña; lo menos que me imaginaba era que estaba subiendo lo que ahora se conoce como la Santa Montaña. Llegué casi a las 5:00 de la tarde y encontré a una señora como de 80 años, en ayunas, sin tomar ni agua, esperando la Comunión. Al enterarme, pensé que por aquella montaña tenía que haber pasado un buen catequista.

Pronto recibí la comprobación. Un día vino uno de los Hermanos Cheos a verme y me preguntó frente al párroco:

—*¿Conoce usted a vuestra madre?*

Aquella pregunta me estuvo rarísima. Cuando el párroco me vio titubear me sacó del apuro diciéndome que "Vuestra Madre" era la forma como la gente se refería a la Madre Elena. Como muchos aún recuerdan, ésta fue la mujer apóstol que se apareció por la montaña hacia finales del año 1800, predicando y catequizando. La gente le tenía gran veneración y se referían a ella casi como a una santa.

El Padre José Dimas Soberal, actual Vicario General de la Diócesis de Arecibo, es la persona que con mayor acierto ha escrito sobre ella.

De hecho, en aquel tiempo, cerca de la casa que visité, había un altarcito junto a un pequeño monumento al que se referían como su

72

Unde hoc mihi: ¿Por qué a mí?
Memorias del Cardenal Luis Aponte Martínez

sepulcro. Monseñor Rafael Grovas, primer Obispo de Caguas, prestó gran atención a este lugar de la Santa Montaña, que cada vez más se va convirtiendo en lugar de peregrinación. Monseñor Enrique Hernández, segundo Obispo, también se ocupó de darle gran promoción. Hoy existe en ese lugar el Santuario a Nuestra Señora del Carmen.

Tuve que hacer mi primera peregrinación al lugar a caballo, sin saber el suelo que pisaba. Pero una vez enterado, decidí visitarlo con un grupo de jovencitas, Hijas de María, y me arrepentí muchísimo de ello. Les diré por qué. Era una mañana bien calurosa; las niñas comenzaron a cansarse y a marearse. Yo mismo, tan pronto terminé la Misa que celebré en el altarcito, tuve que chuparme como seis chinas para saciar la sed. Les recuerdo que era el tiempo en que no se podía tomar ni agua antes de la Comunión. Era pasado el mediodía y habíamos subido la montaña a pie. ¡Errores de juventud!

Ésta fue una de tantas experiencias buenas en mi inicio en la labor parroquial. Me relacioné con gente excelente y vencí los temores propios de los inicios.

Capítulo VIII

PRIMERA PARROQUIA: SAN JUAN BAUTISTA EN MARICAO

4 de enero de 1952 a 26 de junio de 1953

Al año siguiente, cuando fui al retiro del clero, el Señor Obispo McManus me preguntó si estaba listo para aceptar una parroquia, y me habló precisamente de la parroquia de Arroyo que estaba próxima a Patillas donde yo había comenzado. Le contesté que estaba incondicionalmente a sus órdenes. Pero poco después alguien le recomendó que, en lugar de enviarme a Arroyo, me enviara a la parroquia de Maricao.

Como ustedes saben, Maricao es un simpático pueblito de la montaña, bien frío, con mucha lluvia y de mucha gente buena. Con el tiempo los agricultores cafetaleros fueron mudándose a Mayagüez, a Yauco y a otros lugares. Maricao se quedó prácticamente con los que recogían el café y algunas familias muy buenas. Había oído hablar mucho del pueblo porque una tía mía vivía allí y, de hecho, a través de ella conocí a un joven de nombre Ovidio Casta que estaba entusiasmado con ir al Seminario. Cuando él se enteró, a través de mi tía, de que yo quería ser sacerdote, simpatizó mucho conmigo y me invitó a su casa. Vivía con su abuela, doña Mercedes Casta, quien era una gran matrona, viuda de un ex Alcalde de Maricao. Era una gran familia de cafetaleros. De manera que cuando me tocó ir de párroco, ya conocía algo del pueblo. Ovidio nunca pudo realizar sus deseos. Más tarde ingresó en la Policía de Puerto Rico.

La parroquia había estado a cargo de los Padres Redentoristas que atendían también la parroquia de Las Marías. Había, por lo regular, tres o cuatro sacerdotes. Por eso tuvieron que construir una casa de concreto de tres o cuatro pisos que parecía más bien un hotel. Tenían, además, varios caballos, pues era casi la única forma de viajar por algunos de los caminos. La parroquia era inmensa, pues se extendía desde el Monte del

Estado, colindando con Sabana Grande y Las Marías, hasta Indiera Fría y el Barrio Bartolo de Lares. Desde Ponce se podía llegar al pueblo, o bien por Sabana Grande siguiendo la carretera del Monte del Estado, en aquellos días aún sin pavimentar, o por Mayagüez, por la carretera del Limón o por el Consumo.

En aquel tiempo Monseñor McManus estaba construyendo la Iglesia Santa María Reina, que pasaría a ser más tarde la parroquia de la Universidad Católica. Por eso necesitaba varios sacerdotes y decidió ofrecérsela a los Padres Redentoristas de Maricao, devolviendo así la parroquia de Maricao al clero diocesano. Fue entonces que pensó en este servidor. Recuerdo que al momento del traslado se suscitó un pequeño incidente porque el Señor Obispo me pidió que me mudara a la parroquia de Maricao después de las Navidades. Pasado el día de Año Nuevo, recibí una llamada suya preguntándome qué hacía todavía en Patillas cuando debía estar en Maricao. Le contesté que evidentemente había un mal entendido. Entonces él me dijo:

—*Usted me prometió irse a Maricao después de las Navidades y todavía está en Patillas.*

—*Excelencia, en Puerto Rico las Navidades terminan después del 6 de enero. No es como en Estados Unidos, que terminan el día de Año Nuevo* —respondí.

Naturalmente, después de esa llamada del Señor Obispo me trasladé de inmediato a Maricao. Recuerdo que llegué para la víspera de la Fiesta de Reyes. Al otro día, en la primera Misa, había unas 15 ó 20 personas, y en la segunda, como 30 ó 35.

Pueden imaginarse que, viniendo de Patillas, donde la iglesia se desbordaba prácticamente para todas las Misas y donde nunca se terminaba de confesar, la primera impresión no fue la mejor. Pero sabía que era un pueblo pequeño que estaba perdiendo población. No me costó mucho acostumbrarme. Fui conociendo personas. A principios me quedé en la casa parroquial grande. Luego arreglé una casita de madera donde se alojaban las Religiosas Mission Helpers, que venían todos los años a preparar niños para la Primera Comunión.

Empecé a visitar los campos. Las distancias eran enormes. Para darles una idea, se me ocurrió uno de los primeros sábados ir a anunciar una Misa en la finca de los Llinas, quienes eran grandes cafetaleros de Yauco, muy católicos y amigos de Monseñor McManus. La finca colindaba con Yauco y Sabana Grande. Había que atravesar todo el Monte del Estado. Se me ocurrió pedirle un caballo prestado a la Familia Arbona, buenísimos colaboradores de quienes les hablaré más adelante. La mañana estaba lluviosa, más bien tormentosa, pues según comencé a subir empezaron las piedras a bajar de la montaña a la carretera. Por otra parte, el caballo parecía cansado y hambriento; tan pronto veía alguna hierba en la orilla de la carretera, se paraba y se inclinaba a devorarla.

A pesar de la capa negra que yo llevaba puesta, iba mojado de pies a cabeza. De hecho, el agua me salía de los zapatos por encima de las medias. Salí como a las 10:00 de la mañana; a la 1:00 de la tarde no había llegado. Tenía la esperanza de que, al llegar, la señora de la casa me ofrecería al menos una taza de aquel buen café de la finca... y por lo menos me prestaría unas medias del esposo, que era el mayordomo de la finca. Para mi desgracia, la señora andaba por Yauco y el esposo estaba solo.

Como llegué, así regresé. El caballo estaba cada vez más cansado y yo más mojado y con más hambre que él. Fue toda una gran experiencia. Regresé al pueblo como a las 5:00 de la tarde y parecía más bien una barra de chocolate, pues la capa tenía un forro interior color marrón, que se destiñó con el agua y me convirtió prácticamente en un payaso. Pero lo más triste de todo fue que al otro día, cuando fui a celebrar la Misa, había sólo tres personas. Menos mal que fui en jeep y no llovía. Esto me recordó mucho a mi primera experiencia en la Santa Montaña.

En Maricao comencé a dar Catecismo por los campos. Empecé por la Capilla de la finca de los Alemañy en Indiera Fría. Me tardaba una hora llegar en jeep debido a la carretera sin pavimentar. Al poco tiempo tuve que cambiarle las cuatro gomas al jeep. Asistían de tres a cinco muchachitos a las clases. Yo sentía envidia de San Francisco Javier en Japón.

Me di cuenta enseguida de la necesidad de misiones y llevé a un hermano Cheo, de nombre Marcelino, para que me predicara en los campos. También invité a un laico de Rincón que se llamaba don Mariano

González, un hombre devotísimo. Los Primeros Viernes él abría la iglesia a las 5:00 de la mañana y permanecía toda la mañana adorando al Santísimo, hasta las 12:00 del mediodía que se celebraba la Misa. Le encantaba predicar y lo hacía muy bien. Era casi un hermano Cheo. Pesaba como unas 300 libras y cuando se montaba en su precioso caballo el pobre animal tenía que inclinarse más que un camello.

Les contaré cómo lo conocí: en aquellos tiempos era uno de los pocos sacerdotes coadjutores o asistentes que existía en la Diócesis de Ponce, de manera que si se enfermaba un párroco o tomaba vacaciones, allí iba a parar yo. Así sustituí en varias ocasiones a Monseñor Raúl Irizarry, q.e.p.d., en la Playa de Ponce; a Monseñor Héctor Ortiz, q.e.p.d., en Rincón; y al Padre Ramón del Toro, en Sabana Grande. Por eso tengo muy buenos amigos en todas esas parroquias y también magníficos recuerdos y anécdotas.

De Rincón les contaré solamente una: se me ocurrió ofrecerle un mini retiro a las Hijas de María un sábado, comenzando a las 8:00 de la mañana. A la hora de comenzar la primera conferencia, apareció en la casa parroquial un señor a caballo para que fuera a ver a un enfermo grave. Salí inmediatamente y regresé en una hora. Cuando volví a la casa parroquial, se apareció otro señor a caballo pidiéndome que visitara a un enfermo grave. Al preguntarle dónde vivía, me contestó muy tranquilo:

—*Al ladito de donde usted estuvo ahora.*

—*Oye, ¿y por qué no me avisaron ahí mismo?* —pregunté.

—*No se nos ocurrió* —me contestó muy tranquilo.

Le pregunté si estaba muy grave, si podría esperar hasta las seis que terminaba yo el retiro. Contestó:

—*Está muy malito, pero yo creo que sí.*

—*Espéreme con un caballo al final de la carretera, a las 6:30 de la tarde* —le dije.

Tan pronto terminé por la tarde cogí el carro, salí disparado hasta donde me esperaba el señor y monté el caballo hasta el lugar donde

80

Unde hoc mihi: ¿Por qué a mí?
Memorias del Cardenal Luis Aponte Martínez

estaba el enfermo. Cuando llegué a la casa había un muchacho bastante joven sentado en la escalerita de la entrada, comiéndose un buen plato de arroz con gandules. Cuando le pregunté por el enfermo grave me dijo:

—*Soy yo.*

Pero les diré que en el pueblo de Rincón había una fe tremenda. Era la parroquia donde más Misas se ofrecían por los difuntos. También recuerdo que las novias se arreglaban preciosas, pero había que ir a casarlas a las casas. No sé quién comenzó la costumbre, pero a veces tenía que hacer hasta tres bodas en una tarde en barrios distintos. Menos mal que las distancias no eran tan extensas como en Maricao.

Volviendo a don Mariano, les puedo decir que era un tremendo misionero laico. Su casa aún existe en el Barrio Calvache de Rincón.

En Sabana Grande también me sucedió algo que vale la pena contar porque era bastante típico de aquellos tiempos. Una tarde, como a las 5:00, llegó un grupo de personas a la iglesia con un difunto, para que le rezara un responso como se acostumbraba entonces. Fui a la sacristía con mi sotana negra, me puse uno de mis buenos roquetes que había traído de Boston y recé el responso.

Como llovía a cántaros, les indiqué que debíamos esperar en lo que la lluvia cedía un poco, porque allí la costumbre era acompañar al difunto hasta el cementerio que quedaba bastante retirado del centro del pueblo. Empezaron enseguida a refunfuñar que ya era demasiado tarde y venían de muy lejos. Entonces yo, haciéndome el guapo, les dije:

—*Pues si ustedes quieren mojarse, yo me mojo también.*

Me quité el roquete bueno, me puse uno viejo, y salí muy ufano al frente con los monaguillos. Cruzamos la plaza, caminamos como una cuadra y noté que no respondían mucho a las oraciones. Miré para atrás y noté que sólo me seguían los que llevaban al muerto. Los demás habían entrado a los cafetines a calentarse.

Ese día recordé lo que me decía la gente de Patillas al principio: *"Como usted es joven y no sabe..."*

Pero volvamos a Maricao. Se siguió haciendo la labor pastoral necesaria y comencé a arreglar la iglesia, que estaba en muy malas condiciones, en especial el techo que parecía una chorrera. Hicimos una campaña visitando algunos amigos en Mayagüez para recaudar fondos y pudimos hacer unos arreglos a la iglesia; gracias a Dios la mejoramos bastante. El patrono de Maricao es San Juan Bautista y, aunque era poca gente, eran personas buenas. La poca asistencia se debía a las grandes distancias que había que recorrer, además de que no había transportación pública de ningún tipo.

Fue una labor cuesta arriba, pero luchando se logró bastante. Naturalmente la parroquia era pobre. Recibía unos $12.00 al mes de una señora que pedía Misas y luego Monseñor McManus me enviaba $25.00 para las Navidades, de una donación que le hacía la "Extension Society" para parroquias pobres. Luego venía mi tío Justino, que tenía una finquita allí en Maricao y siempre me traía algunos comestibles. Tanto la Familia Arbona como la Familia Casta, de doña Mercedes, prácticamente me adoptaron y por algún tiempo estuve yendo a almorzar a casa de ellos. Eran gente muy generosa. Así sobreviví en una parroquia muy pobre.

También había una familia que vivía al lado de la parroquia y que a veces me cocinaba. Era un reto, especialmente para un sacerdote joven. Ahí tuve experiencias muy interesantes; pero considero que fue un buen noviciado.

Tampoco faltaron momentos jocosos. Había en la parroquia uno de esos muchachos buenos y muy serviciales que a veces dan la impresión de no ser muy listos; pero cuando les parece, se pasan. Fue el caso de uno que me ayudaba, tanto en la iglesia como en la casa parroquial.

Había una familia de Bayamón, de apellido Falcón, que tenía una finca de café allá en Maricao. Unas Navidades me invitaron a comer a la casa, a lo que accedí con mucho gusto. El sábado por la mañana vino el señor a recordarme que tenía un compromiso con ellos, y da la casualidad de que me visitaba mi hermano Santos, quien acababa de llegar de Corea. Cuando el señor se dio cuenta de que mi hermano estaba conmigo me dijo:

—*Llévese a su hermano también, y al muchachito.*

82

Unde hoc mihi: ¿Por qué a mí?
Memorias del Cardenal Luis Aponte Martínez

Yo, bromeando, le dije:

—*Mire, ese muchacho come muchísimo.*

—*No se preocupe que habrá comida para todos* —contestó.

El domingo por la tarde nos fuimos para allá y había toda clase de comida de la época: morcillas, pasteles, arroz con gandules, gandinga, etc. Noté que cada vez que el plato llegaba donde el muchacho, lo vaciaba. Nunca hubiera pensado que, a su edad, pudiera comer de la forma que lo hizo. Cuando salimos de la casa e íbamos por el cafetal, quise darle una pequeña lección. Le llamé la atención diciéndole que cuando uno iba de invitado a comer a algún sitio, no se servía de la forma como él lo hizo. Entonces él, con cara bien inocentona, dijo:

—*Bueno, Padre, como usted le dijo al señor que yo comía mucho, quise hacerlo quedar bien.*

Mi hermano Santos se revolcaba de risa por el cafetal con la ocurrencia del muchacho. Pero así era él. Un muchacho muy bueno, un poquito lento, muy sano; pero ocurrente y listo, cuando le parecía.

Tampoco faltaron experiencias muy positivas. Tuve la dicha de que en el pueblo de San Sebastián estuviera mi tocayo, el otro Padre Aponte, a quien llamábamos "Aponte, El Grande", porque medía más de seis pies. El Padre Aponte estaba de Párroco en San Sebastián desde que yo entré al Seminario, terminé la carrera, vine, fui sacerdote y fui vecino de él, ya que Maricao estaba a una hora de San Sebastián. Me cogió mucho cariño. Yo lo visitaba con alguna frecuencia, sobre todo para confesarme. Era una persona muy culta. Había estudiado en Salamanca, España, y era una persona muy chistosa, de un humor extraordinario. De hecho, como era tan alto, decía que Barranquitas, de donde era natural, había dado dos hombres grandes: Él, que era un hombre grande, y Muñoz Rivera que era un gran hombre.

Puedo decir que nunca lo oí criticar a ningún hermano sacerdote; para mí era una persona ejemplar en cuanto a su dedicación. Para ese tiempo él estaba solo en San Sebastián, y siendo esa una parroquia enorme, con muchísimas capillas y barrios, se dividía para poder llegar a todos los lugares a celebrar la Santa Misa.

Así que tuve esa gran suerte. Tenía a los Padres Agustinos en San Germán, quienes habían sido, en cierto modo, mis directores espirituales mientras estudiaba mi escuela superior. Y tenía en Mayagüez a los Padres Redentoristas, quienes también fueron muy atentos conmigo siempre. En mi primera parroquia pasé año y medio luchando. ¡Fue una gran escuela!

Llegué a Maricao en enero, el día antes de la Epifanía. En abril del año siguiente fui a la clausura de unas 40 horas en Mayagüez. Allí estaba el Señor Obispo McManus, quien me preguntó si estaba listo para un cambio de parroquia. Le dije:

—*Cuando usted decida.*

Me pidió que fuera a ver la parroquia de Santa Isabel.

Pocos días después, con mi hermano Santos que me visitaba en esos días, fui a Santa Isabel. Había habido un problema de relaciones entre el párroco y los fieles, por lo que el Señor Obispo decidió enviarme allí.

Pero antes de terminar mis recuerdos de Maricao, ya que les conté de la Familia Casta que me acogió con gran cariño, quiero recordar también a la Familia Arbona. Ésta era una de las familias más conocidas, pues por años habían sido grandes cafetaleros en Maricao. De los mayores solamente conocí a don Guillermo, pero al lado de la iglesia vivía su sobrino Juanito, casado con una señora muy buena a quien cariñosamente llamábamos Pocho, con un hijo varón y tres niñas.

Juan tenía varios hermanos, entre ellos el famoso Dr. Guillermo Arbona quien, bajo el gobernador don Luis Muñoz Marín, fue Secretario de Salud de Puerto Rico. A él se le debe el Centro Médico de Río Piedras y todo el éxito que experimentó Puerto Rico combatiendo las enfermedades de aquella época. El doctor Arbona fue, podríamos decir, un genio de la salud de aquellos días, y como he dicho en varias ocasiones, merece un gran monumento a su memoria.

Ésta es la otra familia a la que debo profunda gratitud por toda la colaboración y cariño con que me acogieron. Siempre me sentí bienvenido a la hora de las comidas y para compartir con ellos. Como ya he señalado, gracias a estas dos familias y a toda la buena gente de Maricao, abrigo los mejores recuerdos de mi primera parroquia... la que ningún sacerdote olvida.

Capítulo IX

SEGUNDA PARROQUIA: SANTIAGO APÓSTOL EN SANTA ISABEL

26 de junio de 1953 al 30 de septiembre de 1955

86

Unde hoc mihi: ¿Por qué a mí?
Memorias del Cardenal Luis Aponte Martínez

En Santa Isabel comencé en el año 1953. Es una parroquia de playa con gente muy buena. Recuerdo que iba a todas las capillas, y en tres años preparé a unos 700 niños para la Primera Comunión. Las clases se daban muchas veces al aire libre, en la carretera o debajo de un árbol. Celebraba Misa en lugares particulares como la Playita de Cortada, donde tuve una experiencia muy dura, porque celebrando la Misa se me llenó el Cáliz de mosquitos y, como ya el vino estaba Consagrado, no tuve otra alternativa que consumirlo. (Ustedes tal vez se pregunten por qué tenía que beberme el vino. La explicación es la siguiente: la Comunión del sacerdote, tanto del Cuerpo como de la Sangre de Cristo, es fundamental para que el sacrificio de la Misa sea válido. Por eso, una vez consagrado el vino, tiene que consumirse sin importar las condiciones en que esté.)

También iba de noche a predicar en el Barrio Peñuelas, que está entre Santa Isabel y Salinas. Ponía bocinas en el techo de la casa y desde el balcón hablaba a la gente. Lo mismo hacía en el Barrio Jauca, que está entre el Barrio Peñuelas y el pueblo de Santa Isabel.

Les contaré una anécdota de una de mis prédicas en el Barrio Peñuelas, que recuerdo muy bien. Mientras hablaba se presentó, lo que muchas veces no falta en estas ocasiones, un borracho. A todo lo que yo decía, el borrachito afirmaba:

—*Eso es verdad.*

Cuando recordaba a la gente la obligación de recibir los Sacramentos, de asistir a Misa los domingos, de confesar y comulgar por lo menos una vez al año, de casarse según el rito de la Iglesia Católica, a todo el borrachito decía:

—*Eso es verdad.*

Al cabo del tiempo ya me tenía tan molesto que le dije:

—*Cállese, que me está interrumpiendo.*

A lo que él me contestó:

—*También eso es verdad.*

Este incidente me recordó mucho al borrachito que, oyendo la prédica sobre las Siete Palabras en un Viernes Santo, cada vez que el sacerdote hacía mención de cada una de las palabras decía:

—*Lo mismo del año pasado.*

Hasta que el predicador se molestó y le dijo:

—*Oiga, cállese, que me está interrumpiendo.*

Y el borrachito le contestó:

—*Eso no lo dijo el año pasado.*

Bueno, volviendo a mis recuerdos de Santa Isabel, además de la labor pastoral, me tocó arreglar la casa parroquial que estaba en muy malas condiciones. La puse muy bonita, pero no la disfruté mucho, porque al poco tiempo, al regresar un sábado por la mañana de San Juan, la señora que me cuidaba la casa me dijo:

—*Lo llamó un señor que yo no le entendí muy bien porque hablaba inglés.*

Pensé que podría ser el Señor Obispo. Lo llamé y me dijo que tenía necesidad de hablar conmigo, que fuera a verlo esa misma tarde. Al llegar me informó que me necesitaba como su secretario y quería que me fuera al Obispado . Le expliqué que no tenía estudios particulares de nada, y me respondió:

—*Lo único que tienes que hacer es ayudarme, yo te diré lo que tienes que hacer.*

Así que tuve que mudarme para el Obispado de Ponce con gran pena de los feligreses que, gracias a Dios, me habían cogido mucho cariño porque siempre mantuve contacto directo con ellos.

Yo caminaba mucho por las calles y los campos, visitaba hogares, me ocupaba mucho de los enfermos y participaba en actividades del Municipio y la feligresía. Por ejemplo, todavía me queda un pequeño depósito que hice en una Cooperativa de Santa Isabel, que nunca reclamé. Hay que recordar que en aquellos tiempos la gente contaba mucho con el sacerdote y, en pueblos pequeños, el sacerdote era una de las personas más preparadas y más respetadas en la comunidad.

En Santa Isabel, mi segunda parroquia, sólo estuve tres años.

Capítulo X

ETAPA COMO SECRETARIO DEL OBISPO DE PONCE

Septiembre del 1955 a Septiembre del 1957

92

Unde hoc mihi: ¿Por qué a mí?
Memorias del Cardenal Luis Aponte Martínez

Tan pronto comencé en el Obispado de Ponce, como secretario del Señor Obispo, fui designado también Vicecanciller de la Diócesis. El Canciller era Monseñor Raúl Irizarry, q.e.p.d., quien también era Párroco en la Iglesia del Carmen de la Playa de Ponce, por eso venía a la oficina solamente por las mañanas.

En mis funciones como secretario del Señor Obispo me correspondía mantener al día todo el trabajo de la Cancillería, además de atender el correo del Señor Obispo. Afortunadamente en la escuela superior tomé unos cursos de maquinilla, lo que me ayudó a poder contestar la correspondencia. Igualmente, me tocaba acompañar al Señor Obispo en las tandas de Confirmaciones, que en aquellos tiempos eran algo muy singular. Como recordarán, el Obispo iba cada 4 ó 5 años al pueblo, y había que aprovechar su presencia para Confirmar a todo el que estuviera bautizado: adultos, jóvenes y niños. El evento era casi una Visita Pastoral.

El Señor Obispo solía llegar a la parroquia los viernes, alrededor de las 5:00 de la tarde. Se le recibía bajo Palio a las afueras del pueblo, para luego ir a la iglesia donde se le hacía el recibimiento oficial. Después de la cena se efectuaba la primera tanda de Confirmaciones. El adulto tenía que confesarse antes de recibir el Sacramento. Por eso, mientras el Obispo confirmaba a un grupo, había un número de sacerdotes confesando para la próxima tanda. Como secretario del Señor Obispo me tocaba hacer una breve predicación después de cada tanda.

Los sábados por la mañana el Señor Obispo confirmaba en un barrio, por la tarde en otro, por la noche en la iglesia y el domingo todo el día en la iglesia parroquial.

Los lunes y los martes visitaba los demás barrios y por la noche la iglesia parroquial. Era tremenda tarea. Había que cerrar las puertas de la iglesia para que la gente no saliera antes de que terminara la ceremonia. Imagínense ustedes una iglesia repleta de personas, sin abanicos o aire acondicionado, con los niños gritando, los padres y padrinos desesperados, sudando algunos, hasta tratando de sacar los niños por las ventanas. Era algo tan dramático que yo sudo con sólo recordarlo.

Durante las visitas pastorales el secretario debía examinar todos los libros parroquiales desde la última visita y preparar el acta para luego someterlos al Señor Obispo para su aprobación.

Cuando el Señor Obispo se ausentaba de la Diócesis, como el Vicario General estaba en San Sebastián, ya que era el Padre Aponte de quien les hablé antes, yo tenía que hacerme cargo de la Diócesis como si fuera un Vicario General.

También fui nombrado Superintendente de Escuelas Católicas y Presidente del Tribunal Eclesiástico. Así que eran unas cuantas labores para las cuales no estaba preparado, pero era cuestión de preguntar y consultar, y gracias a Dios pude salir adelante.

Déjenme explicarles que la labor del Superintendente de Escuelas era muy limitada porque existían muy pocas escuelas católicas para esos tiempos. El Superintendente prácticamente supervisaba la enseñanza de la Religión, vigilando que se utilizaran textos aprobados por la Diócesis y que los maestros que impartían las clases estuvieran debidamente prepa-rados. Ahora, después que las escuelas han solicitado acreditación de la "Middle States Association", el cargo de Superintendente tiene que ser a tiempo completo y con suficiente preparación académica, preferiblemen-te con Doctorado en Educación y administración de escuelas, para poder orientar a los Directores y Principales. De hecho, además de las Superin-tendencias de Escuelas Católicas, que existe una en cada Diócesis, existe el Secretariado Interdiocesano de Educación Católica, conocido por sus siglas SIEC, de la Conferencia Episcopal Puertorriqueña. Dirigido por uno de los Señores Obispos, periódicamente se reúne con todos los Supe-rintendentes para discutir todo lo relacionado con el sistema de educación católica en nuestra Isla. También hoy, debido a la legislación civil y a los

cambios habidos en el comportamiento de los alumnos, el Superintendente tiene que atender muchas consultas, tanto de las Diócesis como de
los maestros y padres de los estudiantes.

En cuanto a la labor en el Tribunal Eclesiástico, en aquellos tiempos
podía hacerla prácticamente cualquier sacerdote con el conocimiento que
tenía del Derecho Canónico estudiado en el Seminario. Los casos matri-
moniales que eran sometidos eran muy pocos y había que enviarlos directamente a la Santa Sede. Hoy día tenemos Tribunales Eclesiásticos en
todas las Diócesis, dirigidos por un Vicario Judicial y todos los demás Oficiales que exige el nuevo Derecho Canónico. De hecho, se recomienda
que el Vicario Judicial sea un sacerdote doctorado en Derecho Canónico
y, tanto para él, como para los demás Oficiales se exige que tengan al
menos Licenciatura en Derecho Canónico, si bien en algunos casos se
concede la dispensa a los oficiales que carecen del título académico. Hoy
día se reciben muchos más casos y el nuevo Derecho Canónico exige que
los mismos se atiendan en un término de un año para el Tribunal de
Primera Instancia, a no ser que se trate de casos más difíciles o complejos
que puedan demorar más. Además, cada Tribunal Eclesiástico necesita un
Tribunal de Segunda Instancia, que puede ser precisamente el Tribunal
Metropolitano de San Juan u otro aprobado por la Santa Sede.

Al lado de Monseñor McManus fue que adquirí la experiencia
que luego me ayudó como Obispo y Arzobispo. Gracias a Dios, cuando
iba a las parroquias nadie me podía decir, con toda modestia lo digo, que
no sabía lo que tenía entre manos. De hecho, siempre me cuestionaba por
qué el Señor Obispo me había escogido para secretario.

Pienso que se debió al incidente que ocurrió en El Limón, que les
contaré ahora: Cuando yo estaba en Santa Isabel, hubo unas confirmaciones
en Villalba. Era la costumbre que cuando el Obispo estaba confirmando
en una parroquia cercana, los sacerdotes vecinos íbamos a ayudar a confesar
a la gente mayor que se confirmaba.

En Villalba estaba el sacerdote italiano de nombre Salvatore
Ruffolo, un gran sacerdote y tremendo párroco. Fui a ayudarle y nos
dirigimos a la carretera de El Limón, que conduce a Barranquitas y Oro-
covis, donde había una confirmación al mediodía. Al terminar la confirmación, el Señor Obispo se me acercó y me dijo de pronto:

—*Predícales tú.*

¡Imagínense! Yo nunca había predicado en unas confirmaciones, y mucho menos en presencia del Señor Obispo. Así que el Señor me ayudó, prediqué lo que se me ocurrió y, evidentemente, el Señor Obispo quedó complacido. Creo que por esta razón me nombró Secretario: para que lo acompañara en las Visitas Pastorales y Confirmaciones.

S.E.R. Monseñor Jaime Eduardo McManus
Obispo de Ponce (1947-1963).

Capítulo XI

TERCERA PARROQUIA: SAN JOSÉ EN AIBONITO

Septiembre del 1957 a Enero del 1961

Estuve dos años exactos con el Sr. Obispo como Secretario. Entonces surgió un problema en Aibonito. La parroquia era grande y no era fácil conseguir un sustituto. Comenzamos a barajar nombres.

—*¿Te atreverías a ir?* —me preguntó el Señor Obispo.

—*Seguro* —contesté.

—*Pero sólo vas por cinco años* —dijo él.

—*Por el tiempo que usted disponga.*

Entonces me fui a Aibonito.

Recuerdo que cuando llegué estaban todas las puertas cerradas, tuve que entrar por una ventana a la casa parroquial. Al otro día, después de la Misa, invité al Presidente del Santo Nombre a tomar café conmigo. Cuando entré a la cocina sólo había una taza. Hicimos el café, usé la taza, la lavé, y le di el café al Presidente del Santo Nombre, gran hombre y gran católico: †Carlos J. Abrams.

Entonces empecé mi labor. Llamé a las señoras de la parroquia y les manifesté la falta de equipo que había en la casa parroquial. Se organizaron y empezaron a conseguirme las cosas de primera necesidad que hacían falta.

El párroco anterior había comenzado un colegio y se lo había encomendado a las Hermanas Carmelitas de Vedruna. El colegio había comenzado bien, pues las Hermanas eran grandes educadoras, pero solamente tenía ciento y pico de estudiantes para sostener a las Religiosas, pagarle a los maestros y maestras, y cubrir los demás gastos de manteni-miento.

Se me ocurrió convocar a todos los padres de los estudiantes a una reunión, y lo primero que hice fue decirles que había que cerrar el colegio. Pueden imaginarse la reacción de ellos. Entonces les dije que si no que-rían que se cerrara, tendríamos que empezar a trabajar por el colegio.

Así se hizo. Afortunadamente, en tres años lo pude dejar con casi 500 estudiantes y una escuela superior. Había comprado una casa en la calle principal de Aibonito y allí iniciamos la escuela superior. Venían estudiantes hasta de Barranquitas. De hecho, llegué a comenzar allí un Recinto de la Universidad Católica, con todo el apoyo de Monseñor McManus, pero, naturalmente, había que contar con la Junta de Síndicos y el Presidente. La Universidad estaba comenzando, como quien dice, y quería mantener su prestigio. Nos dimos cuenta de que no teníamos en aquella área los profesores adecuados para hacer justicia a los estudiantes que pudieran matricularse en la Universidad. Desistimos de la idea.

Para sostener el colegio y las obras de la parroquia, anualmente hacíamos una feria en la plaza del pueblo, frente a la Alcaldía. Con el permiso del Señor Alcalde montábamos un ranchón frente a la iglesia. Cada barrio tenía que cooperar una noche presentando algún tipo de actividad que fuera atractiva para la gente, y traer una cantidad de dinero. Si no era posible traer dinero, podían traer el equivalente en animales.

Por tanto, no solamente se rifaban y subastaban artículos y mercancías, sino que también se rifaban novillos, caballos, gallinas, gallos de pelea, lechones, etc. Era interesante porque los barrios competían para presentar los mejores programas y hacer las mejores contribuciones. Así se motivaba a la gente.

Recuerdo que hubo cosas muy lindas. Un grupo de señoras viajaba a San Juan para conseguir objetos que se pudieran vender o subastar. La gente de campo que no podía contribuir con otra cosa, donaba lechoncitos, gallinas, caballos, terneras, toros, y luego venían los carniceros a subastar las reses.

Sucedió algo interesante y fue que una estación de radio dijo públicamente que el párroco de Aibonito le estaba robando los lechones a los feligreses. Imagínense qué clase de acusación ridícula: decir que yo estaba ¡robando lechones! Fue el primer ataque público que se me hizo y da la casualidad de que fue la estación de radio WKVM, que después compré para la Iglesia. Como quien dice, la castigué por haberme tratado de desprestigiar. Así me hice de la mejor estación de radio de todo Puerto Rico, la más potente.

Estas actividades suponían un gran sacrificio, tanto para los líderes parroquiales como para nosotros los sacerdotes, pues a veces casi nos amanecíamos. Recuerdo que en una ocasión, estando todavía en la plaza a las 5:00 de la madrugada, le dije al Padre Napoleón, que era uno de los ayudantes:

—*Vaya usted a confesar que yo celebro la Misa.*

Ya eran las 5:30 de la mañana, y cuando vine a celebrar la Misa él se estaba cabeceando en el confesionario; lo envié a descansar un poco y luego confesamos los dos, pues había Misas seguidas hasta el mediodía.

Había domingos en que celebraba la Misa de las 5: 30 de la mañana y salía para Salinas, Peñuelas o Tortuguero a atender a la Guardia Nacional y a celebrar Misa para los soldados. De manera que era fuerte. La parroquia de Aibonito era grande, y era una de esas parroquias que asistían a las Misas, tanto la gente del pueblo como la de los barrios. La Iglesia siempre se llenaba y siempre había mucha gente para recibir los Sacramentos. Era una parroquia que exigía.

Además del Padre Napoleón, que era natural de Cortona, Italia, tuve otro ayudante, el Padre Jesús García, sacerdote español de Burgos de Osma, buenísimo, que murió en Miami. También tuve al Padre Francisco Vélez, quien murió en un accidente en Juana Díaz, y por buen tiempo a Monseñor Marcos Pancorbo y al Padre Rafael Candelas.

Tenía la costumbre, cuando venía la Semana Santa, de invitar a tres o cuatro sacerdotes, sobre todo de la Universidad Católica, para que vinieran a ayudarnos a confesar. Recuerdo que una vez comenzamos el

Martes Santo y terminamos casi a las 1:30 de la madrugada, para comenzar nuevamente el Miércoles Santo y luego el Jueves Santo. A veces había más gente asistiendo a la Misa en la plaza que en la Iglesia.

Entre las muchas actividades que tuvimos en Aibonito, se destacó la ordenación sacerdotal del Padre Candelas, quien era natural de Aibonito. El Señor Obispo, por invitación mía, decidió venir a la misma parroquia a ordenarlo y yo serví de maestro de ceremonias. Después de la ordenación tuvimos un pequeño ágape que se había preparado para el Señor Obispo, el Padre Candelas, familia y amistades, en el comedor del Colegio.

—*No sabes la falta que me has hecho* —aprovechó Monseñor McManus para decirme cuando subimos juntos.

—*Usted disponga* —respondí—. *Si quiere que vuelva al Obispado, dígame cuándo.*

—*No, aquí te falta mucho por hacer, sigue adelante.*

En aquel momento ni me pasó por la mente cuáles podían ser sus planes. Poco después me visitaron unos sacerdotes que habían estudiado conmigo en el Seminario de Boston y decidí darles una excursión por la Isla. Se estaban hospedando en el hotel de Barranquitas. Llamé al Señor Obispo para excusarme de una reunión del clero. Al explicarle la razón para excusarme, entendió y me complació gustosamente.

Me fui por la Isla con los compañeros y como a las 6:00 de la tarde pasamos por la Iglesia María Reina en Ponce. Los llevé al hotel y llegué a la casa parroquial alrededor de las 8:00 de la noche. Los dos Padres asistentes estaban desesperados; según me dijeron, me habían llamado varias veces del Obispado. Entonces les contesté que el Señor Obispo sabía que me había excusado de la reunión porque tenía los compañeros del Seminario de visita. Exclamaron:

—*Dijo que vendrá mañana con el Nuncio Apostólico a almorzar.*

Inmediatamente llamé a un amigo quien, además de haber sido Superintendente de Escuelas, siempre estaba bien dispuesto a ayudarme y era un gran cocinero y anfitrión. Le expliqué lo que sucedía y vino por la

102

Unde hoc mihi: ¿Por qué a mí?
Memorias del Cardenal Luis Aponte Martínez

mañana temprano, preparó la mesa y un gran almuerzo. Como a las 11:30 de la mañana llegó el Señor Obispo con el Nuncio, Monseñor Lino Zanini. Nos reunimos en la segunda planta, tomamos unos refrescos, y de momento el Nuncio me dijo:

—*Quiero ir a ver la Iglesia.*

Cuando bajó y vio la oficina dividida por cristales le gustó mucho. Pasamos a la sacristía, a la iglesia y le gustó todo, sobre todo los confesionarios de caoba.

—*Ayer hubo una reunión del clero y usted no estaba* —me reclamó el Señor Nuncio.

—*Bueno, Excelencia, tenía permiso del Señor Obispo para ausentarme porque tenía un compromiso con unos sacerdotes amigos de Boston que están visitándome.*

—*Sí, yo le había dado permiso para que se ausentara y cumpliera con sus amigos sacerdotes* —le explicó Monseñor McManus.

—*Se ve que hasta el Obispo lo defiende* —replicó el Señor Nuncio.

Luego, a los pocos días, fui a Casa Manresa a examinar unos niños de Primera Comunión. En Casa Manresa, que era la casa de retiros de los Padres Jesuitas, había un sacerdote norteamericano que me preparaba algunos niños para la Primera Comunión, pero yo siempre iba a examinarlos personalmente. Como párroco siempre tuve la precaución de examinar uno por uno a los niños de Primera Comunión; o sea, aunque confiaba las clases a otros, el examen lo hacía yo para estar seguro de que estaban bien preparados. Estaba examinando a los niños cuando tropecé con el Señor Nuncio. Yo había ido en un carro nuevo, negro, y la primera pregunta que me hizo fue:

—*¿Éste es el carro que usted usa para transportar a los pobres?*

—*No, para eso yo uso un jeep* —respondí, un poquito molesto.

Lo que me molestó fue que se preocupara más por el vehículo que por la labor pastoral que estaba haciendo. Lo menos que yo podía imaginar era que me estaba investigando.

Pocos días después me tocó ir a San Juan, donde se celebraría una asamblea importante para anunciar la creación del Partido de Acción Cristiana. Fui, pero regresé pronto porque tenía la graduación del colegio esa tarde. Como siempre, se tenía un programita como parte de la graduación. De momento, como parte del programa, apareció una niña en el escenario diciendo:

—*Me parece tener ante mí a un sacerdote con una mitra.*

Aquello me extrañó: el único sacerdote presente era yo, pero lo tomé como parte de un programa de graduación.

Ya que menciono este incidente de la graduación, permítanme hacer una pequeña digresión para agradecer a las Hermanas de Fátima la gran ayuda que me prestaron en el Colegio. Como dije antes, el Colegio comenzó dirigido por las Hermanas Carmelitas de Vedruna, luego ellas tuvieron que pasar a la Universidad Católica a enseñar y tuve que conseguir a las Hermanas de Fátima. La Madre Dominga, la Fundadora, no era muy amiga de las Religiosas dedicadas a la educación, pero con la ayuda de Monseñor McManus la pude convencer y me cedió cuatro Hermanas magníficas. Entre ellas Sor Victoria, quien era la Superiora en esos momentos y después pasó a ser la Superiora General cuando la Madre Dominga renunció por motivos de edad y de salud.

Las cuatro Hermanas que llegaron al Colegio eran tremendas educadoras. También me ayudaban en la Catequesis y en todo lo que podían en la parroquia. Por eso quiero, ciertamente, agradecerles esa gran colaboración que me prestaron, pues sin ellas no hubiera podido conseguir el éxito que tuve con el Colegio. Como dije antes, el colegio lo empecé con unos 100 estudiantes y terminé con 500; además, ampliamos las instalaciones existentes y comenzamos la escuela superior. Lamentablemente, Monseñor Grovas tuvo que cerrarlo más tarde, cuando se fundó la Diócesis de Caguas. Fue una gran pena pues rindió magníficos frutos. Graduamos a muchos jóvenes que hoy son grandes profesionales, algunos de la talla de Monseñor Miguel Mendoza, q.e.p.d.

Luego, en otra reunión en el Obispado de Ponce, el Señor Obispo anunció el nombramiento de tres nuevos Monseñores para la Diócesis.

104

Unde hoc mihi: ¿Por qué a mí?
Memorias del Cardenal Luis Aponte Martínez

Recuerdo muy bien la reacción de mi buen amigo el Padre Aponte. Monseñor McManus había sido párroco de la iglesia de Aguadilla, San Carlos Borromeo, y él y el Padre Aponte se hicieron muy buenos amigos, de manera que tenía mucha confianza con el Señor Obispo. De hecho, el Señor Obispo lo nombró Vicario General de la Diócesis a pesar de estar a tanta distancia de Ponce.

Cuando el Padre Aponte oyó que se había nombrado tres Monseñores, dijo:

—*Bueno, si para mí no hay nada, entonces me llevo las chinas que traje* —lo que provocó una gran risa y comentarios entre los sacerdotes.

Siempre que iba a ver al Señor Obispo, el Padre Aponte acostumbraba llevarle algún obsequio como chinas, guineos o viandas. En ese momento hubo un receso para el café y me crucé con el Señor Obispo en el pasillo. Me dijo algo al oído que todavía al día de hoy lucho por descifrarlo. Me imagino, y me lo imagino nada más, que lo que quiso decirme fue: "Para ti hay algo más pero no puedo decírtelo por ahora". Eso es lo que me imagino por lo que sucedió poco después, que es lo que les contaré más adelante de cuando fui llamado a la Nunciatura en Santo Domingo, donde se me informó el nombramiento de Obispo. Aquel día después de la reunión regresé tranquilo a la parroquia pues, como les he dicho, ninguna de esas cosas me intranquilizaban.

Pero antes de llegar a la llamada de la Nunciatura, ocurrió la experiencia más dura en mi vida de sacerdote hasta entonces. Me tocó la inscripción del Partido Acción Cristiana (PAC). Monseñor Davis y Monseñor McManus iniciaron aquella campaña motivados por algunos laicos comprometidos con la educación católica y por algunos sacerdotes, como era el mismo Monseñor Grovas, quien llevó la voz cantante en representación de los Señores Obispos. Así como en Santo Domingo se levantó una gran controversia por una Carta Pastoral de los Señores Obispos, algo parecido sucedió aquí por dos Cartas Pastorales de los Obispos en las que se pedía y se insistía en la educación religiosa en las escuelas públicas. En aquel momento se creyó que la fundación de un partido político sería la mejor manera de alcanzar ese objetivo.

En Puerto Rico el Partido Popular Democrático estaba en todo su apogeo y, naturalmente, los Señores Obispos tuvieron que enfrentarse a don Luis Muñoz Marín y al Partido Popular que, ciertamente, no se cruzaron de brazos. Hubo grandes encontronazos públicos, sobre todo en la tribuna de los populares y en los púlpitos. Sólo insisto en que fueron momentos muy dolorosos para la Iglesia. Hay que admitir que la Iglesia quiso dar cátedra de moral, como se supone que lo haga siempre. Desgraciadamente, ciertos líderes dentro de la Iglesia se apartaron de sus parámetros morales. Fue muy penoso comprobar que en algunos lugares habían inscrito al PAC por medio del fraude.

En aquel tiempo yo era todavía Párroco en Aibonito y luché mucho, con la ayuda de algunos líderes, para inscribir el Partido. Creo que fue la primera parroquia que lo inscribió y lo hizo sin ninguna clase de fraude o engaño. De eso hay evidencia. Pero aquellos que conocíamos bien a nuestro pueblo calculamos que ni una tercera parte de los católicos votaría por el nuevo Partido... y el tiempo nos dio la razón. Fue una derrota total para la Iglesia.

Puedo decirles que en esto tenemos una deuda de gratitud con don Luis Muñoz Marín. Él pudo haber "barrido el piso" con la Iglesia Católica en aquellos momentos debido al mal ejemplo que habíamos dado; sin embargo, don Luis, aunque atacó a los Obispos durante la campaña, después fue en todo momento muy respetuoso con la Iglesia Católica. Naturalmente quedaron heridas, de parte de los Señores Obispos y de don Luis Muñoz Marín. Pero, gracias a la intervención del Delegado Apostólico, Monseñor Clarizio, se logró una reconciliación que a mí me costó una gran calumnia... que contaré más adelante.

Capítulo XII

CAPELLANÍA DE LA GUARDIA NACIONAL

108

Unde hoc mihi: ¿Por qué a mí?
Memorias del Cardenal Luis Aponte Martínez

Mientras estudiaba en la Escuela Superior en San Germán solicité para ingresar en el ROTC y fui rechazado por la falta de visión en mi ojo derecho. Como mencioné antes, cuando pequeño sufrí una caída que afectó el nervio óptico de mi ojo derecho. Aunque visité algunos de los mejores especialistas de Boston, no hubo manera de recobrar la vista en ese ojo.

ROTC significa "Reserve Officer Training Corps". Es un programa del Ejército de los Estados Unidos de América que adiestra estudiantes universitarios para carreras militares.

El rechazo del ROTC me creó cierta aversión hacia el Ejército. Además, durante la Segunda Guerra Mundial mi tío Polo, el más joven de los hermanos de mamá, fue reclutado. Mi hermano Santos estuvo en la guerra de Corea. Y mi hermano Santiago estuvo en la guerra de Vietnam.

En aquel tiempo no podía ni soñar con lo que me sucedió después. Estando aún de Secretario de Monseñor McManus, estuvimos barajando nombres para conseguir un sacerdote para Capellán de la Guardia Nacional, que se nos venía solicitando. No había mucha selección. Finalmente presentamos un candidato y fue rechazado porque pesaba menos de 100 libras. Al momento de salir de párroco para Aibonito, Monseñor McManus me preguntó si estaba dispuesto a aceptar la capellanía. Le contesté que como él dispusiera, recordándole lo que me había sucedido cuando solicité para el ROTC.

Fui a entrevista y, debido a la gran necesidad, me aceptaron sin reparo alguno. No se me ofreció ningún adiestramiento: sólo debía vestir el uniforme militar con el rango de Teniente Primero, asistir por el tiempo que pudiera (y cuando pudiera) a los ejercicios de los domingos, celebrar la Eucaristía y ofrecer a los soldados alguna que otra conferencia.

Por otra parte, la parroquia de Aibonito era de mucho trabajo. Como he señalado ya, los domingos tenía que celebrar Misa a las 5:30 de la mañana, luego viajar a alguna de las unidades o campamentos en Salinas, Ponce, Peñuelas, Yauco o Tortuguero, entre otros lugares. Fui primero Capellán del Regimiento 296 de Infantería y luego del Batallón de Tanques 125. Al poco tiempo se me ascendió a Capitán y luego a Mayor o Comandante. Finalmente, como he señalado ya, cuando se me nombró Obispo el General Cordero me ofreció que si me quedaba me ascendía a Coronel enseguida, pero le indiqué que la responsabilidad de Obispo era muy grande para dividir mi tiempo.

Por eso tuve que renunciar con gran pena, pues durante los tres años que serví pude despejar una imagen muy negativa que tenía del Ejército. Allí, contrario a lo que pensaba, encontré hombres muy buenos, magníficos caballeros, tanto entre los oficiales como entre los demás soldados. Todos muy respetuosos y religiosos. De hecho, a las Misas asistía casi todo el regimiento y era interesante que cuando terminaban corrían algunos oficiales a terminar el vino que quedaba sin consagrar en las vinajeras. La Misa solía celebrarse a las 11:00 de la mañana, al aire libre, con aquel solecito de Salinas, pero todos asistían con la mayor devoción y recogimiento.

Siempre los traté con el mayor cariño y respeto, y ellos a mí igualmente. Para ellos era un compañero más. Considero que fueron tres años de mi vida sacerdotal que disfruté grandemente y que me ayudaron a conocer aún mejor al ser humano.

Uno de los momentos más memorables fue cuando pude conseguir que el Cardenal Spellman de Nueva York nos visitara mientras estábamos en ejercicios de verano en el Campamento de Salinas. El Cardenal Spellman era el Ordinario Castrense de todo el Ejército Norteamericano y dedicaba sus navidades a visitar las tropas dondequiera que estuvieran, dentro o fuera de los Estados Unidos. Por eso era tan querido en toda la nación.

Agradezco profundamente al Señor esa gran experiencia de Capellán de la Guardia Nacional y guardo los mejores recuerdos de todos aquellos a quienes serví.

110

Unde hoc mihi: ¿Por qué a mí?
Memorias del Cardenal Luis Aponte Martínez

Entre los oficiales estaba el Lcdo. Carlos Juan Irizarry Yunqué, que había sido mi compañero en la Escuela Superior de San Germán. Recuerdo que la primera noche que llegué al campamento era ya como las 11:00 de la noche; él estaba en su caseta con una fiebre altísima y cuando me sintió me dijo bromeando:

—*Qué buena hora para llegar el Capellán.*

—*Cállate, que si no fuera por la fiebre tú estarías también por la calle.* —le contesté.

Entonces le expliqué que había oficiado una boda y había tenido que ir un rato a la recepción.

—*Lo absuelvo* —me dijo.

El licenciado Irizarry Yunqué más tarde fue Juez de nuestro Tribunal Supremo y profesor de Derecho en una de nuestras universidades. Hemos mantenido siempre la amistad. Desde que me retiré, me invita a su casa con frecuencia para echar una manito de dominó.

Cuando estábamos en el campamento y formábamos el cuarteto para jugar dominó, siempre les advertía las reglas del juego:

—*De parte de ustedes, sin trampas; de parte mía, sin milagritos.*

Como Capellán en la Guardia Nacional, momento en que me dirigía a las tropas en el Campamento Santiago en Salinas.

Momento en que el Coronel, y después General Picó (al centro) se dirigía al regimiento de la Guardia Nacional, reaccionando al anuncio que acababa de hacer S.E.R. Monseñor Jaime E. McManus (a la izquierda de la foto de pie) de mi designación como Obispo Auxiliar de la Diócesis de Ponce, Campamento Santiago en Salinas.

Capítulo XIII

NOMBRAMIENTO OBISPO AUXILIAR DE PONCE Y DE OBISPO COADJUTOR CON DERECHO A SUCESIÓN

114

Unde hoc mihi: ¿Por qué a mí?
Memorias del Cardenal Luis Aponte Martínez

¿Por qué a mí? Créanme que esa fue la gran pregunta que me hice un sábado por la mañana del año 1960, cuando era párroco en Aibonito. Estaba muy ocupado, preparándome para marchar al campamento de la Guardia Nacional de la que era Capellán, cuando me llegó un telegrama de Monseñor Luigi Dossena, Encargado de Negocios de Su Santidad de la Nunciatura Apostólica en Santo Domingo, que leía escuetamente:

Motivos asuntos personales ruégole preséntese pasado mañana lunes esta Nunciatura.

Ese telegrama me estremeció, ya que nunca había sido llamado a la Nunciatura, y no tenía la menor idea de por qué se me llamaba.

En ese momento me estaba ayudando en la parroquia un sacerdote salesiano que había venido de Santo Domingo. Le pregunté si tenía idea de lo que significaba aquel telegrama. Al responderme en la negativa, decidí llamar al Señor Obispo de Ponce para preguntarle sobre el particular. Él estaba fuera de Puerto Rico y me contestó Monseñor Aguilera, quien era el Vicario General, y al preguntarle sobre dicho telegrama y sobre la petición que se me hacía, su contestación fue:

—*Ve, cuando regreses me llamas y me cuentas.*

El martes siguiente, temprano por la mañana, abordé un avión de Pan American a Santo Domingo. Durante el vuelo pasó a mi lado un sacerdote nítidamente vestido de negro, que me dio la impresión de ser norteamericano. Me saludó muy cortésmente y continuó hacia su asiento. Al llegar a Santo Domingo, como es natural, iba verdaderamente asustado y al mismo tiempo bien preocupado; pero al bajar del avión y darme cuenta de que nos esperaba nada menos que el Encargado de Negocios de la Nunciatura, ya que el Señor Nuncio estaba ausente, entonces pensé que no podía ser nada malo, pues nos estaba esperando nada menos que el que hacía de Representante Pontificio en aquel momento. Al llegar me saludó; me presentó al Padre Alfredo Méndez y también al Padre Patricio Harper. Cuando me mencionó al Padre Méndez recordé que hacía como unos seis meses un periódico local había publicado la noticia de que se erigiría una nueva Diócesis en Arecibo y que el Obispo sería el Padre Alfredo Méndez, sacerdote de la Congregación de la Santa Cruz.

Abordamos el automóvil y el Encargado de Negocios, de nombre Monseñor Luigi Dossena, quien ha sido siempre y sigue siendo un gran amigo, empezó a hacerme preguntas como: ¿Qué tiempo tiene de ordenado sacerdote? ¿Qué cargos ha ocupado?, y otras por el estilo. Entonces pensé que tal vez el Padre Méndez sería el Obispo de la nueva Diócesis de Arecibo, y yo, por haber sido secretario del Señor Obispo de Ponce y Vicecanciller de la Diócesis, a lo mejor me asignarían para que le ayudara a organizar la Cancillería y la Diócesis. Esa fue mi primera impresión. Así llegamos a la Nunciatura y Monseñor Dossena nos pidió que esperáramos.

Se estaban viviendo momentos difíciles en la República Domi-nicana. Se había desatado una gran persecución contra la Iglesia con motivo de una Carta Pastoral que los Obispos habían publicado en el mes de enero de ese año y que molestó mucho al Jefe del Estado, Rafael Leonidas Trujillo. Había mucha gente entrando y saliendo en forma muy sigilosa y nosotros, mientras tanto, esperando y esperando. Como a las 11:00 de la mañana Monseñor Dossena me llamó a su oficina, se excusó porque las visitas no le habían permitido atendernos, y entonces me preguntó:

—*¿Tiene usted idea de por qué se le ha citado a la Nunciatura?*

—*No tengo la menor idea* —le contesté.

—*¿Usted no sabe por qué se le llamó?* —insistió.

—*No, no sé* —repetí.

116

Unde hoc mihi: ¿Por qué a mí?
Memorias del Cardenal Luis Aponte Martínez

A la tercera vez que me preguntó le dije:

—*Mire, Monseñor, no tengo idea alguna, pero si he hecho algo indebido entonces dígamelo de una vez, por favor.*

Él se sonrió pícaramente, metió la mano en el bolsillo interior de la sotana y me entregó un telegrama que leía:

Su Santidad el Papa Juan XXIII designa al sacerdote Luis Aponte Martínez Obispo Auxiliar de la Diócesis de Ponce.

Cuando lo leí me estremecí, lo miré y mi primera reacción fue preguntarle:

—*¿Monseñor McManus sabe algo de esto?*

—*Sí, lo sabe. Ahora, escríbale una carta al Santo Padre diciéndole si acepta o no este nombramiento.* —me contestó.

Me retiré a una habitación y créanme que escribí 13 borradores de carta para el Santo Padre y no me salía ninguna; la razón era sencillamente la siguiente: "¿Et unde hoc mihi?" ¿Por qué a mí? Yo era un sacerdote de tan sólo 10 años de ordenado. Aparte de mi Bachillerato en Arte y Divinidad, no había hecho otro grado académico y mi única experiencia era que había estado en tres parroquias, en la Cancillería y de secretario del Señor Obispo. Me cuestionaba por qué habiendo tantos sacerdotes mayores que yo, de mejor preparación académica, de mayor experiencia, ¿por qué a mí?

Pero luego de analizarlo mucho pensé que si me negaba a aceptar podría estar cerrando la puerta para otros, porque en Puerto Rico no había habido un obispo nativo desde el tiempo de España: en la persona de Monseñor Juan Alejo de Arizmendi, del 1803 al 1814, cuando murió. Si me negaba, tal vez cerraba las puertas al inicio de una jerarquía nativa, y eso me llevó a aceptar; aunque, naturalmente, con grandes vacilaciones y dudas. Por eso escogí como lema para mi escudo de armas: "In Virtute Dei", al recordar aquellas palabras de San Pablo a los Efesios: "...por medio del Evangelio del cual he llegado a ser ministro conforme al don de la gracia de Dios a mí concedida **por la fuerza de Su poder**". (Cap. 3, 7—8).

Ya que menciono mi escudo de armas personal, permítanme un paréntesis para explicar que, así como hoy usamos la tarjeta de identificación o la licencia de conducir para identificarnos, antiguamente se usaba el escudo de armas para identificar no solamente al individuo, sino a toda la familia. Lo usan las naciones, los municipios, las Diócesis y también los Obispos. El escudo de armas personal del Obispo, unido al escudo de armas de la Diócesis o Arquidiócesis que le es asignada, significa el vínculo nupcial o matrimonio espiritual del Ordinario con su Diócesis y, por tanto, simboliza su amor por el Pueblo que le ha sido encomendado por Dios.

Para crear el escudo de armas se utilizan elementos personales o datos conmemorativos de fechas o eventos familiares distintivos. Por ejemplo, en el escudo de mi pueblo, Lajas, aparece la piña para simbolizar algo muy propio de su agricultura. A dicho escudo también se le ha añadido "Ciudad Cardenalicia" para recordar que es hasta ahora el primer y único Municipio de Puerto Rico que tiene el honor de contar entre sus hijos con un Cardenal de la Iglesia Católica.

Mi escudo de armas tiene:

Las tres carabelas en la parte superior, para recordar que el 12 de octubre de 1492 la Fe pasó del Viejo al Nuevo Continente, y que 468 años después, el 12 de octubre de 1960, fui consagrado Obispo.

En la parte inferior el Convento Porta Coeli, en recuerdo del lugar de mi ordenación sacerdotal: San Germán.

Una concha en la parte superior izquierda, en recuerdo de mi padre, cuyo primer nombre era Santiago (en heráldica se identifica al Apóstol Santiago con una concha).

En la parte derecha una rosa, en recuerdo del primer nombre de mi madre: Rosa María.

En la parte inferior aparece una flor de lis, en recuerdo de mi nombre: Luis.

El lema, como expliqué antes, suele ser una expresión de los anhelos apostólicos o espirituales de la persona. Por lo regular se toma del Nuevo Testamento.

Como les decía antes, preparé la carta para el Santo Padre, la entregué al Monseñor Dossena y éste nos invitó a almorzar. Ya antes había comenzado a tratarme, en voz baja, de "Excelencia", y eso me sonaba rarísimo porque había llegado allí como un simple sacerdote, párroco en Aibonito, y se me estaba tratando como a todo un prelado. Por otra parte, miraba a los otros dos, Padre Méndez y Padre Harper, y me imaginaba que ellos estaban en la misma situación que yo. Pensé que Monseñor Harper tal vez iría como Auxiliar para la Arquidiócesis de San Juan, pero como eso era todo muy secreto, no se podía preguntar. Solamente en el aeropuerto, al despedirnos, me di cuenta de que él trató de "Excelencia" a Monseñor Harper, lo que confirmaba en parte mi presentimiento. En el vuelo de regreso a San Juan me senté al lado de Monseñor Méndez y fue interesante, porque cuando volábamos sobre Aguadilla me preguntó si el área que seguía era Arecibo, lo que también confirmó mi sospecha de que él sería el primer Obispo de Arecibo.

Al llegar a Puerto Rico regresé a Aibonito, a mi parroquia, para incorporarme inmediatamente a la Guardia Nacional en el campamento de Salinas. Allí tuve que permanecer 15 días sin poder decirle nada a nadie de lo que había sucedido en la República Dominicana. Estaba sujeto al Secreto Pontificio, cuya violación conlleva sanciones canónicas muy serias. A los 15 días, un sábado por la mañana, vino un Sargento a decirme:

—*Capellán, lo llaman por teléfono.*

Era Monseñor Aguilera, el Vicario General de la Diócesis de Ponce, para preguntarme:

—*¿Puedo ir a almorzar con usted?*

—*Claro que sí. Para mí será un placer* —le contesté.

Me fui a continuar mi labor, ya que estaba dándole una conferencia al Batallón de Transporte, y cuando estaba terminando la misma vino otro Sargento a decirme:

—*Capellán, ahí lo procura el Obispo.*

Cuando salí, para mi gran sorpresa encontré a Monseñor McManus, con Monseñor Aguilera y el abogado de la Diócesis, Lcdo. José Guillermo Vivas. Monseñor McManus me extendió la mano y me dijo:

—*Lo felicito.*

—*¿Por qué?* —le pregunté.

—*You know well why (Sabes muy bien por qué)* —me contestó en inglés.

Entonces reaccioné y me di cuenta de lo que se trataba. Hasta ahí duraba el secreto. Antes de salir para el campamento, Monseñor McManus había dado órdenes para que a las 11:00 de la mañana la radio de la Universidad Católica diera la noticia. De viaje hacia el campamento se detuvo en las parroquias de Santa Isabel y de Salinas, y también avisó a Aibonito, para que estuvieran atentos a la radio y repicaran las campanas cuando oyeran la noticia. Para entonces estaba conmigo en Aibonito el Padre Rafael Candelas, nativo de Aibonito, quien tomó un altoparlante y se fue por todo el pueblo a anunciar que al Padre Aponte lo habían nombrado Obispo.

En el campamento, cuando el Coronel Alberto Picó, quien comandaba el regimiento, se enteró, inmediatamente reunió a las tropas y les dio la noticia.

Al mismo tiempo la radio de la Universidad estaba dando la noticia.

Entonces surgieron las reacciones propias de los militares. El mismo Coronel dijo:

—*Eso vale un palo.*

—*Ahora se salvó porque le aumentan la paga* —dijo un Teniente.

Así empezaron las bromas y los comentarios de los militares. Terminado ese momento, le di las gracias públicamente a Monseñor McManus, al Coronel y a las tropas. Le dije a Monseñor McManus que quería ir a Ponce a ver a mamá. De camino para Ponce, paré en la parroquia de Salinas para ver a los Padres, porque yo había estado la noche antes con ellos, y el Padre Luis Gracia, quien era el párroco y un gran sacerdote, me dijo bromeando:

—*Se ha sabido que se han nombrado unos cuantos monseñores y que a usted no le ha tocado nada.*

—*A lo mejor estoy "in pectore" y no he sido expectorado* —le contesté bromeando.

Por eso, cuando pasé por la parroquia, me dijo bromeando:

—*Se le puede decir "sinvergüenza" a un Obispo.*

Y era porque le había ocultado algo que acababa de hacerse público. De ahí pasé a Santa Isabel a saludar al Padre Laboy, quien me había sucedido en la parroquia y era un gran amigo. Saludé a unas cuantas amigas de Santa Isabel y me fui al Obispado a almorzar con el Señor Obispo y luego fui a casa a saludar a mamá y a mi abuelita Vicenta. Mamá me contó entonces lo que había sucedido:

—*Aquí vino hace poco uno de los sacerdotes de la parroquia a preguntarme por ti y le dije que me parecía que tú estabas en el campamento de la Guardia Nacional en Salinas. Al rato de estar hablando conmigo me dijo: "¿Por qué no pone la radio?" Le contesté: "¿Cómo voy a poner la radio estando usted aquí?"*

Siguió contándome mamá que el Padre insistió, diciéndole: "Por si hay alguna novedad". Pero mamá le dijo que prefería seguir hablando con él. Entonces el Padre le preguntó si le permitía que él pusiera la radio y mamá le contestó que sí. Inmediatamente se oyó la noticia de que el Padre Luis Aponte Martínez había sido designado Obispo Auxiliar de Ponce.

En esos momentos mamá cayó de rodillas, besó la mano del Padre y por poco se desmaya.

De ahí salí para Aibonito porque me habían avisado que el Padre Candelas estaba anunciando la noticia y que estaría con un grupo de gente esperándome en la Asomante, la parte alta entre Aibonito y Coamo.

Cuando llegué, efectivamente, me estaba esperando el Padre Candelas con un gentío, que evidentemente se imaginaban que yo iría ya vestido con mi hábito de Obispo; se decepcionaron al verme aún con uniforme de la Guardia Nacional.

Precisamente en esos días había sido ascendido al rango de Mayor (Comandante) y, al saberse la noticia de mi designación como Obispo, el Coronel César Cordero Dávila, quien era entonces Ayudante General de la Guardia Nacional de Puerto Rico, me dijo:

—*Padre, si se queda con nosotros lo asciendo inmediatamente a Coronel.*

—*Imposible servir a dos señores a la vez. El cargo de Obispo es algo de gran responsabilidad y no podría seguir cumpliendo con mi cargo de Capellán* —le respondí.

Él pensó que como la Santa Sede me había ascendido en lo eclesiástico, que él también debía ascenderme en lo militar.

Después, cuando llegué a Aibonito, fuimos a la Iglesia y ahí cantamos un ¨Te Deum¨ y le di la bendición a la gente con el Santísimo. Entonces comenzaron las preguntas: ¿Qué pasaría conmigo?, ¿Cuándo sería la consagración?, ¿Cuándo me iría?, etc. Continué mi labor de párroco en Aibonito al mismo tiempo que, de acuerdo con el Señor Obispo, hacía planes para mi consagración.

Marché a Nueva York a prepararme los hábitos propios de Obispo, las invitaciones y demás detalles para la Consagración Episcopal. Monseñor McManus me había aconsejado que invitara al Nuncio Apostólico para que fuera el Consagrante principal. Estando en casa de mi hermana Candy, quien vivía en Manhattan, recibí una llamada de la oficina del Cardenal Spellman invitándome a almorzar. Acepté la misma y al terminar el almuerzo el Señor Cardenal me preguntó quién sería mi Consagrante principal. Le informé que sería el Delegado Apostólico, Monseñor Lino Zanini. Cuando regresé a casa de mi hermana, había recibido una llamada de Monseñor McManus para decirme que el Nuncio había sido prácticamente expulsado de Santo Domingo, y que él (Monseñor McManus) tampoco podría consagrarme por estar muy mal de una rodilla. Que

122

Unde hoc mihi: ¿Por qué a mí?
Memorias del Cardenal Luis Aponte Martínez

tratara de conseguir a otro consagrante. Entonces llamé a las oficinas del Cardenal Spellman y me contestó su secretario, Monseñor Ahern, quien más tarde fue también Obispo Auxiliar. Le expliqué lo que me pasaba y le pregunté si el Cardenal podría viajar a Puerto Rico para consagrarme. Me dijo que le consultaría y me llamaría. A los 10 minutos me llamó para comunicarme que el Cardenal se sentiría muy honrado de poder venir a Puerto Rico para la consagración.

Se preparó todo para el 12 de octubre de 1960, día que escogí por varias razones: es la fecha en que celebramos la llegada del Evangelio y la Hispanidad a América; también se conmemora la muerte del primer Obispo puertorriqueño, don Juan Alejo de Arizmendi, en el 1814. Pensé que era una muy feliz coincidencia que el segundo Obispo puertorriqueño fuera consagrado el mismo día que murió el primero.

Mientras tanto, continué como párroco en Aibonito hasta que llegó la fecha de la consagración, ceremonia que se efectuó en la Iglesia Santa María Reina, en Ponce, atendida entonces por los Padres Redentoristas. Presidió el Cardenal Francis Joseph Spellman, asistido de Monseñor Jaime Pedro Davis y Monseñor Harper, quienes sirvieron de Obispos co consagrantes. Como dije antes, Monseñor McManus no quiso arriesgarse a participar en la ceremonia por la condición de su rodilla.

La Iglesia estaba abarrotada. Era la primera vez en el siglo XX que se consagraba a un Obispo puertorriqueño y vino gente de todas las parroquias en donde yo había servido. Vino toda mi familia, con lo que era suficiente para llenar cualquier Iglesia, y así tuvimos la gran ceremonia con una temperatura de casi 110 grados, cosa que me hizo admirar más al Cardenal Spellman quien, a pesar de su edad, 71 años cumplidos, pudo resistir aquel calor tan intenso.

Después de mi consagración episcopal regresé a Aibonito para continuar mi labor de párroco. Aproveché también para celebrar la Santa Misa en mi pueblo de Lajas, en San Germán (donde fui ordenado sacerdote) y en algunos de los pueblos donde había ejercido mi ministerio.

Estuve en Aibonito de párroco hasta fin de año, cuando el Señor Obispo me pidió que me trasladara a Ponce para que lo ayudara con las

Confirmaciones y en la Universidad Católica. Me prepararon una oficina en la Universidad Católica donde comencé como Director de la Oficina de Desarrollo. El Obispo también me pidió que me encargara de llevar a cabo una campaña por toda la Isla para recaudar fondos para el Seminario Interdiocesano Regina Cleri. Inicié la campaña con la ayuda de un sacerdote español que me llevó por toda la Isla para predicar en algunas parroquias y llevar a cabo otras actividades.

Recuerdo una actividad muy simpática que me organizó el gran productor de televisión Gaspar Pumarejo, quien se identificó mucho con la campaña. Se acercaba el día de las Madres y a él se le ocurrió que, a través de su programa de televisión, anunciáramos una venta de claveles rojos para las madres vivas y blancos para las madres difuntas. La venta fue todo un éxito, gracias a la cooperación de buenos amigos, entre ellos otro gran artista cubano, Joaquín Monserrat (Pacheco), quien pasó toda la noche, víspera del Día de las Madres, vendiendo claveles en la calle. Mi más profunda gratitud a don Gaspar Pumarejo y al gran amigo de los niños, Pacheco, pues me ayudaron para poder echar los cimientos de lo que fue nuestro primer Seminario Mayor, donde iniciaron su carrera sacerdotal candidatos como el actual Obispo de Mayagüez, Monseñor Ulises Casiano y Monseñor Hermín Negrón, Obispo Auxiliar de San Juan.

Aprovecho para recordar otra gran bondad de la familia Pumarejo. Al año siguiente, para recordar aquella linda actividad, a Marta Pumarejo, la esposa de Gaspar, se le ocurrió regalarme un valioso anillo episcopal. Ella lo había adquirido en una actividad que el Señor Cardenal de Cuba, Manuel Arteaga Betancourt, había organizado para ayudar a construir un residencial para gente pobre en La Habana. El anillo consistía de un grueso aro de oro con una gran amatista y cinco diamantes incrustados en el centro de la misma. Lo más significativo, sin embargo, era que se trataba de un obsequio que el Papa Pío XII le había hecho al Señor Cardenal. El anillo se me entregó públicamente en un programa de televisión. Lo he usado muy pocas veces y lo he dejado en mi testamento para el tesoro de la Santa Iglesia Catedral del Viejo San Juan. Es un gran recuerdo de una de tantas familias buenas que recibimos de Cuba. Para ellos nuestra profunda gratitud y nuestras oraciones.

Durante mis años en la Oficina de Desarrollo de la Universidad Católica, logré establecer gran contacto con los ex alumnos y mejorar las relaciones públicas. Mejoramos también nuestros contactos con la "Middle States Association" y con el Gobierno Municipal de Ponce. De hecho, en aquellos días el campus de la Universidad carecía de iluminación eléctrica y, a través de Raúl Gándara, Jefe de Bomberos y gran amigo, conseguimos que el Señor Alcalde de Ponce, Honorable Don Juan Luis Boscio, gran ser humano, nos dotara todo el Campus del servicio eléctrico. Así pudimos evitar el pánico que se había creado entre las féminas debido a ciertos abusos que algunos maleantes habían cometido.

También tratamos de ayudar a los grupos de Religiosas que en aquellos primeros años se estaban estableciendo en la Universidad: Hermanas Josefinas de Brentwood, Hermanas Dominicas de Amityville, Hermanas Dominicas de Adrian y otras comunidades religiosas que, a invitación de Monseñor McManus, quisieron cooperar como profesoras para la Universidad.

Fue también muy significativa la ayuda que en aquellos tiempos nos dieron los Religiosos: los Padres y Hermanos Marianistas, los Redentoristas, los Capuchinos, los Paúles. De hecho, tres de los primeros Rectores fueron Marianistas. Hubo también sacerdotes del clero diocesano, como su primer Rector, Monseñor Murga; Monseñor Leoncio Quiñones, mi compañero de Seminario; Monseñor Marcos Pancorbo, mi compueblano de Lajas; y varios otros que rindieron magníficos servicios, como el Cardenal Teodoro McCarrick, actual Arzobispo de Washington, que fue Rector por varios años.

Entre los Marianistas quiero destacar al Padre William Ferree, gran educador que, con su conocimiento del sistema universitario norteamericano, le dio gran prestigio a la Universidad ante la "Middle States". Entre los Padres Redentoristas, además de Monseñor McManus, que fue el fundador y alma de la Universidad, se distinguió grandemente el Padre Carl Hamman, quien dirigió en forma magnífica la construcción de todos los edificios erigidos en los tiempos de Monseñor McManus. Fue un gran religioso, un gran amigo y, juntamente con Monseñor McManus, un gran héroe.

Los Capuchinos aportaron, entre otros, al gran Padre Venard Kanfush, que fue su primer Capellán. Más tarde fue el gran apóstol de la Perla en el Viejo San Juan, donde se le venera como un gran santo.

Los Padres Paúles hicieron dos grandes aportaciones: Padre Tomás de la Puebla, gran sacerdote, profesor y amigo que por varios años fue Vicerrector, y al gran predicador y profesor, Padre David Tesouro.

Entre las Religiosas se distinguieron, en forma singular, las Josefinas, sobre todo Sister Joseph Lorraine.

Mientras me desempeñaba como Director de la Oficina de Desarrollo, ayudaba en las Confirmaciones y en todo aquello que necesitara el Señor Obispo, sobre todo visitando Diócesis en los Estados Unidos para hacer colectas para nuestra Diócesis, y confirmando en aquellos lugares donde me solicitaban. En la Diócesis de Búfalo, en Nueva York, me tocó confirmar en casi todas las parroquias. Solían donar los estipendios de las Confirmaciones a nuestra Diócesis. Así pude contribuir un poco a las finanzas de la Diócesis de Ponce, que en aquellos tiempos dedicaba muchos de sus ingresos a la obra de la Universidad.

El 16 de abril de 1963, o sea a los dos años de haber sido nombrado Obispo Auxiliar, el Santo Padre me nombró Obispo Coadjutor con Derecho a Sucesión. Por motivos de edad o salud, el Santo Padre suele asignar un Obispo Coadjutor con Derecho a Sucesión, de manera que, cuando el Obispo Residencial renuncia o fallece, le sucede automáticamente.

Al ser nombrado Obispo Coadjutor, Monseñor McManus me solicitó que asumiera el cargo de Canciller de la Universidad para relevarle un poco de su exceso de trabajo. En aquellos tiempos ya su salud empezaba a quebrantarse. Por eso fue que, encontrándose en Roma asistiendo a la tercera sesión del Concilio Vaticano II, decidió renunciar al gobierno de la Diócesis, lo cual me convertía automáticamente en Obispo Residencial de Ponce.

126

Unde hoc mihi: ¿Por qué a mí?
Memorias del Cardenal Luis Aponte Martínez

Bula de nombramiento como Obispo Titular de Lares y Obispo Titular de Ponce,
23 de julio de 1960.

Juan, Obispo
Siervo de los siervos de Dios

Al querido hijo **Luis Aponte Martínez**, hasta ahora Curial en la ciudad llamada Aibonito, elegido **Obispo Titular de Lares y Auxiliar del Obispo de Ponce**, salud y bendición apostólica.

A aquellos Prelados que tienen a su cargo un extenso territorio junto con el gobierno de un pueblo numeroso, tiene por costumbre bien fundada la Sede Apostólica concederles auxiliares, con tal de que lo pidan expresamente, para que puedan afrontar mejor las cargas del ministerio pontifical. Además se dan actualmente dobladas dificultades, que deben ser acometidas con fuerzas que sobrecargan a uno solo.

Así pues, puesto que el venerable hermano Jaime Eduardo McManus, Obispo de Ponce, tiene necesidad de tal ayuda, Nos te hemos juzgado capaz de tal cargo, querido hijo, siguiendo el parecer de nuestros venerables hermanos, Cardenales de la Santa Iglesia Romana encargados de los Negocios Consistoriales, y con Nuestra suprema potestad te nombramos Auxiliar de dicho Obispo de Ponce, con todas las honras y cargas propias de tal oficio según derecho y costumbre.

Con mayor motivo, con el consentimiento del Obispo al que vas a ayudar, para que desempeñes las tareas pontificales y con el rito pontifical realices las cosas santas, te elegimos Obispo de la Iglesia Titular de Lares, en la Provincia Proconsular, que estaba vacante por el traslado de nuestro venerable hermano Ricardo Ackerman a la Iglesia Catedral de Covington. Podrás gozar los derechos de tan eximia dignidad, como tendrás que desempeñar sus obligaciones.

Y para tu mayor facilidad, te permitimos que puedas ser consagrado Obispo fuera de Roma por aquel Obispo que prefieras entre los dignos, con la asistencia de otros dos de semejante dignidad, siempre que se encuentren todos en plena comunión con la Sede de Pedro. Mediante las presentes letras te otorgamos el mandato para que seas consagrado, venerable hermano elegido a tal ministerio. Pero antes de ello, siguiendo los preceptos de la ley eclesiástica, teniendo como testigo un Prelado de sincera devoción a la Sede Apostólica, deberás hacer la profesión de fe católica tal como está establecido y harás juramento tanto de fidelidad hacia Nos y Nuestros Sucesores como contra los errores modernistas, según el formulario que encontrarás adjunto a esta Carta y que también enviarás cuanto antes a la Sagrada Congregación Consistorial una vez que lo hayas firmado con tu nombre y sellado con tu sello, e igualmente con la firma y sello del Prelado que te sirvió como testigo en el juramento.

Deseamos también que el beneficio que todavía percibes en el Cabildo de Aibonito, quede vacante según Derecho después de ésta tu elección, y quede reservado únicamente a Nos y a la Sede Romana.

Por último, querido hijo, te exhortamos a que siguiendo los ejemplos del Salvador Cristo no te ahorres ningún esfuerzo para promover el Reino de Dios y asistas con la mayor dedicación tanto al Obispo de Ponce como a su pueblo. Para lo cual imploramos la ayuda presente del Dios Altísimo.

Dado en Roma, junto a San Pedro, en el día veintitrés del mes de julio del año del Señor mil novecientos sesenta, segundo de Nuestro Pontificado.

Jaime Luis Cardenal Capella, Canciller de la Santa Iglesia Romana
Francisco Teinello, Regente

Alberto Serafini, Protonotario Apostólico
César Federico, Protonotario Apostólico

128

Unde hoc mihi: ¿Por qué a mí?
Memorias del Cardenal Luis Aponte Martínez

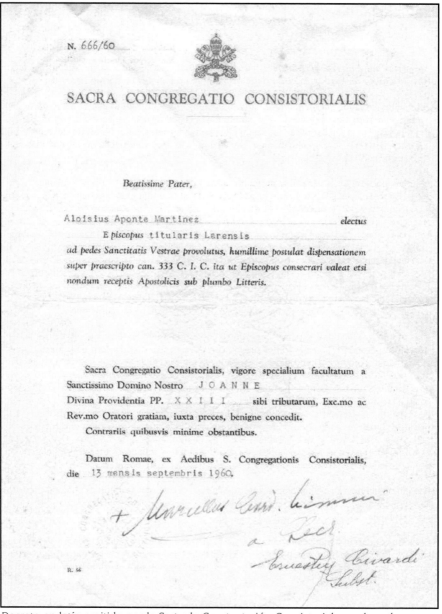

N. 666/60

SACRA CONGREGATIO CONSISTORIALIS

Beatissime Pater,

Aloisius Aponte Martinez   *electus*
    Episcopus titularis Larensis
ad pedes Sanctitatis Vestrae provolutus, humillime postulat dispensationem super praescripto can. 333 C. I. C. ita ut Episcopus consecrari valeat etsi nondum receptis Apostolicis sub plumbo Litteris.

Sacra Congregatio Consistorialis, vigore specialium facultatum a Sanctissimo Domino Nostro   J O A N N E
Divina Providentia PP. X X I I I   sibi tributarum, Exc.mo ac Rev.mo Oratori gratiam, iuxta preces, benigne concedit.
    Contrariis quibusvis minime obstantibus.

Datum Romae, ex Aedibus S. Congregationis Consistorialis, die 13 mensis septembris 1960.

R. 56

Decreto en latín emitido por la Sagrada Congregación Consistorial, nombrando al presbítero, Luis Aponte Martínez, Obispo Titular de Lares, según las facultades concedidas por el Santo Padre, Beato Juan XXIII, fechado el 13 de septiembre de 1960.

N. 666/60

SACRA CONGREGATIO CONSISTORIALIS

Beatissime Pater,

Aloisius Aponte Martínez *electus*
 Eepiscopus titularis Larensis ,
ad pedes Sanctitatis Vestrae provolutus, humillime postulat dispensationem super praescriptum canonis 1006 § 1 C.I.C. simulque facultatem recipiendi episcopalem consecrationem die 12 *mensis* octobris proxime ad-
ventantis qua sacerdotes, nullo detenti sacro ministe-
rio, facilius Pontificali ritui interesse possint.
 Et Deus, etc..

 SS.mus Dominus Noster I O A N N E S Divina
Providentia PP. X X I I I audita relatione infrascripti Cardinalis Sacrae Congregationis Consistorialis Secretarii, Exc.mo Oratori gratiam iuxta preces benigne concedere dignatus est.
 Contrariis quibusvis minime obstantibus.

 Datum Romae, ex Aedibus Sacrae Congregationis Consistorialis, die 13 mensis septembris anno 1960.

R. 40

Decreto en latín concediendo la facultad de recibir la Consagración Episcopal el día 12 de octubre de 1960.

130

Unde hoc mihi: ¿Por qué a mí?
Memorias del Cardenal Luis Aponte Martínez

Bula de nombramiento de Obispo Coadjutor con Derecho a Sucesión del Obispo de Ponce, 16 de abril de 1963.

Juan, Obispo
Siervo de los siervos de Dios

Al venerable Hermano **Luis Aponte Martínez, Obispo Titular de Lares**, hasta ahora Auxiliar del Obispo de Ponce, elegido **Coadjutor del mismo con Derecho a Sucesión** del citado Prelado, salud y bendición apostólica.

Para asegurar al máximo el bien de las almas y procurar la prosperidad de las Iglesias, la Sede Apostólica puede asignar a veces a los santos Pastores hombres con derecho de sucesión en el futuro, con la intención de que con esta decisión queden garantizadas de modo permanente las iniciativas y labores religiosas emprendidas por los Obispos.

Así pues, puesto que el venerable hermano Jaime Eduardo Mc Manus, Obispo de Ponce, en razón de sus achaques de salud, hubiese pedido que se le concediese una ayuda semejante, **Nos**, a quien se le ha confiado la carga de gobernar la entera familia cristiana por toda la tierra, te hemos juzgado capaz de asumir tal cargo, venerable Hermano, siguiendo la petición al respecto tanto del venerable Hermano Emmanuel Clarizio, Arzobispo Titular de Claudiópolis en Isauria y Delegado Apostólico al cargo de los asuntos eclesiásticos de la Región de Puerto Rico, cuanto de nuestro querido Hijo, el Cardenal de la Santa Iglesia Romana Secretario de la Congregación Consistorial. Con Nuestra suprema potestad te nombramos Coadjutor de dicho venerable Hermano, con derecho a suceder al mismo en el gobierno, la solicitud y la administración de los bienes espirituales y temporales de la Diócesis de Ponce cuando ésta quedare vacante por legítima causa.

Respecto a la profesión de fe católica y al juramento contra los errores modernistas, que deben ser reiterados según la ley canónica, quedas eximido de ello, sin que ninguna otra disposición le sea contraria. En cambio harás según la fórmula establecida el juramento de fidelidad para con **Nos** y Nuestros Sucesores en presencia de un Obispo que se encuentre en plena comunión de amor, cuyo ejemplar enviarás cuanto antes a la Sagrada Congregación Consistorial una vez que lo hayas firmado con tu nombre y sellado con tu sello, e igualmente con la firma y sello del Prelado que estuvo presente en el juramento.

Por lo demás, venerable Hermano, trabaja de tal modo que con tus egregias virtudes sigas sirviendo al bien de las almas aún con mayor afán.

Dado en Roma, junto a San Pedro, en el día diez y seis del mes de Abril del año del Señor mil novecientos sesenta y tres, quinto de Nuestro Pontificado.

Procanciller de la Santa Iglesia Romana, H. J. Cardenal Cicognani, Encargado de los Negocios Públicos de la Iglesia

132

Unde hoc mihi: ¿Por qué a mí?
Memorias del Cardenal Luis Aponte Martínez

Bula comunicando al entonces obispo de San Juan, SER Monseñor Jaime Pedro Davis, del nombramiento como Obispo Coadjutor con Derecho a Sucesión para la Diócesis de Ponce, 16 de abril de 1963.

Juan, Obispo
Siervo de los siervos de Dios

Al venerable Hermano Arzobispo Metropolitano de **San Juan de Puerto Rico**, salud y bendición apostólica.

Puesto que hoy, ejerciendo **Nuestra** potestad apostólica, hemos otorgado al venerable hermano *Jaime Eduardo McManus*, Obispo de Ponce, un *Coadjutor con derecho a sucederle en el futuro*, queremos advertirte sobre esto, ya que dicha Iglesia está sometida a tu jurisdicción metropolitana.

Después de escuchar el parecer al respecto del venerable Hermano Emmanuel Clarizio, Arzobispo titular de Claudiópolis en Isauria y Delegado Apostólico al cargo de los asuntos eclesiásticos de la Región de Puerto Rico y de nuestro querido Hijo, el Cardenal de la Santa Iglesia Romana Secretario de la Congregación Consistorial, el designado para este cargo es el venerable Hermano *Luis Aponte Martínez*, Obispo titular de Lares y, como ya sabes, hasta este momento Auxiliar del mismo Pastor sagrado.

Una vez comunicado esto, te exhortamos, venerable Hermano, por el respeto y docilidad que siempre **Nos** has manifestado, no sólo a que dispongas sea recibido entre tus sufragáneos como siempre con la mejor voluntad sino que también le ayudes con las dotes de tu sabiduría, cuando lo requiera el caso y esto suceda, en la administración de su diócesis. Pues quien tiene mayor experiencia en los asuntos pastorales, debe hacer acopio para el que le falte.

Por lo demás, Hermano venerable, deseamos que estés bien, para lo cual invocamos la gracia y la benevolencia de Dios.

Dado en Roma, junto a San Pedro, en el día diez y seis del mes de Abril del año del Señor mil novecientos sesenta y tres, quinto de Nuestro Pontificado.

Procanciller de la Santa Iglesia Romana, H. J. Cardenal Cicognani, Encargado de los Negocios Públicos de la Iglesia

Francisco Teinello, Regente
José Rossi, Obispo Titular, Protonotario Apostólico
Juan Calleri, Protonotario Apostólico

134

Unde hoc mihi: ¿Por qué a mí?
Memorias del Cardenal Luis Aponte Martínez

Bula circular informando al clero y al pueblo de la Diócesis de Ponce de la concesión al entonces Obispo de Ponce, S.E.R. Monseñor McManus, del nombramiento de un Obispo Coadjutor con derecho a sucederle en el futuro, 16 de abril de 1963.

Juan, Obispo
Siervo de los siervos de Dios

A los queridos hijos del clero y del pueblo de la Diócesis de Ponce, salud y bendición apostólica.

Una vez que hemos otorgado al venerable Hermano, vuestro Obispo, un Coadjutor con derecho a sucederle en el futuro, mediante las Cartas selladas hoy con plomo, queremos según costumbre adoctrinaros sobre esto, a quienes seréis alguna vez su grey, ya que él será vuestro Pastor.

Por tanto queremos haceros saber que, siguiendo la petición al respecto del venerable Hermano Emmanuel Clarizio, Arzobispo titular de Claudiópolis en Isauria y Delegado Apostólico al cargo de los asuntos eclesiásticos de la Región de Puerto Rico y de nuestro querido Hijo, el Cardenal de la Santa Iglesia Romana Secretario de la Congregación Consistorial, con Nuestra suprema autoridad hemos elegido para este cargo al venerable Hermano **Luis Aponte Martínez**, Obispo titular de Lares y hasta este momento Auxiliar de vuestro sagrado Pastor.

Una vez comunicado esto, os exhortamos con vehemencia, hijos queridos, a que no solo acojáis con afecto al que enviamos como Coadjutor y colaborador de vuestro Obispo y que será después Padre de vuestras almas, sino que también llevéis de buena gana sus cargas, ya que por vuestra salvación va a asumirlas.

Por lo demás, queridos hijos, queremos que aquel que gobierna la Iglesia de Ponce, el primer día festivo de precepto que se celebre después de recibirla, disponga la lectura de ésta Nuestra Carta en la Iglesia Catedral en presencia del clero y del pueblo.

Dado en Roma, junto a San Pedro, en el día diez y seis del mes de Abril del año del Señor mil novecientos sesenta y tres, quinto de Nuestro Pontificado.

Procanciller de la Santa Iglesia Romana, H. J. Cardenal Cicognani, Encargado de los Negocios Públicos de la Iglesia

Francisco Teinello, Regente

José Rossi, Obispo Titular, Protonotario Apostólico
Juan Calleri, Protonotario Apostólico

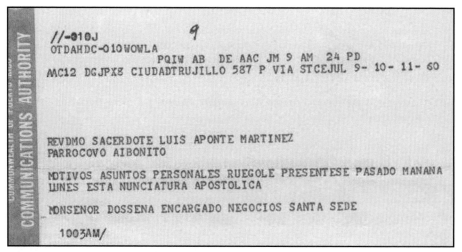

Telegrama que recibí cuando fui llamado a Santo Domingo para comunicarme el
nombramiento como Obispo Auxiliar de Ponce.

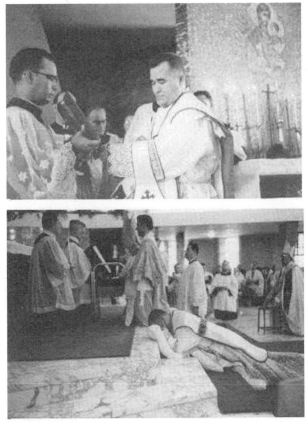

Momentos ceremonia de Consagración Episcopal,
Iglesia María Reina en Ponce, 12 de octubre de 1960.

138

Unde hoc mihi: ¿Por qué a mí?
Memorias del Cardenal Luis Aponte Martínez

Secuencia fotográfica de diferentes momentos durante le
ceremonia de Consagración Episcopal como Obispo Auxiliar
de Ponce, 12 de octubre de 1960.

Diferentes momentos del día de mi Consagración Episcopal
como Obsipo Auxiliar de Ponce, 12 de octubre de 1960.

140

Unde hoc mihi: ¿Por qué a mí?
Memorias del Cardenal Luis Aponte Martínez

Momento en que recibo el saludo ritual de la paz del Cardenal Spellman, Arzobispo de Nueva York, durante la ceremonia de consagración como primer Obispo puertorriqueño, celebrada en la Iglesia Santa María Reina, en Ponce, 12 de octubre de 1960.

Fotografía de la Iglesia Santa María Reina en Ponce, donde se llevó a cabo la Solemnísima ceremonia de mi consagración como Obispo Auxiliar de Ponce, con la participación del Arzobispo Spellman y otros altos jerarcas de la Iglesia Católica. Fui ordenado a la Diócesis Titular de Lares, en forma simbólica, como se acostumbra en estos casos, 12 de octubre de 1960.

Lajas, Puerto Rico

Mi escudo personal.

Su Santidad Beato Juan XXIII, quien me designó
Obispo Auxiliar de la Diócesis de Ponce.

Capítulo XIV

EL CONCILIO VATICANO II

Pasemos ahora al tema del Concilio Vaticano II, convocado por Su Santidad Beato Juan XIII. Monseñor McManus se interesó muchísimo, como era natural, e invitó a Monseñor Harper, y a este servidor, para que le acompañáramos a Roma. Viajamos vía Miami, en el famoso barco portugués, Santa María que pocos meses antes había sido secuestrado. De Miami pasamos a las Islas Azores, luego a Vigo, España, y de ahí a Lisboa, Portugal. En Lisboa rentamos un automóvil en el que nos movimos hasta Roma; pero antes pasamos por Fátima.

Permítanme un paréntesis para decirles que de joven tuve dos grandes ilusiones: una, poder viajar algún día a España, y la otra, ser sacerdote. El Señor me concedió las dos en una, pues viajé a España ya como sacerdote y Obispo. Por eso, cuando atisbamos las costas españolas, cerca de Vigo, sentí una tremenda emoción.

De Fátima viajamos a Sevilla, donde pernoctamos. Luego seguimos a Córdoba y pasamos a Madrid. De allí Monseñor McManus y Monseñor Harper volaron a San Sebastián, porque Monseñor McManus no se sentía bien. Yo me quedé con el carro y viajé a Burgo de Osma, pueblo de Santo Domingo de Guzmán, donde dormí en la residencia del Señor Obispo, Don Saturnino. De ahí salí para Burgos, donde almorcé, y seguí para San Sebastián. Recuerdo que pasé un gran apuro porque sólo llevaba dinero norteamericano y me iba quedando sin gasolina. Tuve que detenerme en una gasolinera y explicarle al despachador lo que me sucedía. Me aceptó el dinero estadounidense que, en aquellos días, no era fácil que lo aceptaran en España. Así pude llegar a San Sebastián, donde me esperaban Monseñor McManus y Monseñor Harper. Permanecimos allí un par de días y salimos para Lourdes; allá nos quedamos un par de días también. Fue una gran experiencia porque había oído y leído sobre las apariciones de Lourdes y aquello para mí era un gran sueño.

De Lourdes bajamos a Barcelona, pasando por Andorra, y dormimos en Barcelona un par de noches; visitamos la Iglesia de la Sagrada Familia y otros monumentos religiosos e históricos y luego cruzamos la frontera francesa.

De Perpignan nos dirigimos por Niza a Génova, luego a Florencia donde pernoctamos; después a Padua, y de ahí a Asís. Dos horas después de llegar a Asís, llegó el Papa Juan XXIII a la Basílica. Era la primera vez, en tiempos modernos, que un Papa viajaba fuera de Roma. La experiencia en Asís con la visita del Santo Padre fue muy emocionante. Era la primera vez que veía a un Papa de cerca.

De Asís pasamos directamente a Roma, un día o dos antes de comenzar el Concilio, el 12 de octubre de 1962. Nos alojamos en el Colegio Pío Latinoamericano en la Vía Aurelia. Aquello fue un poco trágico porque el edificio estaba todavía en construcción. La noche víspera de la apertura del Concilio llovió a cántaros y en la mañana, cuando salimos para la Basílica, seguía lloviendo copiosamente. Podemos decir que fue como un milagro del Papa Juan XXIII que, al momento de salir a las 10:00 de la mañana en procesión para la Basílica, no caía ni una gota de agua y hacía un sol resplandeciente. Con una Misa Papal solemnísima dio comienzo el Concilio Vaticano II al que tuve la dicha de asistir, siendo el primer puertorriqueño que asistía a un Concilio de la Iglesia.

Participé en las primeras dos sesiones. Monseñor McManus quiso asistir a la tercera, pero yo preferí quedarme en Puerto Rico para seguir atendiendo los asuntos de la Universidad.

148

Unde hoc mihi: ¿Por qué a mí?
Memorias del Cardenal Luis Aponte Martínez

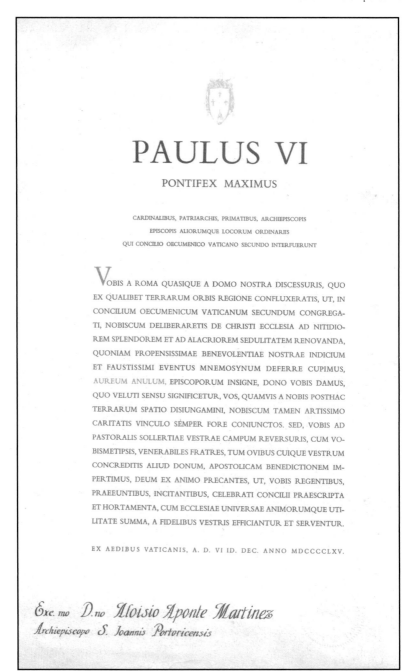

PAULUS VI

PONTIFEX MAXIMUS

CARDINALIBUS, PATRIARCHIS, PRIMATIBUS, ARCHIEPISCOPIS
EPISCOPIS ALIORUMQUE LOCORUM ORDINARIIS
QUI CONCILIO OECUMENICO VATICANO SECUNDO INTERFUERUNT

VOBIS A ROMA QUASIQUE A DOMO NOSTRA DISCESSURIS, QUO
EX QUALIBET TERRARUM ORBIS REGIONE CONFLUXERATIS, UT, IN
CONCILIUM OECUMENICUM VATICANUM SECUNDUM CONGREGA-
TI, NOBISCUM DELIBERARETIS DE CHRISTI ECCLESIA AD NITIDIO-
REM SPLENDOREM ET AD ALACRIOREM SEDULITATEM RENOVANDA,
QUONIAM PROPENSISSIMAE BENEVOLENTIAE NOSTRAE INDICIUM
ET FAUSTISSIMI EVENTUS MNEMOSYNUM DEFERRE CUPIMUS,
AUREUM ANULUM, EPISCOPORUM INSIGNE, DONO VOBIS DAMUS,
QUO VELUTI SENSU SIGNIFICETUR, VOS, QUAMVIS A NOBIS POSTHAC
TERRARUM SPATIO DISIUNGAMINI, NOBISCUM TAMEN ARTISSIMO
CARITATIS VINCULO SEMPER FORE CONIUNCTOS. SED, VOBIS AD
PASTORALIS SOLLERTIAE VESTRAE CAMPUM REVERSURIS, CUM VO-
BISMETIPSIS, VENERABILES FRATRES, TUM OVIBUS CUIQUE VESTRUM
CONCREDITIS ALIUD DONUM, APOSTOLICAM BENEDICTIONEM IM-
PERTIMUS, DEUM EX ANIMO PRECANTES, UT, VOBIS REGENTIBUS,
PRAEEUNTIBUS, INCITANTIBUS, CELEBRATI CONCILII PRAESCRIPTA
ET HORTAMENTA, CUM ECCLESIAE UNIVERSAE ANIMORUMQUE UTI-
LITATE SUMMA, A FIDELIBUS VESTRIS EFFICIANTUR ET SERVENTUR.

EX AEDIBUS VATICANIS, A. D. VI ID. DEC. ANNO MDCCCCLXV.

Exc. mo D. no Aloisio Aponte Martinez
Archiepiscopo S. Joannis Portoricensis

Bula que certifica la asistencia y participación de S.E.R. Monseñor Luis Aponte Martínez en el Concilio Ecuménico Vaticano II, 9 de diciembre de 1965.

Papa Pablo VI
Pontífice Máximo

A los Cardenales, Patriarcas, Primados, Arzobispos y Ordinarios de otros lugares, que han estado presentes en el **Concilio Ecuménico Vaticano II**.

A cuantos os disponéis a dejar Roma, en cierto modo nuestra casa, a donde habíais venido desde todas las regiones del orbe de la tierra, para junto con **Nos**, reunidos en el **Concilio Ecuménico Vaticano II**, deliberar sobre cómo debía ser renovada la Iglesia de Cristo, de modo que alcanzara más radiante esplendor y más gozosa diligencia, puesto que deseamos entregaros un recuerdo de tan fausto acontecimiento y una señal de nuestra predispuesta benevolencia, os damos como regalo este anillo de oro, enseña episcopal, que os sirva como signo manifiesto de que, aunque estemos separados por un espacio de tierra, siempre estaremos unidos por el vínculo estrecho de la caridad.

Y además, a cuantos vais a retornar al campo de vuestro cuidado pastoral, y con vosotros mismos, venerables hermanos, a las ovejas que os han sido confiadas a cada uno, deseo añadir otro regalo, la Bendición apostólica, que impartimos, suplicando de corazón a Dios que, yendo vosotros por delante, bajo vuestra dirección y con vuestro estímulo, se lleven a cabo y se observen para el mayor provecho de la Iglesia entera y de las almas, los mandatos y exhortaciones del Concilio recién celebrado.

Ciudad del Vaticano, nueve de diciembre de mil novecientos sesenta y cinco.

Al Excmo. Sr. Luis Aponte Martínez,
Arzobispo de San Juan de Puerto Rico

Tarjeta postal con motivos conciliares que envié a la Redacción
del semanario católico *El Debate*. A la izquierda, el fenecido
Papa Juan XXIII. A la derecha, el Papa Paulo VI. Al centro
los Padres Conciliares en plena faena conciliar.

Otro momento durante el Concilio Vaticano II.
De izquierda a derecha: S.E.R. Monseñor
Eduardo Harper, S.E.R. Monseñor Jaime P. Davis
y este servidor Monseñor Aponte Martínez.

Fotografía muy importante de los representantes de Puerto Rico al Concilio Vaticano II frente a la famosa estatua de San Pedro dentro de la Basílica en Roma. De izquierda a derecha: S.E.R. Monseñor Alfredo Méndez, Obispo de Arecibo; S.E.R. Monseñor Jaime P. Davis, Arzobispo de San Juan; S.E.R. Monseñor Eduardo Harper, Prelado de las Islas Vírgenes; y este servidor Obispo Auxiliar de Ponce. Al fondo un miembro de la Guardia Suiza del Vaticano, año 1962.

Capítulo XV

TOMA POSESIÓN OBISPO DE PONCE

154

Unde hoc mihi: ¿Por qué a mí?
Memorias del Cardenal Luis Aponte Martínez

El día 22 de noviembre de 1963, en un lapso de 20 minutos, recibí dos noticias que me estremecieron: el asesinato del Presidente Kennedy y la renuncia de Monseñor McManus como Obispo de la Diócesis de Ponce. Él había empezado a sentirse mal del corazón debido a la pobre reacción de los católicos ante el Partido de Acción Cristiana, el malestar que dejó la derrota y el ambiente de desconfianza que se creó contra la Iglesia, sobre todo contra la Jerarquía.

Cuando regresó de Roma, naturalmente nos reunimos para organizar su despedida y mi toma de posesión como Obispo de Ponce. Él insistió en que limitáramos la despedida a una Misa que se celebró en los predios de la Universidad Católica.

Su renuncia, naturalmente, fue muy sentida. Había dirigido la Diócesis de Ponce desde el año 1947, por 16 años y, con toda la debida consideración a los demás Obispos, habiendo colaborado tan de cerca con él, puedo asegurar que ha sido uno de los más grandes Obispos de Puerto Rico. A él le debemos el gran milagro de la Universidad Católica; el primer Seminario Mayor; la primera estación de radio católica; y el primer Obispo puertorriqueño del siglo XX, pues es a él a quien tengo que agradecer que me presentara como candidato al Episcopado.

A él también le debo mi sacerdocio, pues tanto Monseñor Fremiot Torres Oliver, ahora Obispo Emérito de Ponce, como este servidor, fuimos los primeros sacerdotes ordenados por él. Habiendo convivido con él, primero como secretario, y luego como Obispo Auxiliar, puedo asegurar que Monseñor McManus era un gran santo, y si a menudo dio la impresión de poseer un carácter inflexible, sobre todo cuando escribía en los periódicos, fue por su gran amor y fidelidad a la doctrina y disciplina de la Iglesia.

Jamás he visto a un Obispo procedente de una Orden Religiosa que observara el voto de pobreza como él lo observaba. Muchas veces yo mismo le compraba ropa y muchas veces tuve que mandarle a poner media suela a sus zapatos. Por años vistió un traje crema y una sotana blanca que parecían de tela de bolsa de harina de trigo.

Era un gran administrador. Llevaba él mismo todas las cuentas de la Diócesis en una gran libreta, y cuando pudo invertir algunos ahorros para la Universidad y el Seminario, él mismo llevaba los portfolios ya que tenía un gran olfato para las inversiones. Fue ciertamente mi mentor en asuntos administrativos. Claro, él fue un gran maestro; tal vez yo un pobre discípulo. También era un hombre de gran fe y oración. Para mí era un santo.

Por eso me indigné tanto cuando, en el fragor político, a alguien se le ocurrió acusarlo de que portaba un arma. Esa fue una gran calumnia. Puedo jurar solemnemente que yo organizaba su habitación y su oficina cuando él se ausentaba por algún tiempo, y jamás vi o encontré arma alguna. Él era incapaz de ofender a nadie, aunque sí era muy estricto con él y con los demás. Por eso me indigné tanto cuando leí un artículo en un periódico local haciéndole acusaciones completamente difamantes y maliciosas. Por la gratitud, la admiración y el cariño que le tenía a Monseñor McManus, fue que sentí tanto su renuncia.

Y ahora voy a aprovechar para reaccionar ante lo que considero una gran calumnia. Había pensado llevarme esto a la tumba, pero hay veces en que después de muerto no hay quién nos defienda. Si mucho me dolió la acusación que hicieran contra Monseñor McManus, muchísimo más me dolió enterarme de que en Ponce alguien o algunos me acusaron de haber traicionado a Monseñor McManus.

Sucedió que un día, estando en Ponce cuando aún era Obispo Auxiliar, recibí una llamada de Monseñor Emmanuelle Clarizio, nuestro Delegado Apostólico de entonces, invitándome a la Nunciatura para una consulta. Al llegar me informó que al día siguiente tendría de invitado al

Dr. Rafael Picó para el almuerzo y quería que yo participara, ya que se trataría de algo muy importante.

La controversia suscitada por el Partido de Acción Cristiana (PAC) había dejado profundas heridas. Don Luis Muñoz Marín tuvo la gentileza de visitar al Santo Padre, Beato Juan XXIII. Al publicar aquí la noticia, el semanario católico *El Debate* lo había hecho de forma muy negativa. Eso, como es natural, ofendió mucho a don Luis, quien delegó a su gran amigo y colaborador, el doctor Picó, para que hablara con el Señor Nuncio sobre la posibilidad de una reconciliación con la Iglesia.

Al terminar el almuerzo y la conversación, el Señor Nuncio me encomendó hablar con Monseñor Davis y Monseñor McManus para reunirnos en el Arzobispado de San Juan. A mi regreso a Ponce me llamó para que lo recibiera con Monseñor McManus en el aeropuerto de San Juan. Tan pronto se montó en el carro le abordó el problema a Monseñor McManus. Su reacción, como era de esperarse, no fue muy positiva. Al llegar al Arzobispado ya eran como las 9:00 de la noche y nos sentamos con Monseñor Davis a discutir el asunto. Monseñor Davis estuvo más receptivo y entonces se comenzó un intercambio de textos con la Fortaleza para una posible declaración conjunta de reconciliación. Recuerdo que estuve hasta las 2:00 de la madrugada pasando textos en maquinilla. Tan pronto don Luis aprobó el texto final se decidió convocar una conferencia de prensa para darlo a conocer.

Como estuve tan involucrado en esto por órdenes superiores, algunos en Ponce, que lo desconocían, pensaron que había sido iniciativa mía y se dieron a la triste tarea de envenenarle la mente a Monseñor McManus; penosamente, lo lograron. Podrán imaginarse lo que supuso para mí sentir que había perdido la confianza de aquél que tanto había confiado en mí y a quien tanto yo tenía que agradecerle. Gracias a Dios que, tanto el doctor Picó como Monseñor Grovas, trataron de esclarecer esto en la prensa. Pero el daño ya estaba hecho y los responsables de la increíble calumnia de que yo había traicionado a mi mentor nunca se retractaron.

Si a alguien le interesara comprobar lo aquí expuesto, le aconsejo que lea el libro *Muñoz Marín vs The Bishops*, de la escritora María

Mercedes Alonso. De manera particular les refiero al Capítulo IX, página 144, titulado: "The Final Settlement". En ese capítulo encontrarán los nombres de todos los que intervinimos en este asunto, y los textos de los mensajes intercambiados entre don Luis y Su Excelencia Reverendísima Monseñor Clarizio; y entre don Luis y los Obispos; y las recomendaciones del Señor Delegado Apostólico para mantener las buenas relaciones entre el Gobierno y la Iglesia.

Gracias a esa reconciliación, durante mi poco tiempo como Obispo de Ponce, y luego acá en San Juan, pude mantener muy buenas relaciones con don Luis hasta el punto de que él me honrara con su presencia en la toma de posesión acá en San Juan. Además, cuantas veces lo necesité me atendió muy gentilmente. En una ocasión estuvimos dos horas discutiendo un asunto de mutuo interés. De hecho, en la ocasión de mi designación como Cardenal, una de las primeras llamadas de felicitación que recibí fue la suya.

Luego, en su última enfermedad, el Dr. Ramón Suárez tuvo la gentileza de avisarme que tenía a don Luis en la Clínica Mimiya; fui inmediatamente a verlo y estuve un buen rato con él. Fue providencial porque a los pocos días, como a las 7:00 de la mañana, mientras yo desayunaba, una de las religiosas del Arzobispado vino a avisarme que tres caballeros deseaban verme con urgencia. Se trataba del Lcdo. Rafael Hernández Colón (hoy ex gobernador de Puerto Rico), el Lcdo. Federico Hernández Denton (hoy Presidente del Tribunal Supremo de Puerto Rico) y del Lcdo. Héctor Luis Acevedo (hoy ex alcalde de San Juan), que venían a comunicarme la triste noticia de la muerte de don Luis y a preguntarme si sería posible velarlo en la Catedral. Respondí que no había problema alguno de mi parte, excepto que la Catedral no tenía el espacio ni las instalaciones sanitarias necesarias. Ellos comprendieron aquello muy bien. Pero, gracias a que don Luis se había reconciliado con la Iglesia, pude hacerle un funeral muy solemne. ¡Que descanse en paz quien tanto hizo por Puerto Rico!

Mi toma de posesión de la Diócesis de Ponce tuvo lugar el 20 de febrero de 1964. Me acompañó el Señor Obispo de Arecibo, Monseñor Alfredo F. Méndez, y Monseñor Juan de Dios López de Victoria, entonces

ce4
158 — Unde hoc mihi: ¿Por qué a mí?
Memorias del Cardenal Luis Aponte Martínez

Administrador Apostólico de la Arquidiócesis de San Juan, ya que Monseñor Jaime Pedro Davis había sido designado Arzobispo de Santa Fe, Nuevo México.

Apenas puedo decir que fui Obispo de Ponce. Tomé posesión el 20 de febrero de 1964, y en el mes de septiembre me trasladé a Roma para asistir a la cuarta sesión del Concilio Vaticano II. Naturalmente, como acababa de ser instalado Obispo de Ponce, tenía la preocupación de regresar pronto para poder continuar la reorganización de la Diócesis. A fines de octubre decidí regresar a Puerto Rico. Monseñor Juan de Dios López de Victoria decidió regresar también.

Desfile hacia la Catedral de Ponce para la ceremonia
de toma de posesión como Obispo de Ponce.

Otro momento durante la celebración eucarística cuando
tomé posesión de la Catedral como Obispo de Ponce.

Celebración Eucarística en la ceremonia de toma de posesión
en la Catedral como Obispo de Ponce, 20 de febrero de 1964.

Ágape familiar después de mi Primera Misa como
Obispo de Ponce acompañado de mamá y otros familiares.

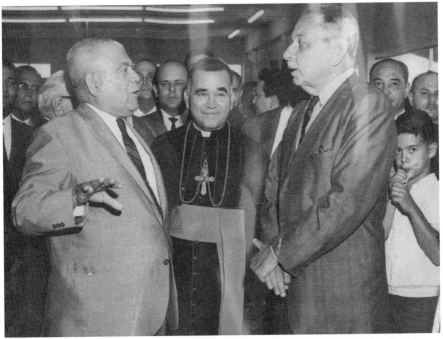

Terminada la graduación de la Universidad Católica, Recinto de Ponce, donde el Honorable Don Luis Muñoz Marín, Gobernador de Puerto Rico, fue el orador principal, pude compartir con él y con el Honorable Senador Agustín Burgos, de Villalba.

Capítulo XVI

NOMBRAMIENTO COMO ARZOBISPO DE SAN JUAN

164

Unde hoc mihi: ¿Por qué a mí?
Memorias del Cardenal Luis Aponte Martínez

En noviembre de 1964 estaba todavía en Roma, preparando el equipaje para regresar a Puerto Rico después de mi asistencia al Concilio Vaticano II, cuando a eso de las 10:00 de la noche una religiosa me avisó que tenía llamada de la hermana del Nuncio Apostólico de Santo Domingo, quien era nuestro Delegado Apostólico. Al comunicarme con la hermana del Señor Nuncio me informó que él quería que lo llamara desde su casa que estaba como a 10 minutos de donde yo me hospedaba en Roma, la Casa Romana del Clero, en la Calle Traspontina. Tan pronto llegué, pedí la llamada y no fue hasta la medianoche que recibí contestación. Lo único que me preguntó fue "si aceptaba".

En aquel tiempo corría toda clase de rumores. Como la Arquidiócesis de San Juan estaba vacante, y se había establecido la Diócesis de Caguas (4 de noviembre de 1964), algunos pensaban que yo iría como Obispo de Caguas, y otros pensaban que sería el nuevo Arzobispo de San Juan. De hecho, en el aeropuerto había un señor que habían puesto de espía para observar cuál de los Obispos salía de San Juan para Santo Domingo; pues indudablemente sería el próximo Arzobispo. Por eso, cuando el Señor Nuncio me preguntó:

—*¿Acepta?*

—*Cualquier cosa que usted decida yo lo aceptaría, ya que tengo plena confianza en usted* —fue todo lo que le pude contestar.

—*Salgo para Roma mañana y quiero que hablemos* —procedió a decirme.

—*Eso es imposible porque ya me estoy preparando para salir para Puerto Rico, vía Nueva York, y tengo ya todo mi equipaje recogido* —le contesté.

—*Le pido que se quede en Roma* —insistió.

—*Permítame continuar con mis planes. Volaré de Nueva York a Santo Domingo y nos reuniremos allá* —le propuse.

—*Acepto su proposición* —me contestó.

Volé de Roma a Nueva York a casa de mi hermana Candy. Monseñor López, que estaba actuando como Administrador Apostólico de la sede vacante de San Juan, me acompañaba en el viaje y, al llegar a Nueva York, se fue a casa de una sobrina. Mientras tanto, aproveché para arreglar el viaje a Santo Domingo. Le informé a Monseñor López que, por razones personales, tenía que adelantar el viaje. Tampoco pude decirle que viajaba vía Santo Domingo, pues había que guardar el secreto. Llegué a Santo Domingo, hablé con el Delegado Apostólico y me dio la noticia de que el Santo Padre me había nombrado Arzobispo de San Juan.

Inmediatamente regresé a San Juan. Precisamente llegué el día que se celebraban las elecciones en Puerto Rico, 4 de noviembre de 1964. Me dirigí al Arzobispado para comunicárselo al Padre Aguilar, secretario de Monseñor López, y también a las Hermanas Dominicas que atendían el Arzobispado.

Como al mismo tiempo se había nombrado a Monseñor Fremiot Torres Oliver para que me sucediera como Obispo de Ponce, se convocó una conferencia de prensa conjunta para hacer el doble anuncio. Aproveché para anunciar que mi toma de posesión de la Arquidiócesis sería el 15 de enero del año siguiente, 1965.

La víspera de mi toma de posesión, doña Pepita Valdés me invitó a almorzar en su casa, conocida como "La Casa del Reloj", contigua a la propiedad de las Hermanas del Buen Pastor en la Carretera de Río Piedras a Caguas. Nos acompañó doña Felisa Rincón de Gautier, Alcaldesa de San Juan. Después del almuerzo, como a las 3:30 de la tarde, salimos en caravana hacia la Capital. Me esperaba en la Plaza de Colón una gran concurrencia, entre ellos Monseñor Juan de Dios López de Victoria, que como dije antes fungía como Administrador Apostólico; Monseñor Rafael Grovas, Canciller de la Arquidiócesis; Monseñor Celestino Linera; y muchos otros sacerdotes y amigos.

De parte del público, un niñito de la Barriada La Perla me presentó un corderito. De ahí caminamos hasta la Plaza de Armas donde doña Fela había levantado una tarima para un acto oficial de recibimiento. Primero hubo un saludo de parte de ella, y unos cuantos discursos de otros oficiales del Gobierno y legisladores que gentilmente me esperaban. Después de agradecer el recibimiento y los saludos, nos dirigimos al salón de reuniones de la Alcaldía y pasamos a la terraza para una breve recepción.

Al día siguiente por la tarde, 15 de enero de 1965, tuvimos la ceremonia de instalación en la Catedral. Como pueden imaginarse fue un acto muy solemne y significativo, pues era la primera vez que se instalaba un Arzobispo puertorriqueño. Asistieron dos gobernadores: don Luis Muñoz Marín, quien cesaba en sus funciones, y don Roberto Sánchez Vilella quien iniciaba su mandato como Gobernador. De manera que me tocó iniciarme como Arzobispo de San Juan en momentos muy significativos e históricos de transición. Se retiraba don Luis Muñoz Marín, quien había hecho una obra de gobierno tan ingente, y le sucedía uno de sus más cercanos colaboradores. A pesar de la controversia del Partido Acción Cristiana (PAC), considero que fue muy gentil de parte de don Luis que aceptara mi invitación y nos acompañara en los momentos en que la Arquidiócesis instalaba a su primer Arzobispo puertorriqueño.

Terminada la ceremonia de instalación, presidida por Su Excelencia Reverendísima Monseñor Emmanuelle Clarizio, Delegado Apostólico para Puerto Rico, nos dirigimos al Hotel Sheraton, en el Condado, donde se había organizado un bellísimo acto de recepción. Después de los discursos de rigor y una sabrosísima cena, tuvo lugar un acto musical que, por su contenido y participantes, he considerado conveniente incluir aquí el programa completo, el que aparece al final de este capítulo. Esta información se la debo a Monseñor Francisco Arenas, quien esa noche hizo de magnífico maestro de ceremonias. Este grandioso programa musical cerró con broche de oro e hizo aún más inolvidable aquella noche de tantas e intensas emociones.

Como pueden imaginarse, terminamos después de las 2:00 de la madrugada. Recuerdo haberles dicho a los presentes que el predecesor de mi predecesor, Monseñor Edwin Vicente Byrne, había permanecido en la sede unos 15 años. Mi inmediato predecesor, Monseñor Jaime Pedro Davis, había ocupado la sede por 21 años. Por lo que a mí tocaba, mi abuelita acababa de morir a los 95 años. Por tanto, no debían preocuparse: la toma de posesión de un nuevo Arzobispo no se repetiría por muchos años.

La profecía se cumplió, pues permanecí como Arzobispo de San Juan por 34 años hasta el 9 de mayo de 1999.

PROGRAMA MUSICAL

Excmo. y Rvdmo. Delegado Papal en Puerto Rico.
Excelencias Reverendísimas.
Ilustrísimos y Reverendísimos Monseñores.
Reverendos Sacerdotes y Ministros
Honorables Miembros del Gobierno del ELA de Puerto Rico.
Honorable Sr. Presidente del Senado — Honorable Presidente de la Cámara de Representantes
Honorables Senadores y Representantes.
Honorable Alcaldesa de la Capital.
General y Almirante de las Fuerzas Armadas de los Estados Unidos de América.
Rector de la Universidad de Puerto Rico.
Señoras:
Señores:

Esplendoroso y refulgente broche de oro para cerrar los solemnes actos de la Instalación de Monseñor Luis Aponte Martínez como Primer Arzobispo nativo de la Archidiócesis de San Juan, constituye este acto, mitad de confraternidad, agasajo y respeto, mitad de exquisita expresión artística, como enseguida tendremos ocasión de apreciar.

Las primeras palabras de la noche corresponde, yo diría por derecho propio, a quien se ha revelado como competente, hábil y eficientísimo Coordinador de los actos de Instalación y Banquete en honor del Sr. Arzobispo, Hon. Manuel Badrena Trápaga, Caballero San Gregorio Magno. Con ustedes, don Manuel Badrena:

Dijimos antes que la segunda mitad de este acto sería "de exquisita expresión artística". Añadimos ahora que esa afirmación, "exquisita expresión artística"-adquiere toda su validez si el auspiciador es don Pablo Casals, si el organizador es Jesús María Sanromá, si los intérpretes son: Olga Iglesias, María Esther Robles, Camelia Ortiz del Rivero, Luisita Rodríguez, en sustitución a última hora de Martita Montañés de Casals, James Caldwell, Pablo Elvira, hijo, y el propio Sanromá, sin olvidar a S. Excelencia Reverendísima Monseñor Fremiot Torres Oliver, Obispo de Ponce -el Obispo Músico-, y si las Obras son las que iremos escuchando en el transcurso del programa. El Coro del Conservatorio de Música de Puerto Rico, dirigido por el Profesor Sérgie Ráinis.

Como primer número musical de la noche vamos a escuchar PRELUDIO, para piano, de don Pablo Casals, interpretado por Jesús María Sanromá.

El Preludio fue escrito por don Pablo en Prades, pintoresco pueblecito de la costa Sur-Oriental de Francia, donde el artista fijó su residencia. Su fecundo retiro, diríamos mejor, porque aquel pequeño rincón francés fue la cuna de los famosos festivales que hoy llevan en triunfo por el mundo el nombre de Casals unido al de Puerto Rico.

A este propósito, séame permitida una palabra sobre los Festivales: La iniciativa de los Festivales-ha manifestado con sencillez el Maestro-se debió a algunos buenos amigos americanos y, en primer lugar, al gran violinista Alexander Schnáider. Schnáider insinuó a Casals: Usted no puede condenar su arte al silencio. Ya que no quiere dejar Prades, ¿permitiría que un grupo de músicos viniéramos aquí y diéramos unos conciertos con usted? -Y añadió: Precisamente el año próximo-se refería al 1950- es el de la conmemoración de la muerte de Juan Sebastián Bach, y la ocasión sería indicadísima.

Don Pablo aceptó el ofrecimiento, agradeciendo a Schnáider la atención tan delicada que él y sus colegas tenían para con él. A mediados de abril llegaron a Prades los músicos de la Orquesta y algunos solistas. Comenzaron los ensayos. Fecha fijada para el magno acontecimiento musical: el 2 de junio de 1950. Lugar: la Iglesia de San Pedro, de estilo románico. Hora: las 8/ de la noche. Programa: Juan Sebastián Bach. Concertos Brandeburgueses.6 Suites para violoncelo solo. Solista: Pablo Casals.

La radio-difusión francesa denominó aquel Festival como "el acontecimiento musical del Siglo XX". Festival de la Peregrinación, se ha dicho, porque cada año en el mes de junio recomenzaba la peregrinación del mundo musical hacia el Maestro.

Mas, volvemos al PRELUDIO. Su tono: solemne, religioso, como sin lugar a dudas es gran parte de la Obra de D. Pablo Casals. Dispongámonos a escuchar. Al piano: Jesús María Sanromá.

Escucharemos ahora *DOS ARIAS PARA SOPRANO CON OBLIGATO DE OBÓE*, de Juan Sebastián Bach.

"Lo que Dios ha hecho, está bien hecho" es el título general de la Cantata n. 98, que escucharemos en primer término, y que sustituye a la n. 21 anunciada en el programa. El título de esta primera Aria es: Cesad, ojos, de llorar, inspirada en las palabras de la Epístola del Domingo 21 después de Trinidad. La música va mostrando hacia el fin que efectivamente los ojos han cesado de llorar.

La segunda Cantata, la 93, se inspira en la Epístola del Domingo V después de Trinidad. Es la I Carta de San Pedro, III, 8-15. La Voz canta: "Fijaré mis ojos en el Señor, y confiaré siempre en Él". Esta Cantata es de carácter alegre, en contraste con la anterior, y llena de esperanza. El Oboe complementa el texto con gracia y alegría.

Acerca del autor, Juan Sebastián Bach, baste decir que fue uno de los más grandes genios musicales y el verdadero padre de la moderna escuela, ya que en su obra se encuentran en germen todos los elementos desarrollados más tarde por los innovadores de la música. Como director de música religiosa de la ciudad de Leipzig tenía la obligación de escribir anualmente un determinado número de piezas musicales para las funciones sacras. A esta circunstancia debemos la posesión de un tesoro de cantatas religiosas, de PASIONES y Misas admirables entre las cuales descuellan la gigantesca PASIÓN SEGÚN SAN MATEO y la MISA EN SÍ MENOR.

En cuanto a los intérpretes: MARÍA ESTHER ROBLES, sin más aditamentos, es suficiente para concebir la imagen exacta de una voz de soprano dotada de vibraciones e interpretación perfectas. Es también solista de los Festivales Casals.

JAMES CALDWELL, un virtuoso del obóe, es profesor de ese instrumento en el Conservatorio de Música de P.R. e instrumentista del Festival y de la Orquesta Sinfónica. Al piano: Jesús María Sanromá. Escuchemos.

Corresponde ahora dirigir la palabra al Excmo y Rvdmo. Monseñor Juan de Dios López de Victoria. Hombre sencillo, sacerdote prudente, Obispo paternal, quien ha venido desempeñando el cargo de VICARIO CAPITULAR, desde el cese del anterior Prelado hasta la designación de Monseñor Aponte como nuevo Arzobispo de S. Juan. Con ustedes, Monseñor Juan de Dios López.

DUO—NIGRA SUM (Soy morena) Del Libro Bíblico "El Cantar de los Cantares", original del Maestro Casals.

"Soy morena, hijas de Jerusalém, pero soy bien parecida. Soy como las tiendas de Cedar, como los pabellones de Salomón. No reparéis en que soy morena, porque me ha robado el sol mi color".

Estamos de nuevo ante Casals. Siendo D. Pablo, Catalán, y siendo la protectora de Cataluña la Virgencita morena que, como vigía santísima, se asienta en los agrestes riscos del Monte-Serrato, de Montserrat, pudiéramos ver en esta circunstancia el motivo de su inspiración ante el texto bíblico, tema de la composición. Ya hemos resaltado anteriormente el carácter profundamente religioso de gran parte de la obra del Maestro.

Las notas de esta canción nos transportan al escenario bucólico, pleno de naturaleza y poesía del "CANTAR DE LOS CANTARES", y diríamos también que rememoran el eco solemne de las muchedumbres en peregrinación a la montaña de Montserrat entonando el Virolay por sus empinadas cuestas, mientras allá en lo alto, junto al camarín de la Virgen, revolotean, saltarinas, las voces de cristal de los niños de la Escolanía:

"Rosa d'Abril — Muerena de la Serra, de Montserrat Estel,
Illumineu la catalana Terra — guieu nos cap al Cel".

En cuanto a los intérpretes: OLGA IGLESIAS, la estrella, de luz propia, de los Festivales Casals. El maravilloso arte de su voz se ha identificado con las magnas obras que el Maestro ha compuesto y dirigido, hasta el punto de asociar su nombre —OLGA IGLESIAS- ALTÍSIMA EXPRESIÓN DEL ARTE, AL NOMBRE DE LOS Festivales Y de su genial creador.

Pero la sorpresa musical de la noche la habría de constituir la participación en el programa de MARTITA MONTAÑÉS DE CASALS, bellísima voz de soprano; lamentablemente una indisposición vocal de última hora nos ha privado de escucharla. Para sustituirla se ha prestado muy gentilmente LUISITA RODRÍGUEZ, cuya hermosa voz de soprano vamos a escuchar en estos momentos, compartiendo con Olga Iglesias la interpretación de la Obra.

Corresponde ahora el uso de la palabra a nuestro querido y recordado Arzobispo Monseñor Jaime Pedro Davis, actual Arzobispo de Santa Fe, en Nuevo México. Hemos dicho querido y recordado, porque 21 años al frente de una Diócesis marcan necesariamente un surco profundo para el desarrollo de futuras sementeras; porque 21 años, en el caso de Monseñor Davis, han jalonado una época nueva de esplendor, impulso y florecimiento de Obras Apostólicas, un ampliar horizontes en el firmamento de la Iglesia, un contribuir en muchos aspectos al "aggiornamento", en frase del inolvidable Pontífice Juan XXIII, de la Iglesia en P.R. Fue Monseñor Davis el primer Prelado de la Diócesis de San Juan Bautista de P.R. en ser investido con la dignidad de Arzobispo, el año 1960. Hoy también por primera vez, un hijo de Borinquen, la figura central del homenaje que nos ha congregado aquí, Monseñor Aponte, ostenta esa dignidad que en su persona ha venido a ser como un gesto de exquisita deferencia por parte de la Santa Sede hacia Puerto Rico.

Escuchemos, pues, la autorizada voz de Monseñor Davis, querido de todos, por todos recordado.

En el número musical de turno: Obras de Fauré, Schumann y Mozart, para piano a 4 manos. Intérpretes: Monseñor Fremiot Torres Oliver y Jesús María Sanromá.

Las dos primeras obras, de Fauré y Schumann, se desenvuelven en una tonalidad de gran delicadeza. De Fauré escucharemos unos compases pertenecientes a la Obra "El Jardín de Dolly", tema musical sencillo, casi infantil, rememorando el juego de los niños.

La primera parte de Schumann, expresa cierta tristeza y nostalgia. Son números escritos para deleite de grandes y pequeños. De una gran sencillez.

La segunda parte de este autor, se basa en la descripción de los cuentos de Las Mil y Una Noches. Es el impromptu Opus 68.

De Mozart, del gran Mozart, escucharemos el Allegro final de la Primera Sonata. De Mozart fue de quien dijo WAGNER: "Por su genio prodigioso se eleva sobre todo maestro de todas las artes en todas las épocas". Es todo un elogio.

Son obras originales para 4 manos, arte muy común en los tiempos de Mozart y Schubert, y un tanto olvidado en nuestros días.

En cuanto a los intérpretes, mirando al piano habrá que reconocer que no es fácil encontrar escena semejante en la historia de la música: la amatista de unos dedos episcopales, coqueta y saltarina sobre el marfil del teclado en

fuga, ida y venida, encontrándose y reencontrándose en danza sonora con
los no menos ágiles y precisos dedos, exacto pulsar, de un consumado artista.
Intérpretes, pues,: el Excmo. Y Rvdmo. Monseñor Fremiot Torres Oliver,
Obispo de Ponce, ejecutante limpísimo y delicado intérprete. Y Jesús María
Sanromá, quien con fina modestia y mejor gusto prefiere presentarse con 9
palabras: Nombre: Sanromá. Nacido: Puerto Rico. Toco: Piano. Aún vivo.
Escuchemos.

Ofrecemos el micrófono ahora al Honorable Senador Dr. Rafael Picó. Con
ustedes, el Dr. Picó.

Los dos números musicales que escucharemos a continuación pertenecen, el
uno a Purzell, el otro a Mozart.

De Purzell, insigne compositor inglés del siglo XVII es el conocido: "*LORD,
WHAT IS MAN*" perteneciente a la obra musical HARMONIA SACRA.

De Mozart escucharemos el ALLELUIA, final del Motete EXULTATE, IUBILATE,
compases, estos últimos, vibrantes y alegres, en contraste con los primeros,
serios y solemnes.

La exquisita voz de soprano de CAMELIA ORTIZ DEL RIVERO, tan admirada
en el mundo musical, nos interpreta estas Obras. Escuchemos:

Corresponde ahora el uso de la palabra al Dr. Carlos J. Lastra, Honorable
Secretario de Estado, del Estado Libre Asociado de P. Rico. Con ustedes,
el Dr. Lastra.

Dos bellos pasajes para Barítono vamos a escuchar ahora. El primero, del
Oratorio ELÍAS, de Mendelssonh: "Draw near, all ye people", majestuoso y
solemne, de tipo oratorial.

El segundo, de carácter, ritmo y tonalidad completamente opuestos al anterior. Se trata de un fragmento de la Ópera bufa "LA FINDA GIARDINIERA"(La Fingida Jardinera), de Mozart. Y de esa Ópera bufa, la parte que lleva por título: "Con un vezzo allíItaliana".

Intérprete de ambas obras es el joven y valioso barítono PABLO ELVIRA, hijo, otra de las voces admiradas en Puerto Rico, a quien el Maestro Casals encomendó cantar la parte del barítono de su famoso Oratorio "EL PESE-BRE", cuando esta Obra Monumental se presentó en las Naciones Unidas en 1963. También actuó como barítono solista en el Festival RAVINIA de Chicago, ese mismo año. Escuchemos a Pablo Elvira, hijo:

—————————————————

Como último regalo musical de la noche vamos a escuchar el Coro del Conservatorio de Música de P. Rico bajo la dirección del Profesor Sérgie Ráinis.

Cinco números van a ser interpretados, en el siguiente orden:

1 —   *O VOS OMNES*, de D. Pablo Casals. Melodía profundamente religiosa por el dramático y doliente tema que evoca. Fue en la tarde infinitamente triste de aquel Viernes Santo. El Cuerpo del Salvador, exánime, cuelga de la Cruz. De pie junto al madero está la Madre. La voz de María, transida de dolor, se quiebra al expresar su pena: "O vos Omnes...Vosotros todos, los que pasais por el camino... Atended y ved si hay dolor semejante a mi dolor..." El Coro, con su fortísimo y marcado: "Attendite" resalta la expresión dolorosa de la Virgen. Casals logra, con estas notas, adentrarse en el alma y remover lo más profundo del sentimiento religioso.

2 —   *AVE VERUM*, de Mozart. Composición también de carácter sacro, sobre Cristo-Jesús, nacido de una Virgen (Corpus natum ex María Virgine), inmolado por los hombres en una Cruz, de cuyo pecho perforado por una lanza brotó sangre y agua...

3 —   *GAGLIARDA*, de Donati, famoso compositor italiano de motetes y madrigales.

Explosión de contraste con los dos primeros números, en un retozar, bailar y saltar de notas, compases y ritmos al son del tam, tam, lira, lira, lira...

Número de voces del Coro: 38. Se clasifican en Contraltos, Sopranos, Tenores primeros y segundos, barítonos y bajos.

Su Director, el Profesor Sérgie Ráinis, ha sido Director de los mejores Coros de Yugoeslavia — el país de los mejores coros de Europa — y actualmente presta sus servicios en el Conservatorio de Puerto Rico.

Escuchemos, primeramente, los números anunciados:

———————————————

Como cuarta intervención del coro figura ahora el EDO, de di Lasso. Se produce ahora una fuga de voces... y de personas del coro. Hay alguna razón para ello. La naturaleza del número lo exige. Esperemos... y escuchemos.

———————————————

Como quinto número del Coro y final del programa, para quedarnos, como quien dice, con un dulce sabor en la boca, en la mente y el corazón, vamos a escuchar el GLORIA, del famoso ORATORIO EL PESEBRE, del gran D. Pablo Casals. Entre las obras más salientes de la última producción del Maestro figura el Oratorio El Pesebre, presentado ya en diversas partes del mundo y celebrado por la crítica como obra clásica en su género. Asombra la vitalidad y la fuerza creadora de este artista, quien a sus años ha declarado, en gesto que el mundo musical siempre agradecerá: "Soy demasiado viejo para retirarme".

"Gloria a Dios en las alturas... y en la tierra PAZ", es la frase del GLORIA que vamos a escuchar. Entre el torrente avasallador de tonalidad y colorido musical, destaca, en la voz delgada y fina de Olga Iglesias, el mensaje del Ángel anunciador a los Pastores... Con un fortísimo final las voces vibrantes del Coro extienden por la Tierra, la gran palabra: PAU, en catalán, PAZ.

Escuchemos, pues, GLORIA, del Oratorio El Pesebre, de D. Pablo Casals.

———————————————

Gracias, Maestro, gracias, mil gracias por su delicado gesto en dirigir su propia obra.

Para terminar: Como ha podido apreciarse, casi todos los intérpretes de la noche vienen a ser lo que podríamos llamar: "productos Casalsianos", Olga

Iglesias, María Esther Robles, Pablo Elvira, Sanromá...Puerto Rico quedará eternamente agradecido a D. Pablo. Su estancia entre nosotros ha producido el resurgimiento musical de superior categoría que hoy se observa en la Isla. La vida musical está inspirada por la presencia del Maestro entre nosotros, como ha inspirado siempre a todos los artistas que han colaborado con él. Puerto Rico le dice una vez más: GRACIAS, DON PABLO.

_____

Y ahora...Todas las miradas se dirigen ya al orador de la noche. Excmo. y Rvdmo. Luis Aponte Martínez: Aquí está el micrófono.

_____

Estando entre nosotros el Representante del Santo Padre, a él corresponde poner punto final a este brillante acto. Excmo. y Rvdmo. Monseñor Manuel Clarizzio, Delegado Apostólico para Puerto Rico, la distinguida concurrencia espera su autorizada palabra.

_____

Con las palabras del Representante de S. Santidad el Papa, nuestro Santísimo Padre Pablo VI, ponemos punto final a este memorable acto, que, a su vez, cierra con broche de oro los demás que han venido celebrándose con motivo de la Instalación de Monseñor Aponte como Arzobispo de San Juan.

Monseñor Luis Aponte Martínez: El camino de su Pontificado comienza ahora... Que las bendiciones del cielo lo acompañen.

¡¡AD MULTOS ANNOS!!

176

Unde hoc mihi: ¿Por qué a mí?
Memorias del Cardenal Luis Aponte Martínez

SANCTI JOANNIS PORTORICENSIS

DECRETUM

Cum metropolitana Ecclesia S. Joannis Portoricensis cuius postremus. Antistes exstitit Exc.mus P.D. Iacobus Petrus Davis, per ipsius translationem ad metropolitanam Ecclesiam S. Fidei in America Septemtrionali In praesens vacans exstet, SS.— mus Dominus Noster **PAULUS** Divina Providentia PP. VI, de consilio Em.morum Patrum Cardinalium Negotiis Consistorialibus praepositorum, ad memoratam vacantem Ecclesiam Sancti Joannis Portoricensis promovet Exc.mum P.D. Aloisium Aponte Martinez, hactenus Episcopum Poncensem, eique Archiepiscopum ac Pastorem praeficit, quem proinde'a vinculo Ecclesiae Poncensis absolvit.

Quapropter Apostolicae sub plumbo Litterae de hac provisione expediantur, addito decreto dispensationis a professione fidei emittenda et a juramento fidelitatis praestando.

Datum Romae, ex Aedibus S. Congregationis Consistorialis, die 4 mensis novembris anno 1964.

Bula de nombramiento como Arzobispo Metropolitano de la Arquidiócesis de San Juan de Puerto Rico, 4 de noviembre de 1964.

DECRETO

ACERCA DE SAN JUAN DE PUERTO RICO

Puesto que se encuentra vacante en estos momentos la sede metropolitana de la Iglesia de San Juan de Puerto Rico por haber sido trasladado su último obispo, Excmo. P. D. James Peter Davis, a la Archidiócesis de Santa Fe, en Norteamérica, nuestro Santísimo Señor Pablo VI, Papa por la divina Providencia, siguiendo el parecer de los Eminentísimos Cardenales encargados de los Asuntos Consistoriales, promueve al Excelentísimo Padre Don Luis Aponte Martínez, obispo hasta ahora de Ponce, para cubrir la citada Archidiócesis vacante de San Juan de Puerto Rico, y le nombra Arzobispo y Pastor de la misma, disolviendo así mismo el vínculo que hasta ahora le unía a la Iglesia de Ponce.

Y para que así conste tal decisión, que se extienda la presente Carta Apostólica sellada con plomo, con el Decreto anexo por el que se le dispensa de la necesidad de emitir la profesión de fe y del deber del juramento de fidelidad.

Dado en Roma, en los Palacios Consistoriales, el día 4 del mes de noviembre del año 1964.

178

Unde hoc mihi: ¿Por qué a mí?
Memorias del Cardenal Luis Aponte Martínez

Momento en que el niño de La Perla me presenta un cordero a la entrada del Viejo San Juan como Arzobispo Metropolitano, 14 de enero de 1965.

Después del momento en que recibí el Cordero con el que me dieron la bienvenida como nuevo Arzobispo Metropolitano de San Juan, tuve la oportunidad de saludar a muchos de los fieles que se dieron cita para la ocasión.

En los actos de recibimiento como Arzobispo de San Juan,
doña Felisa, Alcaldesa, me da la bienvenida. Al podio
don Salvador Brau, historiador de la Ciudad Capital.

Desfile por la Calle Cristo del Viejo San Juan hacia la Catedral
el día de mi instalación como Arzobispo, 15 de enero de 1965.

Procesión hacia el Altar Mayor de la Catedral de San Juan para la cere-
monia de toma de posesión como Arzobispo Metropolitano de San Juan,
15 de enero de 1965. Observan, de izquierda a derecha: Honorable Luis
Muñoz Marín, su esposa doña Inés; don Luis Laboy, Secretario del
Gobierno;   doña Conchita Dapena y el Honorable Roberto Sánchez
Vilella.

Momentos en que el Delegado Apostólico, S.E.R. Monseñor
Emmanuelle Clarizio, me acompaña hacia el trono en el Altar
Mayor de la Catedral de San Juan donde me entregará el
báculo como nuevo Arzobispo, 15 de enero de 1965.

Momentos en la ceremonia de mi instalación como Arzobispo, en la cual
S.E.R. Monseñor Juan de Dios López de Victoria, Obispo Auxiliar de San Juan
y Administrador Apostólico de la Sede Vacante, daba lectura al Decreto
de nombramiento en la Catedral de San Juan, 15 de enero de 1965.

Momentos en que el Delegado Apostólico para Puerto Rico, S.E.R. Monseñor
Emmanuelle Clarizio, me entrega el báculo durante mi instalación como
Arzobispo de San Juan, 15 de enero de 1965.

182

Unde hoc mihi: ¿Por qué a mí?
Memorias del Cardenal Luis Aponte Martínez

Otro momento durante la ceremonia de instalación como
Arzobispo Metropolitano de San Juan. Aparecen de izquierda
a derecha: mamá; papá; doña Felisa, Alcaldesa de San Juan;
el Honorable Don Luis Muñoz Marín; doña Inés, su esposa;
y Don Luis Laboy, Secretario de la Gobernación, 15 de enero
de 1965.

Mesa presidencial en el banquete de instalación como
Arzobispo Metropolitano de San Juan en el Hotel Sheraton
del Condado. Sentados de izquierda a derecha: S.E.R.
Monseñor Emmanuelle Clarizio, Delegado Apostólico para
Puerto Rico; y el Honorable Arvilio Alvarado, Presidente
de la Cámara de Representantes. En el podio: S.E.R.
Monseñor Jaime P. Davis, mi predecesor.

Momentos en que me dirigía a los asistentes en el banquete que me ofrecieron con motivo de mi instalación como Arzobispo de San Juan.

Durante el banquete de instalación como Arzobispo de San Juan, momentos cuando el Maestro, Don Pablo Casals, dirigía el Coro del Conservatorio de Música de Puerto Rico.

S.E.R. Monseñor Jaime Pedro Davis
Arzobispo de San Juan (1943-1963)

Su Santidad Pablo VI,
quien me designó
Arzobispo de San Juan,
Cardenal y me concedió la
Vírgen de la Providencia
como Patrona de
Puerto Rico.

En mis comienzos como Arzobispo
de San Juan, junto a dos de las
religiosas que siempre atendieron
la casa. A la izquierda, †Sor María
Mateos, y a la derecha, Sor Isabel
Soto, quien continúa atendiéndome.

Capítulo XVII

LABOR COMO ARZOBISPO DE SAN JUAN

188

Unde hoc mihi: ¿Por qué a mí?
Memorias del Cardenal Luis Aponte Martínez

REORGANIZACIÓN DE LA ARQUIDIÓCESIS DE SAN JUAN

Cuando me hice cargo de la Arquidiócesis de San Juan en el año 1965, la misma se había reducido a unas 42 parroquias debido a la creación de las Diócesis de Arecibo y de Caguas. Como es natural, a las nuevas Diócesis les correspondieron las parroquias que, al hacer la división territorial, cayeron dentro de las mismas. Más adelante, Monseñor Alfredo Méndez, Obispo de Arecibo entonces, le cedió a la Arquidiócesis las parroquias del pueblo de Toa Alta, que incluía las Parroquias de La Milagrosa de Quebrada Cruz, La Candelaria del Barrio Pájaros, y la del pueblo, San Fernando. También cedió las parroquias del pueblo de Toa Baja: la del pueblo, San Pedro Apóstol; la Santísima Trinidad, de Levittown; y la Parroquia San Antonio, en Dorado.

A pesar de la escasez de clero y recursos económicos, Monseñor Davis había hecho una gran labor. Las misiones de los Padres Jesuitas, Junquera y Céspedes, habían dado una tremenda sacudida espiritual. Los Padres Dominicos habían iniciado y promovido la Sociedad del Santo Nombre, que acercó muchos hombres a la Iglesia. Los Padres Mercedarios habían promovido la devoción a la Eucaristía mediante los Jueves Eucarísticos. Las demás Órdenes Religiosas (Franciscanos, Capuchinos, Redentoristas, Paúles, Espiritanos, Pasionistas, los Sagrados Corazones, Jesuítas y otros) y el clero diocesano, con la ayuda de buenísimas Religiosas, habían hecho una gran labor pastoral.

Por otra parte, en esos días comenzaban los Cursillos de Cristiandad en la Arquidiócesis, que contribuyeron aún más a atraer fieles a la Iglesia, sobre todo caballeros. Existían también otros grupos apostólicos que habían hecho grandes contribuciones: Caballeros de Colón, Hijas Católicas de las Américas, Hijas de María, etc.

Sin embargo, me esperaban tres grandes retos:

Desarrollar un plan maestro para el área metropolitana que comenzaba a extenderse, y las finanzas de la Arquidiócesis no eran, bajo ningún concepto, muy pingües.

Poner la Arquidiócesis al día y reorganizarla según los Decretos y Normas del Concilio Vaticano II que acababa de clausurarse.

Establecer nuevas parroquias.

La tarea no era fácil, pero recordemos que mi lema es "In Virtute Dei". Con la gracia y fuerza del Señor comenzamos manos a la obra.

Con el fin de facilitar la labor pastoral dividí la Arquidiócesis en seis Vicarías de Zona: San Juan-Santurce, Río Piedras, Bayamón, Guaynabo-Puerto Nuevo, Carolina y Río Grande. Reuní a los sacerdotes de cada Vicaría para que eligieran a sus propios Vicarios. Procedí a nombrar un Vicario de Pastoral, un Vicario de Educación y un Vicario de Administración. Las Vicarías se dividían en Decanatos, y los Decanatos en grupos pastorales que asesoraban al Vicario de Zona.

Se reorganizó el Colegio de Consultores Diocesanos. Se designó el Consejo de Asuntos Económicos, y más adelante se formó el Consejo Presbiteral.

Luego de formados todos los agentes de pastoral, se procedió a preparar un Plan de Pastoral para establecer las prioridades más inmediatas. De allí nació la necesidad de un Instituto Superior de Teología y Pastoral, conocido por sus siglas, ISTEPA. Con la ayuda de un compañero mío de Boston, el Padre Frederick O'Brien, que sabía bastante español y quiso venir a hacer una experiencia, lo iniciamos. ISTEPA nos ayudó grandemente a actualizar nuestra Pastoral.

Aprovechamos las dependencias del antiguo Colegio de Santa María de los Ángeles, en la Urbanización La Riviera de Río Piedras, y allí lo establecimos. Unos años más tarde, al tener que cerrar el Colegio del Buen Pastor, en el Camino Alejandrino de Guaynabo, mudamos el Instituto a esas dependencias, donde está también la Superintendencia de Escuelas Católicas. ISTEPA ha prestado un gran servicio. Allí se han formado miles de Catequistas y Ministros Extraordinarios de la Comunión, y se ofrecen clases de formación continuada a los profesores de Religión de nuestras escuelas católicas. Los candidatos para el programa del Diaconado Permanente se preparan allí. En un tiempo hasta los seminaristas tomaron clases en ISTEPA.

En cada Vicaría de Zona establecí un Centro de Catequesis, con una Religiosa como Coordinadora y una secretaria. Correspondía a las Coordinadoras la responsabilidad de preparar los currículos y ofrecer los cursos para la formación de los Catequistas de las parroquias. También les correspondía organizar y supervisar la Catequesis de cada área. Anualmente, al final de cada nivel de los cursos de Catequesis, se celebraba la graduación de los candidatos y el envío de éstos a ejercer sus funciones en las parroquias de sus respectivas Vicarías.

Así graduamos a miles de Catequistas. Los que querían continuar su educación a niveles superiores se matriculaban en ISTEPA. El Instituto, sin muchas pretensiones y con poco ruido, ha sido un tremendo centro de formación religiosa en la Arquidiócesis. Ha tenido magníficos Directores, profesores y profesoras. A todos ellos mi profunda gratitud.

Siguiendo el plan original, tenía la ilusión de poder crear un Recinto de la Universidad Católica de Puerto Rico acá en San Juan. Permítanme decirles lo siguiente: cuando se fundó la Universidad Católica la idea de los dos Obispos fue que hubiera un Recinto en Ponce y otro en San Juan. El de Ponce sería el principal, dedicado a varones; en San Juan habría uno para señoritas que se llamaría "Santa María". De hecho, al principio la Universidad llevaba el nombre de Santa María. De ahí viene el nombre de la urbanización Santa María de Río Piedras, colindante con las urbanizaciones San Ignacio y San Francisco, porque en esa área se establecería el Recinto de la Universidad. Desafortunadamente, nunca llegó a concretarse.

Entonces empecé a buscar un lugar para la Universidad Católica acá en San Juan. Primero hablé con los Padres Dominicos que tenían ya un centro en Bayamón. Ellos estaban dispuestos a cederme el centro para comenzar la Universidad, pero en aquel tiempo parecía estar muy lejos del área metropolitana, de manera que continué buscando otros lugares. Yo deseaba algo accesible y que me saliera económico, para poder comenzar. En aquel tiempo no existían los magníficos accesos que hay hoy por dondequiera. Por eso, con gran pena, tuve que desistir. Luego tratamos con una Extensión en Carolina, en el Colegio María Auxiliadora, pero tampoco progresó.

Debido a la falta de recursos económicos, dolorosamente tuve que desistir de la idea de establecer un Recinto de la Universidad Católica en la Arquidiócesis, aunque después hice otro intento. Cuando las Madres del Sagrado Corazón decidieron vender su Colegio Universitario, me acerqué a la Superiora y ofrecí comprarle el nuevo edificio de la escuela superior para la Universidad Católica. Cuando llegó el momento de firmar la opción de compra, la visité en compañía del Señor Obispo de Ponce, que era el Gran Canciller de la Universidad Católica, y la Madre nos informó que los Síndicos laicos se oponían porque estaban dispuestos a hacerse cargo de la Universidad. Después de ese otro fracaso pensé que tal vez era la voluntad del Señor que le dedicara mayor atención a la Arquidiócesis, que seguía expandiéndose a pasos agigantados.

Fue también durante este tiempo que tuve que acudir a los Tribunales para refutar unas acusaciones infundadas que un ex administrador había hecho contra la administración de la Arquidiócesis.

CREACIÓN DE NUEVAS PARROQUIAS

Otro reto enorme fue la creación de nuevas parroquias, debido al gran crecimiento del área metropolitana. No era tarea fácil. Había que comprar terrenos y edificar. Ya entonces los terrenos comenzaron a encarecerse. Por otra parte, las finanzas de la Arquidiócesis eran mínimas. De hecho, después de mi designación, en la primera visita que hice al Arzobispado, pregunté al Administrador:

—*¿Cómo están las finanzas?*

—*Mal, porque no hemos vendido nada* —fue la contestación que me dio.

—*Bueno, y el día que no haya nada que vender, ¿qué hacemos?* –respondí.

Gracias a Dios que, aunque las finanzas eran mínimas, había buen crédito. Así pudimos establecer una línea de crédito en un Banco para poder ayudar a los párrocos que tenían que fundar las nuevas parroquias. También tuvimos la gran ayuda de "Extension Society", una organización misionera de Estados Unidos, con sede en Chicago, Illinois, que se dedica a ayudar económicamente a las Diócesis pobres. Para darles una idea, en la Vicaría de Carolina nada más hubo que erigir unas 13 ó más parroquias. Piensen cómo ha crecido Bayamón y Guaynabo. Piensen también en el resto del área metropolitana, donde hubo que dividir parroquias o crear otras nuevas.

A la dificultad económica se unió la escasez de sacerdotes. Pero, gracias al Señor, cada vez que necesitábamos uno, el Señor nos lo enviaba. Los sacerdotes cubanos y colombianos que empezaron a llegar fueron una gran bendición. Pero apareció otro gran problema: los sacerdotes de Órdenes Religiosas empezaron a entregar parroquias. Una sola Congregación nos entregó siete parroquias; otra, tres; otra, una, donde solían tener tres sacerdotes; otra, varias. Pero el Buen Pastor siempre proveyó. De manera que comencé con 42 parroquias y terminé con 155 gracias, naturalmente, a los sacerdotes y Religiosos que nos dieron la mano. No recuerdo exactamente el número de sacerdotes que había cuando me hice cargo de la Arquidiócesis, pero sí sé que al retirarme había más de 300, a pesar del número de Congregaciones Religiosas que habían entregado sus parroquias y de la gran escasez de vocaciones que hubo en el periodo 1970 - 1985. Mi mayor consuelo son los más de 25 sacerdotes jóvenes, muy bien preparados, que dejé al retirarme.

ESCUELAS CATÓLICAS DE LA ARQUIDIÓCESIS

Así pude darle también una mayor atención a las escuelas católicas de la Arquidiócesis. En aquellos momentos la educación católica confrontaba una doble crisis: se empezó a dudar de su efectividad y muchas Religiosas empezaron a abandonar la educación para dedicarse a otras tareas pastorales. La lucha ha sido y sigue siendo cuesta arriba, sobre todo por haber perdido a muchas de las Religiosas norteamericanas, y por la condición económica de muchas familias. Pero cuando comencé, hace 40 años, no se había agravado tanto la crisis.

Tan pronto pude reforcé la Superintendencia de Escuelas Católicas, independizándola de las oficinas diocesanas. Al principio la misma estaba ubicada en un área detrás del edificio del Arzobispado, en el Viejo San Juan, y se dedicaba prácticamente a la venta de libros. De allí la llevamos a las nuevas oficinas en Santurce, y luego a un edificio comercial en Río Piedras. Gracias a la gran ayuda que siempre me brindaron los Padres y Hermanos Marianistas, pude tener muy buenos Superintendentes. Cuando ya ellos no pudieron más, tuve una Religiosa, Sister Margarita Benítez, de las Hermanas de Notre Dame; luego Superintendentes laicas muy buenas y, hasta mi retiro, un Diácono Permanente, bajo la muy sabia dirección de nuestro magnífico Vicario de Educación, Monseñor Baudilio Merino.

A Monseñor Merino tenemos que agradecerle muchísimo el gran progreso en la reestructuración y reorganización de nuestra Superintendencia de Escuelas Católicas. Siempre llevó a cabo su responsabilidad con gran sacrificio y entrega de su parte, porque, además de ser Vicario de Educación, fungía también como Vicario de Administración, tareas que combinaba con sus funciones de Párroco y Director de la Academia Nuestra Señora de la Providencia en Cupey. También era el Director del Movimiento Carismático en la Arquidiócesis. Ha sido siempre uno de mis grandes y mejores consejeros y colaboradores. ¡Que el Señor le premie abundantemente por su gran entrega, dedicación y celo apostólico!

Reforzada la Superintendencia pudimos dar atención a problemas particulares. Era mi gran sueño poder tener una Escuela Superior Católica Central en cada área. Comenzamos con las nuevas dependencias del Colegio María Auxiliadora en Carolina, que en la actualidad es la más grande, con unos 1,600 estudiantes. Empezamos por la compra de los terrenos y la construcción de estructuras provisionales, hasta lograr las magníficas instalaciones que tenemos hoy día. Luego pasamos al área de Bayamón y compramos un terreno al frente del Hospital Regional, que nos costó casi un millón de dólares.

Allí construimos lo que hasta hace poco se conocía como la Escuela Superior Católica de Bayamón. Ahora lleva el nombre de nuestro primer Beato: Carlos Manuel Rodríguez. Es un gran edificio con más de siete cuerdas de terreno y con muy buenas instalaciones, sobre todo para actividades deportivas. En esa área existen no menos de siete escuelas católicas elementales y pensamos que podíamos prestar un gran servicio con la nueva escuela, cuya planta física nos costó más de cinco millones de dólares. En esa misma área tienen los Padres Dominicos sus escuelas y la Universidad Central. Los Hermanos Maristas y los Hermanos de La Salle, sus magníficos colegios. También en el área de Bayamón tenemos el Colegio Sagrada Familia y el Colegio Santa Rosa.

En el área de Guaynabo tenemos escuelas como la Academia San José de Villa Caparra; el Colegio San Pedro Mártir y el Colegio de los Sagrados Corazones, de los Padres del mismo nombre; el Colegio Nuestra Señora de Belén; el Colegio y Academia San Ignacio de los Padres Jesuitas; y el Colegio María Reina, atendido por las Hermanas Josefinas y el Colegio Madre Cabrini. Otra escuela cuyas dependencias fueron grandemente mejoradas fue el Colegio de Nuestra Señora de la Guadalupe en Puerto Nuevo. En esta área también tenemos el Colegio San Gabriel, único en dar servicio de educación a los estudiantes audio impedidos, dirigido por las Hermanas Franciscanas de la Inmaculada. También tenemos el Colegio Corazón de María en Santiago Iglesias y el Colegio San Luis Rey en Reparto Metropolitano.

Únicamente en el área de Río Piedras tuvimos que cerrar dos colegios debido a la mucha saturación de escuelas en el área: el Colegio El Buen Pastor y el Colegio del Pilar. Porque, además de las tres escuelas en el área de San Ignacio, tenemos el Colegio Mater Salvatoris, dirigido por las Religiosas del mismo nombre, con una matrícula de más de 1,000 estudiantes. Es un Colegio de gran prestigio pues las Religiosas son magníficas educadoras y la planta física es excelente.

Las Hermanas Mercedarias dirigen el Colegio de la Providencia en el Barrio Monacillos de Río Piedras. En el área de Río Piedras tenemos también el Colegio San José de varones, dirigido por los Padres y Hermanos Marianistas; el Colegio San Antonio, dirigido por los Padres Capuchinos; el Colegio La Milagrosa, dirigido por las Hijas de la Caridad; y el Colegio La Merced, dirigido por los Padres Mercedarios; también el Colegio de la Altagracia y la Academia Cristo Rey.

En el área de Carolina ampliamos grandemente el Colegio de Lourdes, que ahora acomoda más de 1,000 estudiantes. En esa área se encuentra también el gran Colegio de Calasanz, dirigido por los Padres Escolapios, y el Colegio Santa María del Camino. En el área de Trujillo Alto tenemos el Colegio Santa Cruz, dirigido por las Hermanas Franciscanas, y el Colegio del Carmen, de las Hermanas Carmelitas. En el área de Canóvanas, el Colegio del Pilar, dirigidos por las Hermanas de la Caridad del Sagrado Corazón de Jesús.

En el área de San Juan-Santurce, además de la Universidad del Sagrado Corazón y los Colegios San Juan Bosco y María Auxiliadora, dirigidos por los Padres Salesianos y Hermanas Salesianas, tenemos el Colegio Padre Berríos en Barrio Obrero; el Colegio de La Inmaculada, dirigido por las Hijas de la Caridad; el Colegio San Vicente de Paúl, dirigido por los Padres Paúles; la Academia Santa Mónica, dirigida por los Padres Agustinos; la Academia del Perpetuo Socorro, Arquidiocesano; la Academia Santa Teresita y el Colegio Sagrada Familia, en el Residencial Luis Lloréns Torres, dirigidos por los Padres Carmelitas; y en Puerta de Tierra, el Colegio San Agustín, dirigido por los Padres Redentoristas y las Hermanas de Notre Dame y Academia San Jorge.

En el sistema de escuelas católicas tenemos las siguientes categorías:

Las *religiosas*: son escuelas dirigidas por alguna orden religiosa.

Las *arquidiocesanas*: término que inventamos para identificar aquellas escuelas que por algún motivo tuvimos que poner bajo la administración directa de la Superintendencia de Escuelas, y por lo que hemos evitado cerrar un número mayor de escuelas.

Las *parroquiales*: administradas directamente por una parroquia.

A Monseñor Merino, a todos los y las Superintendentes, Directores, Principales, Facultad y personal de administración y servicio que me ayudaron a mantener en buena forma las escuelas católicas, mi más profunda gratitud.

VISITAS PASTORALES

Me mantuve siempre en contacto directo con el clero y los fieles mediante las Visitas Pastorales. Tan pronto pude comencé a visitar todas las parroquias. Para aquel tiempo en que no había las buenas carreteras y los buenos accesos que tenemos hoy, a las parroquias más lejanas me iba los viernes y dormía en la casa parroquial. Comenzaba el sábado la visita, predicaba y celebraba la Misa de la tarde; luego, los domingos, asistía a todas las Misas del día, celebraba una y predicaba en todas las demás. Acostumbraba, antes de la Misa, colocarme en la puerta principal de la Iglesia para saludar a todos según llegaban al templo; luego predicaba y, después de la Comunión, volvía a la puerta principal para despedir a todos.

Los lunes en la mañana, en las parroquias con escuela, los dedicaba a visitar la escuela. Lo hacía observando el siguiente orden: la escuela elemental la dividía en tres grupos: primero kínder, luego los cuatro primeros grados, y después los demás. Si había escuela superior con bastantes estudiantes, la dividía también en dos grupos.

Los encuentros con los estudiantes eran bien animados porque los hacía participar invitándolos al micrófono a contestar preguntas. Puedo asegurarles que tuve toda clase de experiencias; trataba de infundirles confianza para que entendieran que el Cardenal ni picaba ni mordía. Recuerdo que a un grupo le insistí que me trataran con confianza; luego, al salir al recreo, uno de los estudiantes de primer grado me saludó:

—¡Hole, Carde!

También les hablaba de la vocación sacerdotal, y cuando le pregunté a un estudiante de segundo grado si le gustaría ser sacerdote, me contestó campechanamente que no. Cuando le pedí que me dijera por qué, contestó:

—*¡Porque los Padres no trabajan!*

Entonces tuve que explicarle que el sacerdote hacía su trabajo desde la casa parroquial o desde la misma escuela. Por eso él no lo veía salir por la mañana con un maletín en la mano, como veía a su papá.

Pero en general era admirable el contacto que se establecía con ellos y me llena de gran satisfacción cuando algún sacerdote o religiosa me dice:

—*Mi vocación, después de Dios, se la debo a aquella visita que usted nos hizo a la escuela.*

Esto me ha sucedido también con jóvenes que he confirmado.

Al terminar con los estudiantes, me reunía con los directores, principales y profesores para saludarlos, conocerles, agradecerles su labor y compartir una merienda. Luego en la tarde me reunía con el sacerdote o sacerdotes, y con las religiosas, si las había.

En la noche del lunes me reunía con los miembros del Consejo Parroquial, y con los líderes de los Movimientos y de las capillas, si las había. También en dichas reuniones tuve grandes contactos y experiencias con los fieles. Al comenzar la reunión les hacía un par de chistes para que se relajaran. Uno de los chistes clásicos era aquel del señor que nunca había conocido a un Obispo y empezó a preguntar:

—*¿Cómo debo dirigirme al Obispo?*

—*Llámale Excelencia Reverendísima* —le dijo uno.

—*Eso es muy largo y va y se me traba la lengua* —le contestó el otro.

—*Pues dile "Señoría"* —le dijo otro.

—*¿Y si me equivoco y le digo "Señorita"?* —le contestó el hombre.

Finalmente le dijo, —*llámale "Insigne Monseñor".*

El individuo se fue repitiendo: "Insigne Monseñor", pero cuando se encontró en presencia del Obispo todo lo que salió fue, "Buenas tardes insignificante Monseñor".

Después de los chistes les recordaba que, por ser Obispo, era aún más padre. Que no tuvieran miedo de hablar y dirigirse a mi persona. Yo tenía ya establecido un orden de preguntas y temas, pero desaparecían si por casualidad en la parroquia había algún tipo de problema, sobre todo con el párroco. Puedo asegurarles que hubo reuniones que duraron una tarde completa o casi una media noche. Podría nombrar sitios específicos, pero no quiero identificar personas. Una cosa sí puedo asegurarles: lo mejor para cualquier Obispo son esos contactos. En esas visitas y reuniones uno se empapaba de todo. Así surgieron muchas de las nuevas parroquias. Visitando las capillas de las urbanizaciones y de los barrios uno se daba cuenta dónde hacía falta un nuevo centro de pastoral o un núcleo de culto. Sentía uno también la piedad de los fieles y el celo y dedicación de los sacerdotes.

En los últimos años tuve que acortar un poco las reuniones porque se habían multiplicado las parroquias. Recuerden que comencé con 42 y terminé con 155. Al principio visitaba una parroquia cada 2 ó 3 años; al aumentar el número, a veces pasaban cinco o más años sin volver a la misma. Además, según pasó el tiempo, aumentaron los compromisos. Pero con las Visitas Pastorales fue que pude darme cuenta del crecimiento de la Arquidiócesis y de las muchas necesidades pastorales.

Las Visitas Pastorales siempre las quise hacer personalmente. Hubo un tiempo en que se las delegué a los Obispos Auxiliares y luego pensé que, siendo yo el responsable último de la Diócesis, era conveniente que fuera yo personalmente. Siempre pensé que mi presencia en las parroquias era muy conveniente, sobre todo para conocerlas mejor. Puedo decirles que no hubo una sola capilla de los campos que yo no visitara durante las visitas pastorales.

Es bueno señalar que en los archivos de todas las parroquias debe existir evidencia de las Visitas Pastorales. Siempre al terminar la visita enviaba una carta al párroco agradeciéndole su labor y atenciones y un Acta de la Visita Pastoral con las recomendaciones y observaciones que consideraba necesarias y oportunas. Además, enviaba al Párroco copia del examen e investigación de los Registros Parroquiales, señalando las deficiencias o errores que el sacerdote examinador hubiera podido encontrar.

Antes, durante o después de la Visita, yo enviaba un sacerdote a examinar los libros parroquiales, especialmente los de Bautismo, Matrimonios, Primeras Comuniones y Confirmaciones, que son los más importantes.

Por mucho tiempo encomendé esta labor a Monseñor Antioquino Arroyo, quien era muy meticuloso al examinar página por página los libros y hacer una lista de todos los hallazgos. Se enviaba copia de estos informes al Párroco para hacer las debidas correcciones, con instrucciones para que se archivaran debidamente. Las Actas de las Visitas Pastorales son una fuente de información del estado de las parroquias en el momento de la Visita Pastoral y también para las crónicas parroquiales y la historia de la Arquidiócesis. A pesar de que, como les decía al principio, la construcción de nuevos templos y dependencias físicas se nos hizo muy cuesta arriba, el Señor siempre venía en nuestra ayuda.

Comenzamos por establecer un buen contacto con "The Catholic Church Extension Society", como expliqué antes. De hecho, el Gran Canciller es el Cardenal de Chicago, y Monseñor McManus había hecho muy buena amistad con el Arzobispo que la dirigía, Monseñor William O'Brien. Para ese tiempo Puerto Rico era todavía parte de la Conferencia de Obispos Norteamericanos e íbamos a las reuniones en Washington.

Cuando terminábamos las reuniones en Washington, nos trasladábamos a Chicago y asistíamos durante dos días a la asamblea anual que celebraba la Sociedad, para enterarnos de las ayudas que nos podían ofrecer. Establecí muy buena amistad con ellos y puedo asegurarles que en la Arquidiócesis casi no hubo iglesia, capilla, salón o casa parroquial que no se hiciera con alguna ayuda recibida de Extension Society.

Al principio ellos casi daban un millón de dólares, asignación que después tuvieron que reducir a medio millón de dólares y después a $300,000. Ellos daban no sólo para las iglesias, sino también para algunas capellanías como el Centro Universitario Católico, los capellanes de hospitales y los capellanes de las penitenciarias. También hacían una contribución especial para el sostenimiento del Seminario, de la Catequesis, de las radioemisoras católicas, para ayudar a sacerdotes pobres y asignar fondos para intenciones de Misas. De hecho, a invitación del Cardenal

Joseph Bernardin yo pasé a ser miembro de la Junta de Directores. Vinieron todos los miembros de la Junta a Puerto Rico, con el Señor Cardenal, a iniciarme en una reunión celebrada aquí en San Juan. Luego empecé a asistir a las reuniones de la Junta en Chicago.

Periódicamente nos visitaban para ver las obras. Cuando el Huracán Hugo, de los primeros en llegar a Puerto Rico para socorrernos fue el Director de entonces, Padre Edward J. Slattery (quien ahora es Obispo de Tulsa, Oklahoma) acompañado del Director de la revista de la Sociedad. Después llegó el Cardenal Bernard Law, en aquel tiempo Arzobispo de Boston, quien nos hizo un donativo de $100,000.00. Con el Cardenal Law fuimos a las Islas Vírgenes a llevarle ayuda al Obispo Sean O'Maley, a quien le donó otros $100,000.00. Con esas ayudas fue que restauramos muchas iglesias, capillas, salones y casas parroquiales damnificadas. Además pudimos ayudar con agua, comida y materiales de construcción a muchas familias que habían sido afectadas.

Así, pues, con la ayuda de Extension, las cuotas parroquiales y una gran austeridad en la operación, fuimos mejorando y pudimos ahorrar para adquirir el edificio de las oficinas arquidiocesanas en Santurce. Al principio teníamos todas las oficinas en el edificio del Arzobispado en el Viejo San Juan y también la Superintendencia de Escuelas Católicas. Pero, al ir aumentando los servicios, y el personal, tuvimos que pensar en instalaciones más amplias y accesibles.

La propiedad de la Calle San Jorge primero fue un asilo para niños audioimpedidos, luego lo ocuparon las Hermanitas Mission Helpers que se dedicaban a la catequesis. Los niños audioimpedidos se habían mudado al nuevo edificio del Colegio San Gabriel en Puerto Nuevo, cerca de la Parroquia de la Guadalupe. Cuando las Mission Helpers decidieron retirarse de Puerto Rico, porque ya yo había establecido los centros de catequesis y ellas consideraron que su presencia ya no era tan necesaria, les compré esa propiedad. Era una gran inversión para aquellos tiempos: $765,000.00. Naturalmente, parte del dinero lo tuve que coger prestado a un Banco; trasladé todas las oficinas, incluyendo la mía, al nuevo edificio. También trasladé la Cancillería, el Tribunal Eclesiástico, Servicios Sociales Católicos, Guerra Contra el Hambre, la Administración, las de mis ayudantes inmediatos. Ese edificio ha prestado un gran servicio a la Arquidiócesis, sobre todo por su magnífica localización.

SERVICIOS SOCIALES CATÓLICOS

Tan pronto asumí la Arquidiócesis inicié los Servicios Sociales Católicos, que venían a sustituir lo que en muchos otros lugares se conoce como "Caridades Católicas". Pensé que dándole el título de Servicios Sociales Católicos, para los fieles sería quizás más inteligible que "Caridades Católicas", que es algo mucho más amplio y está sujeto a otros organismos, tanto a nivel nacional como internacional.

Nosotros creíamos que si establecíamos los Servicios Sociales como algo local tendríamos mayor facilidad para la organización de actividades y la distribución de ayudas. Tuve la gran suerte de conseguir personas que me ayudaron como Zaida Fernández, que fue la primera Directora, magnífica persona; con su experiencia religiosa de las Hermanas Trinitarias, ciertamente, me ayudó grandemente.

Al terminar ella, tuve la suerte de conseguir a Sister Silvia Arias, también de las Hermanas Trinitarias, y luego a †Sor Clotilde Arce, de las Hijas de la Caridad, que encaminaron el programa muy bien. De manera que estas personas me ayudaron a que Servicios Sociales Católicos creciera. De hecho, Sor Clotilde trató de establecer en algunas parroquias algunos capítulos de Servicios Sociales, lo que no se hizo tan fácil, pero sí dimos grandes servicios a diferentes grupos como: madres solteras, drogadictos, alcohólicos, etc.

Cuando hubo desastres atmosféricos, huracanes, tormentas o terremotos, aquí o en otros lugares, inmediatamente se movilizaba el equipo completo de trabajo, se discutía el plan de ayuda y en las mismas oficinas se montaba el centro de acopio donde se almacenaban los alimentos, ropas, medicinas y artículos de primera necesidad que nos donaban. Desde allí distribuíamos ayuda inmediata a las áreas más afectadas, en lo que el Gobierno, a través de sus organismos, brindaba su ayuda. Cuando la ayuda era para el extranjero, se embalaban los artículos en cajas y se hacía el pesaje. Luego hacíamos los arreglos correspondientes con las líneas aéreas para que la ayuda llegara por medio de las instituciones Católicas de cada país. Ésta era la única manera de garantizar que la ayuda llegaría a las áreas de mayor necesidad.

202

Unde hoc mihi: ¿Por qué a mí?
Memorias del Cardenal Luis Aponte Martínez

MEDIANÍA ALTA EN LOÍZA ALDEA

Además de estos proyectos, dimos especial atención a algunas de las áreas más pobres de la Arquidiócesis, como Medianía Alta en Loíza Aldea. Allí compramos un predio de terreno en la Playa de Colobo para construir un pequeño centro donde pudiéramos reunir a los sacerdotes para momentos de oración y de asueto; simultáneamente, se le ofrecería ayuda a los vecinos.

Comenzamos con un pequeño dispensario, usando parte de las dependencias de la actual casa parroquial. Ofrecimos algunos servicios médicos con especialistas voluntarios y una enfermera a tiempo completo. Iniciamos un centro para ancianos y una guardería donde se le daba atención médica y clases a los niños, algo así como un pequeño *Head Start*.

En este proyecto se invirtieron unos doscientos cincuenta mil dólares de la campaña de los Obispos norteamericanos para el Desarrollo Humano, sin contar con la labor de los voluntarios y del personal de Servicios Sociales Católicos: primeramente, Sister Rosana y Monseñor Robert Davern; después Sister Sylvia Arias, M.S.B.T., y Sor Clotilde Arce, H.C. Más adelante pudimos ampliar las facilidades y construir un pabellón donde las Hijas de la Caridad daban orientación y algunas clases a jóvenes del área.

Fue una gran bendición del Señor conseguir la ayuda de las Hijas de la Caridad que, aún hoy, permanecen en esa área. Su labor ha sido heroica. En las Parcelas Suárez fundaron el Centro de La Esperanza para ancianos prestándoles un magnífico servicio. Las Hijas de la Caridad han continuado los servicios a esta comunidad en el área de la salud, con médicos y personal voluntario y también con atención especial a la educación de los niños. De hecho, el proyecto actual es de grandes proporciones. Si alguien se interesa en el mismo puede comunicarse con la Hermana Carmen Gloria Alayón, H.C., Misión Loíza, Apartado 482, Loíza, Puerto Rico 00772.

GUERRA CONTRA EL HAMBRE

A partir de la Solemne Coronación de la Virgen de la Divina Providencia como Patrona de Puerto Rico, en el año 1976, comenzamos la campaña para levantarle un Santuario. Inmediatamente comenzaron los comentarios de siempre: ¿Por qué hacerle un Santuario a la Santísima Virgen que costaría millones de dólares cuando hay tantas otras necesidades en Puerto Rico? Entonces pensé que lo mejor era iniciar algunas obras sociales que pudieran ofrecer otras opciones. En esta forma, el que no quisiera dar para el Santuario, podría dar para una obra social.

Así surgió el programa de Guerra Contra el Hambre con un grupo de seglares, entre ellos algunos de Caguas. La idea principal era ayudar a países pobres, sobre todo vecinos de nosotros. El programa, gracias a Dios, tuvo y ha tenido muy buena acogida. No podría ahora dar detalles, porque son muchísimos, pero sí puedo decir que se han distribuido millones de dólares en lugares en la India, Sur América, el Caribe y las Antillas. De hecho, durante las visitas "ad límina", en la relación que presentábamos a la Santa Sede, en especial al Pontificio Consejo Cor Unum (entidad de la Santa Sede fundada por Su Santidad Pablo VI en el 1971 para la promoción cristiana y humana), informaba sobre este programa y a ellos les extrañaba muchísimo que un país tan pequeño como Puerto Rico pudiera tener un programa de esa naturaleza para ayudar en proyectos de países vecinos más pobres. Lo consideraban, ciertamente, una nota muy positiva de la generosidad de nuestro pueblo puertorriqueño hacia los vecinos pobres y necesitados.

Ahora quiero recordar a la Sra. Berta Rodríguez, quien dirigió el programa por casi todo el tiempo que fui Arzobispo de San Juan, y se esforzó grandemente para que el proyecto tuviera éxito. Lo hizo también en forma muy desinteresada. En las Navidades yo le hacía un obsequio, pero ella no sólo colaboraba gratuitamente, sino que lo hacía con una gran entrega. Iba por las parroquias, formaba grupos, daba conferencias, participaba en programas radiales y de televisión, promocionaba el programa y la prensa la entrevistaba, ya que tenía magníficas relaciones con los medios de comunicación.

Igualmente, quiero expresarle mi gratitud al Comité de Evaluaciones. Estudiaban y analizaban los proyectos que nos llegaban, y luego se ocupaban de la asignación y distribución de los fondos. Los miembros de este Comité siempre realizaron su labor con gran celo y dedicación, bajo la sabia dirección del doctor Adalberto Rodríguez Martínez. Mi profunda gratitud a todos ellos.

SOCIEDAD PROTECTORA DE LOS NIÑOS

Mediante escritura registrada en el Archivo de Protocolos de Madrid, cuyo original está archivado en las Oficinas de Asuntos Económicos de la Arquidiócesis, consta que el Excelentísimo Señor Don Diego Fernández Vallejo, Marqués de Vallejo, renunció a todos los bienes que había heredado de doña María Inocencia, conocida por doña Socorro Capetillo y González, y de su hijo don Manuel Fernández Capetillo, en lo que hoy es Río Piedras y Hato Rey, a favor de la Sociedad Protectora de los Niños. Los mismos han de ser administrados única y exclusivamente por el Obispo de Puerto Rico (ahora Arzobispo Metropolitano de San Juan de Puerto Rico), bajo las condiciones y restricciones contenidas en la misma escritura, y con la condición específica de que se estableciera una escuela para niños pobres.

Existían, entre otras propiedades, unas fincas que la misma escritura describe como "áreas de pastos naturales y malezas", que más tarde fueron invadidas y ocupadas por infinidad de inquilinos; pero aún así, oportunamente se pudo establecer el centro de estudios para niñas pobres que hoy se conoce como el Colegio de La Milagrosa, ubicado en el Paseo de Diego en Río Piedras.

Debido a que los bienes legados por el Marqués generaban muy pocos ingresos, mi predecesor, Monseñor Jaime Pedro Davis, decidió entregar parte de la propiedad donde radicaba la escuela a las Hijas de la Caridad de San Vicente de Paúl, para que ellas la dirigieran y la administraran. Gracias a la magnífica labor de una gran religiosa, Sor Gregoria, la escuela pudo subsistir y progresar.

En la escritura, mediante la cual se cedió esa parte de la propiedad a las Hijas de la Caridad, se establecía que las Religiosas quedaban en la obligación de reservar un número de becas para niños pobres. De hecho, hubo momentos en que estudiaban más de 60 estudiantes gratuitamente. Han sido muchos los niños y niñas pobres que se hicieron de una carrera gracias a la gran caridad de las Hermanas y de la Institución. Todavía hoy se reúnen una vez al año muchas de las ex alumnas, para asistir a una Misa de acción de gracias en la hermosa Capilla de la escuela.

Desafortunadamente, debido al número menor de Hermanas con que hoy se puede contar, y a los altos costos de la educación, el número de becas ha sido reducido, pero las Hermanas siguen teniendo una gran consideración para los estudiantes más pobres.

Aprovecho para dejar constancia de que, a pesar de que gran parte de la propiedad fue invadida, lo cual afectó grandemente los ingresos de la Sociedad, la Iglesia nunca expulsó ni desalojó a ningún residente; al contrario, preferimos venderles los lotes a precios muy ínfimos, a veces hasta regalarles la propiedad en casos extremos. Afortunadamente, la escritura concedía al Obispo (Arzobispo) plenas facultades para disponer de la propiedad. De hecho, se presentaron ocasiones magníficas para vender algunos predios a muy buen precio, pero por consideración a los inquilinos, que sabíamos serían expulsados, nunca lo hicimos. Esa misma consideración tuvimos cuando hubo necesidad de adquirir alguna propiedad. Por eso perdimos la oportunidad que se nos presentó para adquirir los terrenos de la Autoridad Metropolitana de Autobuses en Hato Rey, frente al Popular Center, al enterarnos que parte del terreno estaba ocupado por gente pobre.

BUEN CONSEJO

Muchos ignoran el origen del nombre de este sector de Río Piedras. Hacia el año 1920, el Señor Obispo de Puerto Rico, Monseñor William Jones, adquirió unos terrenos para distribuirlos a familias pobres al precio simbólico de un dólar. Monseñor Jones pertenecía a la Orden de los Padres Agustinos, cuya Patrona es la Virgen del Buen Consejo. Así nació el nombre de Buen Consejo para el sector.

A principios de mi Pontificado, cuando supe que los residentes no tenían todavía título legal de propiedad, hice las debidas diligencias para firmarles las escrituras a todos. No fue nada fácil, pues donde se le había cedido una parcela a una familia, ya vivían dos o tres familias; pero, gracias a Dios, pudimos complacer a todos.

Es muy interesante advertir que, hasta donde nos consta, ésta fue la primera distribución de parcelas a familias pobres en Puerto Rico. ¡La hizo la Iglesia Católica!

PROYECTOS HEAD START

Otra obra, de la cual me siento muy complacido, es la de los Proyectos *Head Start*. Pudimos administrar no menos de unos 55 centros y servir a 1,679 niños pobres, sobre todo en la región Este de la Arquidiócesis: Río Piedras, Carolina, Trujillo Alto, Canóvanas, Loíza y Juncos. Así pudimos también dar trabajo a miles de personas. Se trataba de un presupuesto de dinero federal de más de 8 millones de dólares anuales, además de las contribuciones de la Arquidiócesis y las parroquias, que cedimos la planta física. Se daba empleo a más de 400 personas en esas áreas pobres que tanto lo necesitaban.

En este gran servicio tenemos que recordar de manera muy particular a Sister Carmen Marie, Religiosa Trinitaria que dirigió uno de los programas por muchos años; al Padre Francisco Rubalcaba; al Padre Rosendo Estruch; y a muchos otros sacerdotes, religiosas, profesionales laicos y otros servidores que nos ayudaron en la gran tarea de atender estos centros. Sólo Dios sabe el gran bien que se hizo con un programa que era de verdadera promoción humana.

SEMINARIOS

En la Arquidiócesis no había Seminarios. Los seminaristas se enviaban a estudiar a Ponce, al Seminario Regina Cleri, que era de la Conferencia Episcopal; pero, como señalé antes, eran los tiempos inmediatamente después del Concilio cuando, desafortunadamente, muchos sacerdotes comenzaron a abandonar el ministerio, haciéndose la promoción vocacional mucho más difícil. Se pusieron de moda la contestación, la desobediencia, la rebeldía y hasta los piquetes a las autoridades eclesiásticas. De hecho, en Ponce los seminaristas comenzaron la práctica de hacerle piquetes al Señor Obispo y no tuvo otra opción que cerrar el Seminario.

Entonces fue que pensé establecer acá un Seminario. En el año 1968 empecé con un Seminario Menor, en unas dependencias que me cedieron los Hermanos Marianistas en el Colegio San José de Río Piedras. En ese mismo tiempo fundé el Instituto Superior de Teología y Pastoral (ISTEPA). Los Padres Franciscanos de la Provincia de Nueva York, por falta de personal, me entregaron sus parroquias: Santa María de los Ángeles, San Luis Rey y Madre Cabrini. Santa María de los Ángeles tenía magníficas instalaciones: Iglesia amplia, una buena casa parroquial, un buen salón parroquial, una escuela parroquial y bastante terreno. Aprovechando las facilidades de la escuelita instalé allí ISTEPA. Para aprovechar también la casa y el salón parroquial, comencé el Seminario Mayor con la ayuda de algunos sacerdotes, entre ellos, el Padre Serafín Gómez, el Padre José Dimas Soberal, el †Padre Felipe López, el Padre Dionisio Oramas, Monseñor Héctor Rivera, Obispo Auxiliar de San Juan y otros.

Hubo que vencer muchas dificultades, porque había una gran presión por parte de la Santa Sede para que el Seminario se quedara en Ponce por la conveniencia de la Universidad Católica, pero la experiencia que había tenido era tan desesperante que luché y logré establecer el Seminario acá en San Juan. No fue fácil, ya que la insistencia de la Santa Sede era muy fuerte, pero siempre alegué que el Derecho Canónico me daba la facultad de tener mi propio Seminario. Además, alegué el derecho de la Arquidiócesis, como Sede Metropolitana, de tener su propio Seminario.

Entonces se llegó a un arreglo: que la Facultad de Filosofía estuviera en San Juan y la de Teología en la Universidad Católica en Ponce, acreditando la Universidad Católica nuestros cursos de Filosofía en San Juan. Pero hubo todavía una ulterior insistencia: que fuera una única institución en Ponce, pero con un Rector puertorriqueño, y ahí podríamos decir que el Señor se salió con la suya.

208

Unde hoc mihi: ¿Por qué a mí?
Memorias del Cardenal Luis Aponte Martínez

El Señor Obispo de Ponce tenía dos magníficos sacerdotes españoles al frente de la Facultad de Teología que no quería perder. Yo tenía al frente de la Facultad de Filosofía a Monseñor Fernando Felices, que tampoco quería perder. Entonces decidimos acudir nuevamente a la Santa Sede para que nos permitiera dos Seminarios Regionales: uno para San Juan, Caguas y Arecibo; y otro para Ponce y Mayagüez. Afortunadamente, el Prefecto de la Congregación para Seminarios era un gran amigo, el Cardenal Pío Laghi, quien fue el primer Nuncio en Estados Unidos, y nos había visitado varias veces y también había recibido un Doctorado Honoris Causa de la Universidad Católica. Como era de esperarse, fue muy comprensivo y nos consiguió ese gran favor del Santo Padre. Ahora, en lugar de uno, tenemos dos, y sentí un tremendo gozo cuando en la última Visita "Ad Límina" el Santo Padre se refirió a los dos Seminarios Regionales de Puerto Rico. Visita "Ad Límina" es la que todo Obispo Diocesano debe hacer a la Santa Sede cada cinco años para presentar un informe escrito del estado de la Diócesis. Durante ese período de tiempo, que puede ser de una a dos semanas de duración, se visitan las diferentes Congregaciones o Dicasterios de la Santa Sede, y se tiene una entrevista personal con el Santo Padre. Durante mis 34 años de Arzobispo hice unas seis visitas: tres al Papa Pablo VI y tres al Papa Juan Pablo II, porque la última de mi Episcopado, en el 1999, aunque fui el que preparó el informe, correspondió al Señor Arzobispo actual, Monseñor Roberto González, presentarlo.

En todo esto hay que admirar el gran celo de la Santa Sede por la buena formación de nuestros sacerdotes y la sabiduría del Supremo Pastor que siempre se sale con la suya: "Deo Gratias". Y ahora les ruego que oren mucho todos para que estos Seminarios puedan prosperar, que tengamos abundantes vocaciones y suficientes obreros para la mies que, gracias a Dios, sigue siendo abundante.

Mientras tanto quiero decirles también que, cuando los Padres Trinitarios cedieron sus parroquias en Carolina, y dejaron su casa que era bastante grande, la aproveché para empezar allí un Seminario Menor, y de ése se han ordenado ya varios sacerdotes. Los que están en el Seminario Menor hacen su escuela superior en el Colegio de Lourdes de Country Club y luego pasan al Regional para la Filosofía y la Teología.

Ahora, hablando de vocaciones, quiero decirles que la Arquidiócesis es la menos afortunada para las vocaciones, ya que en esta área los
jóvenes tienen muchas más oportunidades de distracción, etc. Sin embargo,
el número de candidatos ha comparado muy bien con las otras diócesis.
De hecho, tenemos que felicitar a todos los Obispos, pues han hecho un
gran esfuerzo por las vocaciones nativas. Ha sido bien significativo que,
según se han ido creando las diócesis, se ha visto el aumento de vocaciones.

Es digno de encomio el fenómeno de la Diócesis de Caguas con
el número de sacerdotes jóvenes que tiene, igual la de Arecibo y la de
Mayagüez. Estas son diócesis que se crearon mucho más tarde, en compa-
ración con San Juan y Ponce, que son las más antiguas, pero son de áreas
rurales, de pueblos muy religiosos, sobre todo los de la montaña, y por eso
tal vez han sido más favorecidas con vocaciones.

Comparativamente la Arquidiócesis no se ha quedado atrás,
producto de los esfuerzos y las oraciones de todos. Tenemos que reconocer también la gran ayuda que nos brindaron los sacerdotes del Opus
Dei en Pamplona y el Seminario San Ildefonso en Toledo. Tenemos que
agradecer al Cardenal Don Marcelo González, Arzobispo Emérito de
Toledo, y a los sacerdotes del Opus Dei, que nos dieron la mano en la
formación de nuestros seminaristas mientras resolvíamos el problema de
nuestros propios Seminarios. Fue así que tuve la dicha de dejar un grupo
muy significativo de sacerdotes jóvenes de los cuales me siento muy orgulloso, porque están muy bien formados espiritual y académicamente,
gracias a esa gran ayuda.

Tampoco podemos sentirnos menos orgullosos de los que están
saliendo ahora de nuestros Seminarios. Naturalmente, son el fruto de los
formadores y de los sacerdotes que enviamos a formarse fuera y que
luego vinieron a ser rectores, profesores y directores espirituales de los
nuevos candidatos. Por eso tenemos que darle gracias a Dios y a todos los
que nos han ayudado.

Las vocaciones las hay pero hay que trabajarlas porque, aunque es
Dios el que nos llama, el ambiente debe ser propicio para que se escuche
Su voz. Por eso tenemos que convertirnos todos en agentes vocacionales.
Como el caso que les conté de la Hermana Josefina en San Germán,
Sister Modwena, que nos detenía y nos preguntaba:

—Y tú ¿cuándo te vas al Seminario?

Eso es lo que tenemos que hacer: animar sin miedo a los jóvenes para que consideren la vocación sacerdotal como una gran opción. Las vocaciones no nos van a caer de las nubes. Tienen que salir de las familias. Por eso es tan importante la práctica religiosa de toda la familia. Si los niños se dan cuenta de que hay fe en la familia, de que hay piedad, de que se reza y, sobre todo, de que se vive una vida verdadera y sinceramente cristiana, las vocaciones aparecen. Dios quiera que estas memorias lleguen a las manos de muchos jóvenes y que sea quizás el medio para que muchos de ellos quieran imitar los modelos de tan magníficos y celosos sacerdotes que hemos tenido.

MEDIOS DE COMUNICACIÓN

Siempre consideré que, además de la prensa escrita, la Iglesia debía aprovechar los demás medios de comunicación. Por eso, al poco tiempo de instalarme como Arzobispo de San Juan, compré el Canal 18 de televisión, cuya programación era toda en inglés. Pero no bien había finalizado la transacción, me di cuenta de que no convenía en ese momento. Afortunadamente, el propietario que me la vendió era un gran caballero y accedió fácilmente a la cancelación del contrato de compra-venta. Facilitó la transacción el hecho de que había otro señor interesado y que estaba dispuesto a pagar un poco más de lo que yo había pagado. Por otra parte, el abogado que me ayudó en la compra era también muy comprensivo. Se trataba nada menos que del prominente abogado †Jorge Luis Córdova Díaz.

Luego se me presentó la oportunidad de comprar el Canal 13, pero algunos asesores de bastante pobre visión se opusieron. Decidí comprar una estación de radio. Después de varias consideraciones, me decidí por Radio WORO-FM, cuya programación sabía que era del agrado de muchos radioyentes. Pero, precisamente debido a su programación muy especial, que no queríamos alterar significativamente, pensé en la necesidad de una radioemisora en la frecuencia AM.

Averigüé que estaba a la venta WKVM-AM, que era y es la más potente de todo Puerto Rico. De hecho, llega casi directamente a toda la Isla con la excepción del área Noroeste, donde la Comisión Federal de Comunicaciones de Estados Unidos (FCC por sus siglas en inglés), por no sé qué razones, la tiene bloqueada. Después de mucho regatear me la dejaban en 1,5 millones de dólares; pero tenía que cuestionarme: ¿y los chavos dónde están? En aquel tiempo un millón de dólares era un millón. Yo había hecho una transacción interna de un millón para comprar radio WORO; entonces, con toda reverencia y respeto, se me ocurrió que era mejor una pastoral de vivos que de difuntos. Por eso decidí vender el Cementerio Porta Coeli de Bayamón, que era propiedad de la Arquidiócesis, para comprar la emisora. Naturalmente, tuve que acudir a la Santa Sede, que gustosamente me concedió el permiso.

Con relación a esta compra quiero contarles una anécdota. Fue precisamente esta estación la que me hizo el primer ataque o crítica pública como sacerdote. La estación tenía sus transmisores y sus torres en una linda parcela en el Barrio Santa Rosa de Guaynabo, pero había estado inactiva por varios años y nos costó bastante trabajo, tiempo y gastos lanzarla al aire. En esto tengo que darle gran crédito a Monseñor Efraín Rodríguez, que fue el sacerdote que se ocupó de esa tarea y luego fue su primer Director. También a Monseñor Rafael Fontánez, que se ocupó de todo el proceso de compra y escrituras.

Luego volví a pensar en el canal de televisión. El Canal 13 estaba bajo la Corte de Quiebras y entonces empecé a hacer las gestiones para comprarlo. De primera intención me hablaron de siete millones de dólares. Invité a un ingeniero de Chicago para que lo evaluara. Comenzamos un proceso de eliminación y decidimos que no nos interesaban las dependencias físicas ubicadas en la Calle Simón Madera en la urbanización Villa Prades en Río Piedras. Luego llegamos a la conclusión de que únicamente nos interesaba la licencia y el trasmisor que se encontraba en la torre de la Telefónica en el Yunque. Comenzamos a buscar dónde instalarlo. Tenía que ser un lugar que enviara una señal bien clara hacia Fajardo, pues la licencia era para Carolina-Fajardo.

212

Unde hoc mihi: ¿Por qué a mí?
Memorias del Cardenal Luis Aponte Martínez

Después de considerar diferentes posibilidades, algunas por cierto muy costosas, vino a visitarme el propietario del Canal 18, precisamente el primero que yo había comprado, para ofrecerme sus estaciones de radio a cambio de que yo le vendiera Radio WORO. Yo aproveché para proponerle que mejor me vendiera las facilidades del Canal 18 para yo instalar el Canal 13. Fue algo de la Divina Providencia, pues sin yo saberlo él estaba mudando sus estaciones de radio y el canal para otro lugar, de manera que, con mi oferta, hasta se olvidó de radio WORO.

A todo esto se seguían las gestiones para la compra del canal, que finalizaron después de una larga y ardua lucha en la Corte de Quiebras, y únicamente para adquirir la licencia y el transmisor que prontamente tuvimos que sustituir por uno de mayor alcance.

Y los chavos, ¿dónde están? Había que pagar a la Corte de Quiebras y al propietario del Canal 18, y había que poner en condiciones el nuevo local y comprar un transmisor nuevo y todo el equipo para el canal. Para lanzar el canal al aire debí contratar pesonal que pudiera competir con los demás canales, que disponían de millones de dólares y personal experto. ¿Cómo se hizo?, Pregúntenle a la Divina Providencia. Sólo sé que el 11 de octubre de 1995 se hizo la gran inauguración y no le dejé un solo centavo de deuda a la Arquidiócesis. De hecho, ésta fue siempre una de mis grandes preocupaciones, no dejarle deudas a la Arquidiócesis. Por eso no pude adelantar más la construcción del Santuario.

Gracias al Señor, a la Santísima Virgen, y a Monseñor Fontánez, que se hizo cargo personalmente de remodelar y poner en condiciones el lugar. Por eso fue el primer y único Director Ejecutivo en mi tiempo.

ALBERGUE SANTO CRISTO DE LA SALUD

En el año 1988 la Arquidiócesis estableció un albergue para pacientes terminales del SIDA, llamado Santo Cristo de la Salud. Tan pronto surgió esta epidemia me reuní con el Gobernador Rafael Hernández Colón y con el entonces Alcalde de San Juan, Baltasar Corrada del Río, para diseñar un plan de trabajo. El Señor Gobernador fue tan generoso que nos cedió, en los altos del Centro para Enfermedades de Trasmisión

Sexual, en el Centro Médico, unas instalaciones para poder montar y abrir una especie de hospicio para pacientes terminales del SIDA que no tuvieran familia o personas que se hicieran cargo de ellos.

Allí operamos un centro de servicio con todas las facilidades necesarias, y con un Director Médico, el Dr. Gaspar Encarnación, quien gratuitamente brindó sus servicios. Tuvimos enfermeras y Directora de Enfermeras. Una de ellas, Sor Claribel Medina, de las Hijas de la Caridad, nos ayudó muchísimo; tuvimos también la ayuda de las Siervas de María, quienes nos cedían siempre dos Religiosas que atendían a los pacientes por las noches. Contamos con un buen número de voluntarios para tareas como bañar a los pacientes, darles las comidas o meramente acompañarles en la soledad de la enfermedad, ya que la mayoría de los pacientes eran terminales. Nuestro propósito era ayudarlos a vivir y a morir con dignidad.

Las diferentes parroquias de la Arquidiócesis se turnaban para proveernos los alimentos que se les ofrecían diariamente: desayunos, meriendas, almuerzos y cenas. Tuvimos casos bien tristes: recuerdo una muchacha que murió llamando a su madre para que la viniera a ver, pero la madre nunca vino.

Pasados los años, cuando la ciencia médica comenzó a descubrir medicamentos y tratamientos más efectivos para combatir la enfermedad, el volumen de casos fue disminuyendo. Poco a poco nos fuimos dando cuenta de que nuestra misión primordial ya no era tan necesaria, por lo que decidimos cerrar el mismo. Puedo asegurar que durante los 14 años, aproximadamente, que tuvimos activo el albergue se dio un servicio de excelencia a los pacientes que atendimos. Más aún, asumimos todos los gastos de medicamentos, de personal y gastos de mantenimiento. Afortunadamente tuvimos ayuda de fondos federales y el apoyo de la administración del Centro Médico fue continuo.

CENTRO BETH-YA-SHA

Gracias también a la gran generosidad de la doctora Lucy López Roig, hemos podido ofrecer gratuitamente servicios profesionales psicológicos a un gran número de personas. Hace ya como 10 años que se fundó

214

Unde hoc mihi: ¿Por qué a mí?
Memorias del Cardenal Luis Aponte Martínez

el Centro Beth-Ya-Sha. El mismo comenzó dando servicios de noche en la Parroquia San Mateo. La demanda fue tal que tuve que arrendar un edificio en la Calle Pumarada, cerca de las oficinas arquidiocesanas, y allí pudimos ampliar los servicios.

Hasta la fecha se ha tocado la vida de sobre 10,500 personas a través de tutorías para niños y consejería para adultos, especialmente para problemas de drogas, alcohol y otros problemas emocionales. Se atiende un promedio de 15 a 20 personas diarias y el servicio se extiende incluso a personas fuera de la Arquidiócesis. Ciertamente, tenemos una gran deuda de gratitud con la doctora López Roig y su personal, y también con los sacerdotes y profesionales voluntarios que han contribuido con sus servicios.

En este capítulo he reseñado sólo una pequeñísima parte de nuestra labor de índole social. El trabajo de la Iglesia es inmenso y mayormente anónimo. Por ejemplo, no he mencionado la gran labor caritativa que se lleva a cabo en las parroquias, la extraordinaria labor de los capellanes en las cárceles y los hospitales, y la admirable labor de las Religiosas en hospitales, asilos y hogares. Allí atienden con amor, con verdadera devoción cristiana, a miles de ancianos y enfermos, muchos de ellos olvidados por sus familiares. Y lo hacen sin esperar nada a cambio.

¡Que el Señor recompense a todos y a todas como se lo merecen!

INSTAURACIÓN DEL DIACONADO PERMANENTE

El Concilio Vaticano II restauró el Diaconado Permanente y en la Arquidiócesis yo tenía la inquietud de restaurarlo lo antes posible. Claro está, hemos dicho que toda esta reorganización después del Concilio tomaba su tiempo y había que ir por partes y esperar el momento oportuno. Nuestro momento oportuno fue la primera asamblea del clero.

En la Arquidiócesis tuvimos varias asambleas sacerdotales. Una de las recomendaciones que se me hizo en la primera fue que iniciáramos el programa del Diaconado Permanente. Se procedió a nombrar una Comisión que estudiara la posibilidad y que al mismo tiempo preparara un plan de formación para los nuevos diáconos.

Primero había que averiguar si había interés. Luego debíamos conocer la reacción de los sacerdotes a este plan, la reacción de las familias de los candidatos (en especial de las esposas e hijos) y toda una serie de factores fundamentales para evitar un fracaso. Tuvimos la gran suerte de formar una Comisión bien comprometida, que inmediatamente puso manos a la obra. Bien pronto conseguimos la aprobación de la Santa Sede para que se iniciara el programa.

Comenzamos las clases en enero de 1976. Primero eran tres años de estudio intenso y luego se aumentó a cuatro, con resultados magníficos. Tuvimos la dicha de conseguir caballeros de todas las esferas sociales: abogados, médicos, psiquiatras, contadores, choferes de la AMA, etc. Los candidatos tenían que cumplir, naturalmente, con los requisitos del plan de estudios.

Después de esta primera clase se fueron formando otros grupos. Todos los años se admitía un grupo nuevo, de manera que tuve la dicha de que, al momento de retirarme en el 1999, había ordenado unos 300 diáconos. Colaboramos también con la Diócesis de Caguas para que pudieran iniciar su propio programa.

El programa del Diaconado Permanente fue de gran ayuda porque comenzó en momentos de gran crisis, cuando algunos sacerdotes se nos estaban cansando, otros abandonaban el sacerdocio, y otros se nos envejecían. Las nuevas vocaciones sacerdotales no aparecían. Fue una bendición del cielo que el programa naciera en el momento oportuno para apoyar a los sacerdotes. Cuando no se les podía mandar un ayudante sacerdote, se les asignaba un Diácono muy bien preparado y motivado.

En la formación de los Diáconos me preocupé de que la familia no se viera afectada por la labor y el desarrollo del ministerio diaconal de la Arquidiócesis. Siempre manifesté que en primer lugar el Diácono se debía a su familia, porque si fallaba el matrimonio o la familia, fallaba todo lo demás. Eso siempre estuvo bien claro.

Cuando hablaba con las esposas les decía que si ellas daban el sí para que sus esposos pudieran entrar al Diaconado, aceptaban que lo estarían compartiendo con la Iglesia. Puedo asegurarles que quedé bien

216

Unde hoc mihi: ¿Por qué a mí?
Memorias del Cardenal Luis Aponte Martínez

satisfecho y estimulado por la labor de los diáconos. Hubo sus fallas, como es natural, pero la mayoría de los Diáconos ha hecho una magnífica labor, al igual que sus esposas y familias que han contribuido para que así sea.

Debo advertir que también ha habido casos de diáconos que quedaron viudos y decidieron continuar preparándose para el sacerdocio. Estaban conscientes de que la ley de la Iglesia estipula que el diácono que queda viudo no puede volver a contraer matrimonio, lo cual naturalmente les facilita más el sacerdocio.

La Arquidiócesis tiene que felicitarse por el número y la calidad de sus diáconos. Doy gracias a Dios que me ayudó a prepararlos. A ellos los felicito de todo corazón y les agradezco la gran ayuda que me dieron a través de las parroquias y de los diferentes ministerios en la Arquidiócesis, sobre todo en las oficinas arquidiocesanas. Dios permita que sigan apareciendo caballeros que estén dispuestos a compartir sus vidas personales y familiares con la Iglesia. Este servicio les ayuda a llevar una vida espiritual más plena, y a ser más fieles y leales en su vida matrimonial y familiar.

A los Diáconos, sus esposas, hijos y familiares: ¡muchas gracias!

No puedo olvidar la gran labor y entrega de la Comisión para el Diaconado Permanente que entrevistaba a los candidatos y me los presentaba para la selección. Luego se encargaba de hacer las diferentes evaluaciones, reuniéndose periódicamente conmigo para darles seguimiento. Mi profunda gratitud a sacerdotes como Padre Terence Doyle, S.T., el Padre José Valentín (Valeco) Rivera, O.P., y el Padre Antonio Hernández, S.T., todos difuntos. A Religiosas como Sister Eileen Barden, O.S.F. A diáconos como Pedro Arévalo, Vicente Colón y Carlos Morales, con su esposa Gloria. Y a laicos como Pablo Abreu y tantos otros que me ayudaron en el desarrollo y éxito de este magnífico programa.

Momentos de la celebración eucarística en la ocasión de mis Bodas de Plata Sacerdotales.

Otro momento de la celebración de mis Bodas de Plata Sacerdotales en el
Coliseo Roberto Clemente.

Momentos durante la celebración eucarística con motivo de mis
Bodas de Plata como Arzobispo con el clero de la Arquidiócesis
en la Iglesia San José de Villa Caparra en Guaynabo.

Acompañado aquí con uno de los grupos de los seminaristas de la Arquidiócesis.

Capítulo XVIII

CREACIÓN DE LA CONFERENCIA EPISCOPAL PUERTORRIQUEÑA

Cuando asumí la Arquidiócesis de San Juan, en enero de 1965, ya se habían creado las Diócesis de Arecibo y Caguas. Por tanto, de inmediato empecé a pensar en la necesidad de crear la Conferencia Episcopal Puertorriqueña (CEP) y de reorganizar nuestra Iglesia puertorriqueña de acuerdo a los deseos de la Santa Sede y a los Decretos del Concilio Vaticano II.

Hasta el 1960 el 100% de la jerarquía de Puerto Rico la formaban Obispos norteamericanos. Por tanto, asistían a las reuniones de la Conferencia de Obispos de los Estados Unidos, en Washington, D.C. Lo mismo hicimos los demás Obispos al principio.

Durante la Primera Conferencia General del Episcopado Latinoamericano, en Río de Janeiro, Brasil, se creó en el 1955 el Consejo Episcopal Latinoamericano (CELAM). Este Consejo, con sede en Bogotá, Colombia, incluía a todas las Conferencias Episcopales de América Latina.

Monseñor McManus, y si mal no recuerdo Monseñor Davis, asistieron a dicha reunión y se dieron cuenta de que, por la cultura, idiosincracia e idioma, convenía que Puerto Rico perteneciera al CELAM. De hecho, ya en esos años ellos se reunían a discutir problemas comunes, como los que dieron lugar a la fundación de la Universidad Católica de Puerto Rico en Ponce y del Partido Acción Cristiana.

Al ser nombrados los nuevos Obispos, comprendimos aún más la gran gran necesidad de crear nuestra propia Conferencia Episcopal para poder pertenecer al CELAM y aprovecharnos de sus servicios.

Desligarnos de la Conferencia de Obispos de Estados Unidos no fue tarea fácil porque el Presidente de la misma se resintió muchísimo de que nos separáramos de ellos. Pedimos que nos permitieran enviar un observador a sus reuniones para mantener contacto con ellos, pero nos negaron la petición.

Acudimos al Cardenal Francis Spellman, Arzobispo de Nueva York, quien era una de las voces más poderosas en la Conferencia de Obispos norteamericanos, pero tampoco se nos complació. Únicamente se nos permitió asistir como observadores, sin voz ni voto, a sus asambleas ordinarias. Así lo hemos venido haciendo, manteniendo siempre una buena relación con la Conferencia de Obispos norteamericanos y sus organismos, pues, como casi todos habíamos estudiado en Estados Unidos, teníamos muchos amigos entre ellos. Además, nos convenía el contacto para la ayuda económica.

Así iniciamos nuestra Conferencia Episcopal Puertorriqueña, constituida en el 1966, con este servidor como su primer Presidente (1966 al 1982). Preparamos los Estatutos y, sometidos a la Santa Sede para su revisión, se recibió su reconocimiento y aprobación por la Sagrada Congregación para los Obispos, con fecha del 27 de septiembre de 1987, Prot. N. 1305/61. El inicio de la Conferencia Episcopal prácticamente coincidió con el Concilio Vaticano II, por lo que inmediatamente tuvimos que darnos a la gran tarea de discutir sus Decretos y documentos para aplicarlos a la acción pastoral de las Diócesis. La labor no fue fácil.

Hubo que dar atención inmediata a los cambios en la Liturgia y luego orientar a sacerdotes y fieles sobre estas variaciones. Por ejemplo, hubo que girar los altares para que el sacerdote quedara de frente al pueblo y no de espaldas, como hasta entonces. Luego tuvimos que traducir los textos de la Misa y los Sacramentos al español. El Concilio trajo muchas otras modificaciones como éstas. Fue una tarea ardua.

Algo parecido sucedió cuando S.S. Juan Pablo II promulgó, con fecha del 25 de enero de 1983, el renovado Código de Derecho Canónico. El Derecho Canónico es *un conjunto de leyes y el medio eficaz para que la Iglesia pueda perfeccionarse, de acuerdo con el espíritu del Vaticano II, y cada día esté en mejores disposiciones de realizar su misión de salvación en este mundo*.

Gracias a Dios contamos con la ayuda de Monseñor Fremiot Torres Oliver, Obispo de Ponce entonces, que era buen liturgista; y con Monseñor Rafael Grovas, Obispo de Caguas entonces, que era un buen canonista. El poder trabajar conjuntamente nos ayudó grandemente. La Conferencia Episcopal ha sido una gran bendición. Gracias a ella hoy tenemos en todas las Diócesis una buena Pastoral de conjunto y los organismos necesarios para realizarla.

Fue muy acertado que al principio invitáramos a los Vicarios de Pastoral de todas las Diócesis a participar en las reuniones de los Obispos. Así ellos se enteraban de nuestras inquietudes pastorales; y nosotros, a través de ellos, de las preocupaciones y anhelos de la base. Personalmente considero que así fue que adelantamos muchísimo, sobre todo si consideramos los medios y recursos humanos con que contábamos entonces. Creo que se hizo una gran labor gracias al sacrificio de los Obispos, que nunca faltaban a las reuniones.

Durante los cuatro términos de mi Presidencia las reuniones se celebraron siempre en el Palacio Arzobispal en el Viejo San Juan. Gracias a Dios que teníamos una comunidad de Religiosas que nos atendían muy bien. De esas monjitas en los últimos años quedaron solamente †Sor María y Sor Isabel. Sor María murió de cáncer en Jerez de la Frontera, España, poco después de mi retiro, y ahora me queda solamente Sor Isabel. La Conferencia Episcopal Puertorriqueña, la Arquidiócesis, y este servidor, tenemos una gran deuda de gratitud con estas monjitas, sobre todo con †Sor María y Sor Isabel. Ciertamente merecen un monumento. Sor Isabel se ha convertido en una "fac totum". Es la camarera, la enfermera, la recepcionista, la mensajera, la cocinera, la veterinaria de los animalitos que tenemos, la encargada de la Capilla y de la propiedad, y también, muchas veces, la "chofera". Eso sí que es servir a la Iglesia.

Así pudimos echar hacia delante, pero no faltaron problemas: unos por exceso y otros por defecto. Algunos quisieron adelantarse y hacer cambios por su cuenta, sobre todo en la Liturgia y, concretamente, en la Santa Misa, los Sacramentos y la Música Sagrada. A esos hubo que recordarles que nadie puede hacer cambios en la Liturgia sin la aprobación de la Santa Sede, que para eso tiene sus expertos, peritos, comisiones y congregaciones. Otros fueron muy lentos en aceptar los cambios, sobre todo en cuanto al vernáculo y demás cambios en la celebración de la Santa Misa y los Sacramentos.

La Conferencia Episcopal, mediante sus Estatutos, estableció todas las Comisiones que consideramos necesarias: frenamos a unos y animamos a otros. La Comisión de Liturgia y de Música Sagrada, bajo la dirección de Monseñor Fremiot Torres Oliver, trabajó de maravilla; también las Comisiones de Pastoral bajo la dirección de los diferentes Vicarios.

Los excesos y los defectos, desgraciadamente, fueron de carácter general en toda la Iglesia. Por eso la Santa Sede tuvo que intervenir con diferentes documentos, orientaciones y directrices para apurar la marcha o encaminarla cuando fuera necesario. En nuestro caso, hubo momentos en que la Conferencia Episcopal en pleno, o alguno de los Obispos en particular, tuvimos que intervenir para que se observaran las Normas. Gracias a Dios, y a los buenos colaboradores con los que contábamos, todo se fue normalizando.

A la Conferencia Episcopal Puertorriqueña también le compete mantener contacto directo, o a través de la Delegación Apostólica, con la Santa Sede; con el CELAM; y con las demás Diócesis. Pero sólo es un organismo de servicio que no puede imponer nada que no haya sido aprobado por todos los Obispos de mutuo acuerdo y, en ciertos casos, por la Santa Sede también.

Igualmente, le compete a la CEP la dirección de la Pontificia Universidad Católica de Puerto Rico. Todos los Obispos somos miembros de la Junta de Síndicos. Hasta hace poco el Arzobispo de San Juan, como Metropolitano, era "ex-officio", Presidente de la Junta de Síndicos. A mí me tocó presidirla casi 30 años.

La Conferencia Episcopal también dirige el semanario católico *El Visitante*. Todos somos miembros de su Junta de Directores; el Presidente de la CEP es su Presidente y responsable directo.

Debido al gran incremento en las actividades y labores de la CEP, en los últimos años nos vimos obligados a adquirir un edificio para tener su archivo, la Secretaría General y un lugar para las reuniones y los trabajos de las Comisiones. Este edificio está ubicado en la Calle Pumarada en Santurce, frente a una de las entradas laterales de las oficinas arquidiocesanas.

He resumido sólo algunos datos sobre la CEP. En sus archivos se conservan las actas, documentos, declaraciones, etcétera, con información más extensa. En el 1989 la CEP decidió recoger, en un libro titulado *Maestros y Profetas,* dos volúmenes con los documentos y las declaraciones colegiales más importantes de los obispos católicos de Puerto Rico. El volumen I abarca dos décadas de magisterio episcopal (1969-1989); el volumen II recopila los pronunciamientos de 1989-1997.

Con la CEP nació en nuestra Isla, por primera vez en 500 años, una Iglesia Católica dirigida por Obispos puertorriqueños.

Foto actual de los miembros que componen la Conferencia Episcopal Puertorriqueña. De izquierda a derecha: S.E.R. Monseñor Héctor Rivera, Obispo Auxiliar de San Juan; S.E.R. Monseñor Rubén González, Obispo de Caguas; S.E.R. Monseñor Hermín Negrón, Obispo Auxiliar de San Juan; S.E.R. Monseñor Iñaki Mallona, Obispo de Arecibo; este servidor, Cardenal Aponte; S.E.R. Monseñor Roberto O. González Nieves, Arzobispo de San Juan; S.E.R. Monseñor Timothy Broglio, Delegado Apostólico para Puerto Rico; S.E.R. Monseñor Ulises Casiano, Obispo de Mayagüez y S.E.R. Monseñor Félix Lázaro, Obispo de Ponce.

Capítulo XIX

CONSEJO EPISCOPAL LATINOAMERICANO (CELAM)

230

Unde hoc mihi: ¿Por qué a mí?
Memorias del Cardenal Luis Aponte Martínez

Como ya he indicado, la Conferencia Episcopal Puertorriqueña debe su existencia, en parte, a la creación del Consejo Episcopal Latinoamericano (CELAM), ya que consideramos muy importante nuestras relaciones con ese organismo eclesial a nivel de América Latina y el Caribe. Para beneficio de los que no conozcan el CELAM, éste es un organismo de la Iglesia Católica que el Papa Pío XII fundó en 1955 a petición de los Obispos de América Latina y el Caribe. Presta servicios de contacto, comunión, formación, investigación y reflexión a las 22 Conferencias Episcopales que se sitúan desde México hasta el Cabo de Hornos, incluidos el Caribe y las Antillas. Cada cuatro años se elige a sus Directivos en Asamblea Ordinaria que reúne a los Presidentes de las Conferencias Episcopales ya citadas. En este año (2005) se celebran sus 50 años de fundación.

Por tanto, tan pronto pude empecé a relacionarme con el CELAM. En el año 1964, durante una de mis primeras visitas a Bogotá, Colombia, donde ubica la sede del CELAM, visité sus instalaciones. Ahí conocí a Monseñor Julián Mendoza, primer Secretario General; al Padre Alfonso Schmidt, Tesorero General; y me familiaricé algo con su funcionamiento.

Más tarde, siendo ya Arzobispo de San Juan, durante un almuerzo con la Conferencia Episcopal en el Arzobispado, Monseñor Grovas comentó sobre su participación en una reunión del CELAM en Río de Janeiro, Brasil, y me dijo:

—*Prepárate, que te están considerando para Presidente del Comité Económico.*

No sabía cómo podían conocerme lo suficiente como para estarme considerando para esa posición, pero me imaginé que sería por mis contactos con la Conferencia de Obispos de los Estados Unidos. Poco tiempo después se nos convocó para la Asamblea General del CELAM que se celebró en Sucre, Bolivia, en el año 1972. Como era Presidente de la Conferencia Episcopal Puertorriqueña en ese momento, me correspondió asistir.

Efectivamente, se celebró la reunión y hubo elección de nueva directiva:

Presidente: Monseñor Eduardo Pironio, quien más tarde fue elevado al Cardenalato por el Papa Pablo VI. Ocupó el cargo de Prefecto de la Sagrada Congregación para Religiosos y más tarde Presidente del Pontificio Consejo para los Laicos hasta el 1996, cuando se jubiló.

Secretario General: Monseñor Alfonso López Trujillo, para ese entonces Obispo Auxiliar de Bogotá y más tarde Arzobispo de Medellín, Colombia; posteriormente, elevado al Cardenalato por el Papa Juan Pablo II, en el 1983. Al presente funge como Presidente del Consejo Pontificio para la Familia y pertenece a la Comisión para América Latina.

Para la presidencia del Comité Económico hubo tres candidatos: Monseñor Ernesto Corripio Ahumada, más tarde "Arzobispo Primado" y Cardenal de la Arquidiócesis de México. Monseñor Miguel Obando Bravo, más tarde Arzobispo y Cardenal de Nicaragua; y este servidor, a quien eligieron. Acepté la responsabilidad con mucho gusto.

Hago un paréntesis para explicar que los Arzobispos Primados son aquellos que están a cargo de la Diócesis más antigua de una nación. Por ejemplo, la Arquidiócesis de Santo Domingo, en la República Dominicana, es Primada de Las Américas porque fue donde primero llegaron los misioneros, a pesar de que Puerto Rico fue la primera en tener Obispo. El Papa Julio XII creó las primeras tres Diócesis del Nuevo Mundo en el año 1511: la de Concepción de la Vega, Santo Domingo y Puerto Rico, todas sufragáneas de la de Sevilla. El primer Obispo en tomar posesión de su Diócesis fue Don Alonso Manso en el año 1512, pero los primeros misioneros llegaron en el primer viaje de Colón, en el 1492.

232

Unde hoc mihi: ¿Por qué a mí?
Memorias del Cardenal Luis Aponte Martínez

Al terminar la reunión del CELAM, de regreso a San Juan, me detuve en la sede de Bogotá para conocer el personal y organizar la primera reunión. Fue una gran bendición para mí que el Tesorero General fuera alguien a quien siempre me ha unido una gran amistad: el Padre José Dimas Soberal, sacerdote puertorriqueño, quien en la actualidad es el Vicario General de la Diócesis de Arecibo.

Además del Presidente y el Tesorero, el Comité Económico tenía un Comité Asesor al cual pertenecían varios Obispos y caballeros muy distinguidos del mundo de las finanzas y la banca en Colombia, sobre todo de Bogotá. Le tocaba a este Comité administrar las finanzas del CELAM.

Para su operación, el CELAM se nutría de las cuotas asignadas a las Conferencias Episcopales y de una ayuda de la Santa Sede a través de la Comisión para la América Latina (que preside el Prefecto de la Congregación de Obispos). También recibía ayuda de ADVENIAT (una organización de ayuda a diócesis pobres que administran los Obispos alemanes), del Secretariado para la América Latina de la Conferencia de Obispos de los Estados Unidos y otras instituciones. La mayoría de estas ayudas son para proyectos específicos. Le toca al Comité solicitarlos, si son directamente para el CELAM, o endosarlos o apoyarlos, si son para alguna Conferencia Episcopal o Diócesis.

Al Comité Económico le tocaba financiar los gastos de la Sede, que incluían: la Presidencia, la Secretaría General, la Tesorería, los Departamentos, las Comisiones y los demás organismos del CELAM. Le correspondía también pagar los salarios del personal (sobre 150 personas) y cubrir los gastos de viajes de todos los ejecutivos y secretarios. También el Comité Económico ayudaba a recaudar fondos para los proyectos que le eran sometidos directamente.

El CELAM dirigía cuatro instituciones pastorales:

IPLA (*Instituto de Pastoral Latinoamericano*) con sede en Quito, Perú.

Dos institutos dedicados a la Catequesis: el **ICLA** de Santiago de Chile y el **ICLA** de Manizales, Colombia.

El Instituto de Pastoral Litúrgica que funcionaba en Medellín, Colombia.

Los centros de Perú, Chile y Medellín se vendieron, y se amplió el Instituto de Liturgia de Medellín con cuatro secciones.

En aquellos tiempos la economía de Colombia estaba muy mal. Al hacerme cargo del Comité Económico, sólo contábamos con unos 145,000 dólares para cubrir todos sus gastos. También se tenía el gran temor de que algún día los bienhechores, por un motivo u otro, redujeran o suspendieran las ayudas económicas.

Por eso, al asumir la Presidencia del Comité Económico, me propuse autofinanciarlo. Con algunas economías y ayudas que pude conseguir, comencé con unos 700,000 dólares. En el 1984, al finalizar mi cuarto término (de tres años cada uno), dejé en la Cuenta de Ahorros más de 8 millones de dólares. Compré una casa por 85,000 dólares, cerca de la sede principal, que se utilizaba para alojar huéspedes; poco después se vendió por casi medio millón de dólares. Compré también una propiedad junto al Instituto de Pastoral en Medellín, Colombia, para ampliar las instalaciones deportivas de los sacerdotes alumnos.

Aunque los Estatutos del CELAM disponen que la Presidencia del Comité Económico es de un término solamente, o sea tres años, fui reelecto tres veces más. Recuerdo que en la reunión que tuvimos en Los Teques, Venezuela, inicialmente me negué a la segunda reelección, pero un Obispo, con lágrimas en los ojos, me rogó que aceptara. Me dio tanta pena que decidí aceptar. Pero la quinta vez, cuando nos reunimos en Haití (1984), les informé que no podía más. Llevaba desde el 1972 ausentándome de la Arquidiócesis en sus momentos de mayor crecimiento. Tenía que viajar a menudo a Bogotá, levantarme para abordar el avión de Iberia, o la línea aérea colombiana Avianca, a las 4:30 de la mañana, para luego regresar en un vuelo de la tarde que llegaba a Puerto Rico a las 10:30 de la noche.

En el CELAM se hacían muchísimas reuniones. Además de las propias del Comité Económico, que eran mensuales, debía asistir a las

234

Unde hoc mihi: ¿Por qué a mí?
Memorias del Cardenal Luis Aponte Martínez

reuniones de la Directiva y a las que se hacían por zonas con las Conferencias Episcopales de cada país. También tenía que asistir a las reuniones cuando había elección de Directiva, para enmiendas a los Estatutos, etcétera. Éstas podían durar de dos a tres días.

Cuando nos tocó financiar la reunión de Puebla, México, tuve que viajar prácticamente por toda Europa con el Presidente de entonces, Cardenal Alfonso López Trujillo, para solicitar ayuda económica. Nos dirigimos primero a París, donde estaba reunida la Conferencia de Obispos Franceses. Nos favoreció que la presidiera el Cardenal Roger Etchegaray, quien, por ser descendiente de vascos, hablaba muy bien el español. Además, el Cardenal López Trujillo había estudiado en París y hablaba muy bien el francés. No tuvo dificultades para dirigirse a la asamblea y exponerles el propósito de nuestra visita que, en realidad, era doble: conseguir ayuda económica y combatir cierta propaganda negativa que unos ex sacerdotes activistas nos venían haciendo: alegaban que la Conferencia de Puebla se organizaba con el fin de revocar la reunión que se llevó a cabo en Medellín.

De allí nos movimos a Holanda, donde tuvimos una conferencia de prensa en La Haya. Pasamos a Bélgica y luego regresamos a nuestro hospedaje en París, casi a las 9:00 de la noche. Recuerdo que nos alojamos en una residencia de sacerdotes donde no servían comidas. Habíamos tomado algo ligero al mediodía en Bélgica y ambos sentíamos hambre. A esa hora nos fuimos a la calle y todo estaba cerrado. Afortunadamente, encontramos una panadería abierta, compramos una barra de pan y un par de refrescos, y con eso cenamos. También visitamos en Alemania las oficinas de Adveniat, las de Misereor y las de Ayuda a la Iglesia en Necesidad.

Luego viajamos a los Estados Unidos. Visitamos la sede de la Conferencia Episcopal de Obispos Estadounidenses, sobre todo la del Secretariado para América Latina; luego fuimos a Milwaukee y visitamos el centro del Instituto del Sagrado Corazón. El Director y fundador de este centro era uno de los ex propietarios de la Cerveza Miller High Life, que vendió la parte que le correspondía y dedicó el dinero a obras de caridad. Este señor nos hizo un buen donativo.

Debido a la muerte del Papa Pablo VI primero, y la del Papa Juan Pablo I después, la reunión de Puebla hubo que suspenderla en dos ocasiones, por lo que tuvimos que cancelar y pagarle a los hoteles. Los gastos se nos multiplicaron, pero este buen señor nos ayudó a pagar el déficit que ascendió a más de 60,000 dólares. La reunión de Puebla nos dio muchos dolores de cabeza, pero fue un gran acontecimiento para la Iglesia. Además de haberla inaugurado el mismo Santo Padre, Juan Pablo II, contamos con la presencia del famoso Padre Arrupe, General de los Padres Jesuitas; del Hermano Roger Schutz, famoso fundador de la Comunidad Ecuménica de Taizé, recientemente asesinado a la edad de 90 años; y de Monseñor Oscar A. Romero, Arzobispo de San Salvador, quien luego fue asesinado. También nos acompañaron varios Cardenales de la Curia Romana.

Para esta reunión de Puebla tuvimos que viajar a muchas de las reuniones preparatorias en las cuatro regiones de Sur América, además de los muchos viajes que tuvimos que hacer a México para organizarlo todo. Aquella reunión duró tres semanas ya que, con la visita del Santo Padre, se extendió más de lo ordinario.

Esta reunión de Puebla tiene gran importancia para Puerto Rico. Se planificó en la reunión que el CELAM celebró en San Juan en el 1976. A dicha reunión asistieron unos 65 Obispos, entre ellos tres Cardenales: el Cardenal Sebastián Baggio, Prefecto de la Congregación de Obispos y Presidente de la Comisión Pontificia para América Latina; el Cardenal Muñoz Vega, Arzobispo de Quito, Ecuador; y el Cardenal Landázuri Rickettes, Arzobispo de Lima, Perú. Por eso escogí esa ocasión para la Coronación de nuestra Patrona, la Virgen de la Divina Providencia.

Al terminar mis servicios en el CELAM me quedó la gran satisfacción de dejar la autofinanciación bastante adelantada. Además, con el apoyo absoluto del gran Cardenal de Perú, Landázuri Rickettes, quien entonces era Vicepresidente del CELAM, conseguí una enmienda a los Estatutos para que el Presidente del Comité Económico fuera miembro de la Directiva. Existía la gran anomalía de que, mientras el Comité Económico luchaba para conseguir los fondos, la Presidencia (Presidente, Vicepresidente y Secretario General) se reunía a discutir cómo gastarlos

236

Unde hoc mihi: ¿Por qué a mí?
Memorias del Cardenal Luis Aponte Martínez

sin consultar al Presidente del Comité Económico. Considero que esa fue otra gran aportación que hice para el mejor control y manejo de los fondos del CELAM. Terminé como Presidente del Comité Económico en el 1984, en la reunión que se celebró en Haití.

Al recordar eventos como la reunión de Puebla, no puedo menos que dar gracias al Señor que me ha permitido servir no solamente a nuestra Iglesia puertorriqueña, sino a toda nuestra Iglesia latinoamericana. Como Cardenal, también he tenido el inmenso honor de servir a la Iglesia Universal.

Visita y saludo de la Presidencia de CELAM al Papa Juan Pablo II para la coordinación de la III Conferencia General del Episcopado Latinoamericano que se celebró en Puebla, México en febrero de 1979. De izquierda a derecha: S.E.R. Monseñor Antonio Quarracino, S.E.R. Monseñor Alfonso López Trujillo, S.E.R. Cardenal Sebastiano Baggio, el Santo Padre, este servidor, S.E.R. Monseñor Luciano Duarte y S.E.R. Román Arrieta Villalobos.

Capítulo XX

CARDENALATO

240

Unde hoc mihi: ¿Por qué a mí?
Memorias del Cardenal Luis Aponte Martínez

En los momentos en que empiezo a dictar este segmento de mis memorias, 2 de febrero de 2003, estoy celebrando los 30 años de haber sido designado Cardenal de la Iglesia Católica por Su Santidad Pablo VI, precisamente día de la Fiesta de la Virgen de la Candelaria, Patrona de Lajas, mi ciudad natal. Fue el día 2 de febrero de 1973 que se hizo pública la noticia de mi designación como Cardenal de la Santa Iglesia Romana, aunque la imposición del Capelo Cardenalicio en Roma fue el 5 de marzo del mismo año.

Como habrán notado, estos nombramientos siempre me han llegado junto a detalles que los hacen inolvidables. Por ejemplo, la semana que recibí la noticia de mi designación, había tenido aquí de visita a Monseñor Curtis, Obispo de Bridgeport, Connecticut. En su Diócesis había muchos puertorriqueños y él me había manifestado su deseo de venir a conocer la Isla para familiarizarse más con nosotros. Estuvo conmigo hasta el jueves de esa semana y ese día, por la mañana, lo llevé al aeropuerto. Cuando regresé ya era casi medio día. Decidí descansar unos momentos en mi oficina para luego seguir la labor de la tarde. De hecho, era un día bien caluroso.

Al regresar de nuevo al escritorio, llamé a la recepcionista. Bien preocupada, me dijo que el Delegado Apostólico me había estado llamando con mucha insistencia. Contesté la llamada al Señor Delegado Apostólico, para ese entonces Monseñor Luciano Storero, y me dijo:

—*Excelencia, tengo urgencia de ir esta misma tarde a reunirme con usted.*

A lo que le contesté:

—*Imposible, pues tengo la inauguración del primer Centro de Catequesis. La gente me espera.*

A lo que él insistió:

—*Es algo muy urgente y tengo que hablar con usted.*

Le dije:

—*Pero Excelencia, comprenda que tengo gente avisada e invitada. Por ser el primer Centro de Catequesis sería para ellos una gran decepción si yo no asisto.*

Entonces me dijo:

—*Mande al Obispo Auxiliar.*

A lo que le contesté:

—*Excelencia, no es lo mismo que vaya el Obispo Auxiliar a que vaya yo.*

Entonces me insistió:

—*¿Por qué no viene a recibirme al aeropuerto?*

Al ser tan vehemente, le dije:

—*Está bien, iré al aeropuerto.*

Como señalé antes, era un día bien caluroso. Cuando llegué al aeropuerto me informaron que el avión tenía dos horas de retraso. Vestido de traje negro y todo el calor encima, decidí aprovechar para ir a recortarme mientras llegaba el avión. Cuando regresé a la aduana ya el avión había aterrizado. El Señor Delegado venía bajando del avión muy sonriente, y dije para mis adentros: "Aquí estoy yo sudando, esperando desde hace dos horas, y él viene tan contento y sonriente". Cuando llegó donde mí, me echó el brazo y me dijo:

—*Lo felicito, el Santo Padre lo ha designado Cardenal.*

Y yo, para mis adentros pensé: "Esto sí que está bueno, después que llevo tanto tiempo esperándolo, ahora viene a darme una broma".

Llevó la mano al bolsillo interior del gabán y sacó un sobre grande que decía "Secretaría de Estado". Entonces reaccioné y me di cuenta de que la cosa parecía seria. Se pueden imaginar mi gran sorpresa al leer la carta en que el Santo Padre me designaba Cardenal Presbítero de la Santa Iglesia Romana. Entonces volví a preguntarme: "*¿Por qué a mí?*" En esta área del Caribe el único Cardenal que había habido era el de Cuba, Cardenal Arteaga Betancourt, de quien heredé el anillo del que les hablé cuando hicimos la campaña de recaudación de fondos para el Seminario Mayor en Ponce. Era el único. Había otros Obispos de grandes méritos, como Monseñor Beras, el Arzobispo de Santo Domingo. Por eso tenía que preguntarme: "*¿Por qué a mí?*"

Salimos del aeropuerto y nos fuimos al Arzobispado para planificar cómo dar la noticia al otro día. No podía hacerse pública hasta el mediodía de Roma que, por la diferencia de horas con Puerto Rico serían acá las 6:00 de la mañana del próximo día. Le dije al Señor Delegado que convocaría una conferencia de prensa para las 9:00 de la mañana en las oficinas del Arzobispado. Al día siguiente, temprano, recibí una llamada telefónica de una reportera muy amiga mía, ya que era la hija de un Superintendente Auxiliar de Escuelas en San Germán. Se llamaba Malén Rojas Daporta.

—*Lo llamo para felicitarlo y para que me confirme este notición* —me dijo.

Le contesté:

—*Malén, ustedes los periodistas no parecen guardar secretos. Esta noticia no puede darse hasta que no se haga pública en Roma.*

A lo que ella me contestó:

—*Ya nosotros la recibimos por cable, de manera que ya se sabe en el mundo entero.*

En eso recibí también un telegrama de Roma, de un sacerdote que me había acompañado aquí en Puerto Rico y que estaba estudiando Derecho Canónico allá, felicitándome, porque la noticia ya se había hecho pública en Roma.

Tuvimos la conferencia de prensa, se hizo pública la noticia y, naturalmente, se levantó un gran revuelo entre el personal inmediato de las oficinas y la familia. Comenzaron inmediatamente los comentarios y las conjeturas. La pregunta inmediata fue si me quedaría en San Juan o me llevarían a Roma. Para esa época yo no había aún celebrado las Bodas de Plata Sacerdotales, llevaba sólo nueve años como Arzobispo y sólo tenía 50 años de edad, de manera que la noticia extrañó mucho.

Permítanme decirles lo siguiente: Ya en una ocasión el Delegado Apostólico, Monseñor Emmanuelle Clarizio, almorzando conmigo en el Arzobispado me dijo:

—*Para cuando usted sea Cardenal.*

Yo apenas tenía dos años de Arzobispo. Le contesté:

—*Eso será para ustedes, los del Cuerpo Diplomático.*

A lo que me contestó:

—*También puede ser para un Arzobispo como usted.*

Lo consideré un mero comentario y no le presté atención alguna. Después, el próximo Delegado Apostólico, Monseñor Antonio del Giudice, me hizo la misma broma:

—*Para cuando usted sea Cardenal.*

Les soy bien sincero, oía esas cosas y las consideraba un mero gesto de cortesía. No le daba ningún tipo de importancia, ni tan siquiera lo comentaba con alguien. Por eso se me hizo tan increíble la noticia. Pero, esa era la realidad y tuvimos que comenzar a prepararnos para el viaje a Roma. El Santo Padre había fijado la fecha del 5 de marzo de 1973 para la investidura y la recepción del Capelo Cardenalicio.

244

Unde hoc mihi: ¿Por qué a mí?
Memorias del Cardenal Luis Aponte Martínez

Comenzaron los preparativos. Podrán imaginarse la alegría de todos al conocer la noticia. Los medios de comunicación local le dieron gran importancia, pues me convertía en el primer Cardenal puertorriqueño, el "cardenal jíbaro", como empezaron a llamarme. Se hicieron arreglos con la Pan American para fletar un avión, de manera que pudiéramos viajar todos juntos a Roma. Se fue reuniendo un grupo de personas que quería acompañarme, casi 300. Entre ellas: doña Felisa Rincón, la famosa Alcaldesa de San Juan, y muchísimos otros amigos, como el doctor Luis Torres Oliver, hermano de Monseñor Fremiot Torres Oliver, Obispo de Ponce, y por supuesto mi madre, con toda la "tribu" familiar. Es interesante que siempre que viajaba a Roma mamá me preguntaba:

—*Luisito, ¿cuándo me llevas a ver al Santo Padre?*

Bromeando le respondía:

—*Mira, mamá, cuando voy a Roma no siempre juego dominó con el Santo Padre. Es una persona muy ocupada y sólo se visita por medio de una audiencia y para algo importante. Para lo demás están las Sagradas Congregaciones de la Santa Sede. Al Santo Padre se le consultan solamente los asuntos más excepcionales, de manera que no siempre que voy a Roma lo veo ni hablo con él.*

Pero ella tenía esa gran ilusión de ver al Santo Padre y se aprovechó del Cardenalato para montarse en el avión sin pedirle permiso a nadie, y así recogió, como dije antes, a la tribu completa. Fueron la mayoría de mis hermanos y hermanas, con sus esposas, esposos, hijos y nietos. Llegamos a Roma casi 300 personas. Algunos nos hospedamos en la casa de unas monjitas, cerca del Hotel Michelangelo y del Vaticano, desde donde se empezaron los preparativos inmediatos para la ceremonia. El protocolo para la recepción del Capelo Cardenalicio especifica que los nuevos Cardenales deben, el día anterior a la investidura, visitar primero al Secretario de Estado, quien presenta los candidatos al Santo Padre durante la ceremonia. De manera que fui a visitar al Cardenal Villot, Secretario de Estado, y en la conversación que tuvimos me preguntó:

—*¿Viene usted solo o acompañado?*

A lo que contesté:

—*Vengo con mi madre y 11 hermanos.*

Entonces, con gran asombro, me dijo:

—*Once hermanos, pues eso debe saberlo el Papa.*

Entonces añadí:

—*Bueno, 11 de mis 18 hermanos.*

Y con mayor asombro insistió:

—*¡Dieciocho hermanos! Definitivamente, esto tiene que saberlo el Papa.*

Me imaginé que era un gesto propio de un buen diplomático francés; pero, para mi gran sorpresa, al otro día, en plena homilía, el Santo Padre dijo:

—*Y entre los nuevos Cardenales está el Arzobispo de una de las más antiguas Diócesis del Nuevo Mundo, y con él, su madre con 12 de sus 18 hijos.*

En ese momento, las 10,000 personas que asistían a la ceremonia se pusieron de pie y le dieron a mamá una ovación de casi cinco minutos. De hecho, acá en Ponce, los que seguían la ceremonia a través de Telemundo, Canal 2, se tiraron a la calle a aplaudir a mamá a las 5:00 de la madrugada. Pensé que ése era el premio de toda una vida para una madre que se había sacrificado para educar a 18 hijos y tener la gran suerte de ver a uno elevado a la gran dignidad cardenalicia. Para mi madre aquél fue un día de gloria.

Al día siguiente fue diferente porque la ilusión de ella, naturalmente, era comulgar de manos del Santo Padre en la Misa de Acción de Gracias y entrega de los anillos, en la Basílica de San Pedro. Ella fue una de las tres personas que yo escogí para recibir la Comunión de manos del Santo Padre. Como éramos muchos, no se podía escoger un número grande de personas. Yo seleccioné a mamá; también a la que fue como mi madre adoptiva mientras estudiaba en Boston, doña Rita Laurano; y a mi hermana mayor, Panchita. Al momento de la comunión, el sacerdote encargado de acompañarla tardó y no pudo comulgar. Para ella fue una gran desilusión.

Pero al otro día el Santo Padre concedió una audiencia a cada uno de los nuevos Cardenales, con sus familiares y amigos. Tuve la gran dicha de que, a pesar de que el grupo era de 300 personas, pude conseguir entradas para 60. Lo más emocionante y consolador para mi madre fue que el Santo Padre Pablo VI la tomó de la mano y fue dando la vuelta saludando a todo el mundo con ella cogida de la mano. Él sintió tanta admiración por mamá porque, ciertamente, le impactó lo de los 18 hijos.

Esos eran los tiempos de la Encíclica "Humanae Vitae", en la que el Santo Padre exponía la importancia de la familia como núcleo de la sociedad, oponiéndose a todo aquello que amenazara los valores familiares y que tantos dolores de cabeza le ocasionó debido a la mucha resistencia que encontró, aun en muchos católicos. Naturalmente, poder presentar una madre de 18 hijos era, sin dudas, una gran lección para aquellos que habían manifestado oposición a la Encíclica. Era clara evidencia de que todavía había mujeres que se atrevían a tener 18 hijos, y al mismo tiempo ser catequista, rezadora y madre de un hogar y una familia numerosa.

Puedo decirles que para mí aquel fue, sobre todo, el momento de la gran ovación a ella, uno de los instantes más emocionantes de mi vida.

Estuvimos en Roma varios días, aprovechando la visita para que la familia y los amigos conocieran Roma. Como mamá era una gran devota de San Francisco de Asís, aproveché para llevarla a Asís y a Loretto. También me acompañó durante la toma de posesión de la Iglesia Titular.

A los Cardenales se les asigna una Iglesia Titular en Roma. Tuve la suerte que me tocara la Iglesia de la Divina Providencia, en el sector conocido como Monte Verde. A la toma de posesión me acompañaron Monseñor Emmanuelle Clarizio (nuestro Delegado Apostólico cuando se me nombró Arzobispo), todos los Obispos de Puerto Rico, sacerdotes y fieles que me habían acompañado. Asistió también una gran concurrencia de los fieles de la Parroquia.

Regresé a Puerto Rico con mamá y todo el grupo que me había acompañado. Al llegar al aeropuerto me esperaba el Señor Gobernador, Honorable Rafael Hernández Colón, y una gran concurrencia. Al otro día celebré Misa en la Catedral de San Juan. Me acompañaron Monseñor Beras, Arzobispo de Santo Domingo, y varios de nuestros Obispos. Celebré otra Misa en la Iglesia Santa Teresita, en la Calle Loíza de Santurce. Luego, a invitación de los Señores Obispos, visité y celebré la Santa Misa en las otras Diócesis.

Naturalmente, la más concurrida y solemne fue la que celebré en mi pueblo de Lajas. Como era de esperarse, allí me prepararon un gran recibimiento. El Señor Gobernador se trasladó a Lajas para recibirme. El Señor Alcalde, y la Policía, prácticamente cerraron el pueblo para que la gente pudiera moverse fácilmente. Para que hubiera mayor orden fue movilizada también la Guardia Nacional. La Misa se celebró en la plaza pública, frente a la Iglesia, y asistió una gran multitud.

Permítanme hacer aquí un paréntesis para agradecer a mi querido pueblo de Lajas, a sus Honorables Alcaldes y a los compueblanos en general, las muchas y grandes deferencias que siempre han tenido para con este servidor. También para mi familia. Ha sido muy significativo que hayan querido proclamar al pueblo "Ciudad Cardenalicia".

Hemos querido reciprocar, aunque en menor medida, donando a nuestra Diócesis de Mayagüez, cuyo Pastor Diocesano es nuestro querido y distinguido compueblano, Su Excelencia Reverendísima Monseñor Ulises Casiano Vargas, el predio de terreno segregado de nuestra finquita, donde un grupo de muy generosos conciudadanos se dieron a la tarea de levantar fondos y construir una preciosa Ermita dedicada a Santa Rosa de Lima en recuerdo de mi madre Rosa y mi abuela materna que también se llamaba Rosa.

Dicha Ermita queda en una lomita a metros de distancia del lugar donde vi la luz del día, con una vista preciosa hacia nuestro famoso valle de Lajas. Puede acomodar como unas 30 personas sentadas. La misma fue inaugurada y bendecida en Misa concelebrada por el Señor Obispo de Mayagüez, y este servidor, el día 30 de agosto de 1998. Nos acompañó el Honorable Señor Alcalde, Marcos (Turín) Irizarry, un gran número de compueblanos y familiares. Acostumbro celebrar en ella la Fiesta de Santa Rosa todos los años, y en otras ocasiones cuando la parroquia me invita. También el párroco, Padre Rafael Méndez, la usa para Misas de la comunidad.

Mi profunda gratitud al Arquitecto Héctor R. Espinal Pérez; al Contratista, Ingeniero Pedro Lluch Martínez; al Presidente del Comité Pro-Capilla del pueblo, Sr. Sigifredo Irizarry Tomei y su esposa Sylvia Romeu; a la Presidenta del Sub-Comité del Barrio La Haya, Sra. Carmen Martínez; a los miembros de ambos comités; a todos los contribuyentes y donantes.

Quiero hacer una mención especial al Señor Obispo de Mayagüez, Su Excelencia Reverendísima Monseñor Ulises Casiano Vargas, quien cooperó grandemente con este proyecto, consiguió una donación por parte de la Diócesis de Mayagüez de $20,000; y al Padre Rafy que, a nombre de la Parroquia de la Candelaria en Lajas, hizo una donación de $3,000.

Tan pronto regresé a la oficina para seguir la marcha normal de mis funciones, sucedió algo interesante: un grupo de mis colaboradores más íntimos quiso reunirse conmigo lo antes posible. Los reuní enseguida, entre ellos el Vicario de Pastoral, la Superintendente de Escuelas Católicas, las Coordinadoras de Catequesis, y otros. La gran preocupación de ellos era que yo fuera a cambiar mi método de trabajo. Les recordé que, gracias a Dios, nunca había permitido que los humos se me subieran a la cabeza, y que seguiría mi lucha normal, como de costumbre. Espero no haberlos decepcionado.

DÍA NORMAL DE TRABAJO

Mi día normal de trabajo era el siguiente: levantarme a las 5:00 ó 5:30 de la madrugada, rezar la primera parte del Oficio Divino, celebrar la Misa a las 7:00, desayunar, y ya a las 8:00 marchar a las oficinas.

En muchas ocasiones aprovechaba, antes de llegar a la oficina, para visitar alguna dependencia como las radioemisoras, el canal de televisión, las facilidades de ISTEPA y de la Superintendencia de Escuelas Católicas, el albergue del SIDA, los Centros de Catequesis, etc. De esta forma me mantenía en pleno contacto con las diferentes dependencias.

Al llegar a la oficina, dedicaba parte de la mañana a atender la correspondencia y asuntos relacionados con la administración de la Arquidiócesis. En el almuerzo, tomaba alguna fruta o algo ligero, descansaba un rato en la misma oficina y luego dedicaba la tarde mayormente a recibir personas o a celebrar reuniones, bien con los encargados de las diferentes dependencias, con grupos y con personas particulares. Terminaba mis funciones en la oficina hacia las 4:30 ó 5:00 de la tarde.

Al regresar a la residencia, me aseaba, terminaba el rezo, cenaba y me preparaba para salir a cumplir con los compromisos de las noches que, mayormente, eran Confirmaciones, reuniones, actividades pastorales u otros compromisos.

Eran muchas las reuniones a las que tenía que asistir durante mis días de trabajo: a las de la Conferencia Episcopal Puertorriqueña o sus Comisiones; a las de la Junta de Síndicos de la Universidad Católica en Ponce; a las del CELAM, durante el periodo que fui Presidente del Comité Económico y luego a las diferentes reuniones de Comisiones o Departamentos a las que tenía que asistir como representante del área del Caribe; por tres años a las reuniones de la Junta de Directores de "The Catholic Church Extension Society", en Chicago, Illinois; y a muchas otras con el equipo de trabajo de la Pastoral o de la Administración Arquidiocesana, incluidas las reuniones de Vicarías, del Consejo de Consultores, del Consejo Económico, del Consejo Presbiteral, y otras.

También tenía que viajar a Roma cuando el Santo Padre convocaba a los Cardenales, asistir a los Sínodos de Obispos para representar a la CEP y a otros organismos o grupos a los cuales yo pertenecía.

Tampoco faltaban las invitaciones para consagración de Obispos, ordenaciones de Diáconos y Sacerdotes, asistencia a funerales, y otro sinfín de actividades que necesitaría muchas páginas para resumir.

Tuve la gran pena de asistir a los funerales de tres Papas y la gran alegría de participar en tres cónclaves: la elección de Juan Pablo I, a la de

Juan Pablo II y a la de Benedicto XVI. Sentí gran pena por las muertes del
Papa Beato Juan XXIII quien me nombró Obispo; del Papa Pablo VI
quien me nombró Arzobispo Metropolitano de San Juan de Puerto Rico
y luego me elevó a la dignidad cardenalicia. Fue también el Papa Pablo VI
quien me concedió a la Virgen de la Providencia como Patrona Principal
de todo Puerto Rico según reza su Decreto. Éste fue un gran Papa para
Puerto Rico. Fue también el Papa que creó la Diócesis de Caguas.

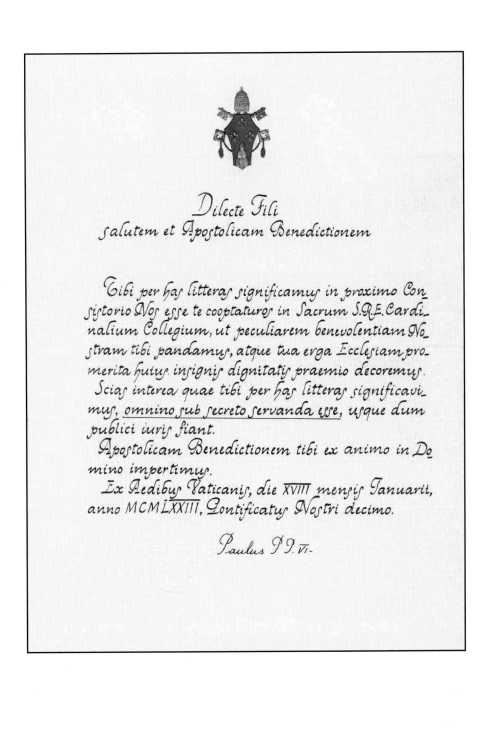

Dilecte Fili
salutem et Apostolicam Benedictionem

Tibi per has litteras significamus in proximo Con_
sistorio Nos esse te cooptaturos in Sacrum S.R.E. Cardi_
nalium Collegium, ut peculiarem benevolentiam No_
stram tibi pandamus, atque tua erga Ecclesiam pro_
merita huius insignis dignitatis praemio decoremus.
Scias interea quae tibi per has litteras significavi_
mus, omnino sub secreto servanda esse, usque dum
publici iuris fiant.
Apostolicam Benedictionem tibi ex animo in Do_
mino impertimus.
Ex Aedibus Vaticanis, die XVIII mensis Ianuarii,
anno MCMLXXIII, Pontificatus Nostri decimo.

Paulus PP. VI.

252

Unde hoc mihi: ¿Por qué a mí?
Memorias del Cardenal Luis Aponte Martínez

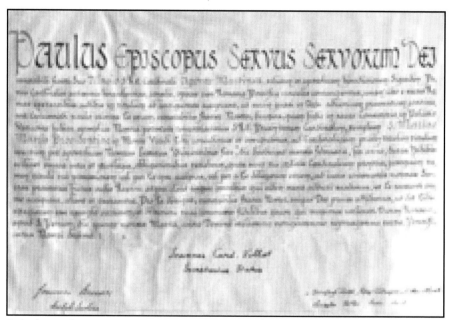

Bula de nombramiento como Cardenal Presbítero de la Santa Iglesia Romana,
5 de marzo de 1973.

Papa Pablo VI
Obispo, Siervo de los siervos de Dios

Al venerable hermano suyo, **Luis, S. R. E. Cardenal Aponte Martínez**, salud y bendición apostólica.

Aunque los Padres Cardenales están unidos con el Romano Pontífice con estrechos vínculos de afecto, reflexión y acción, por eso mismo reciben desde los tiempos más remotos uno de los templos sagrados de Roma como título, de modo que su presencia auxiliadora en la Urbe se haga como continua.

Queriendo honrarte también, venerable hermano Nuestro, con uno de estos títulos y habiéndose celebrado hoy en el Palacio Vaticano el santo Consistorio, con Nuestra potestad apostólica te nombramos **Cardenal Presbítero de la Santa Iglesia Romana** y te concedemos y asignamos el templo de **Santa María, Madre de la Providencia, en Monteverde**, que fue elevado a título cardenalicio presbiteral mediante la Carta Apostólica Nuestra "Gliscentibus fere", el doce de febrero de este año. Así mantendrás todos los derechos y privilegios concedidos como cumplirás tus obligaciones, cuantos son propios de tu orden cardenalicio, una vez que hayas tomado posesión de dicho título por ti mismo o por un delegado tuyo, según la normas habituales del Derecho.

Amonestamos al Rector de dicha iglesia, a su clero y a todos cuantos la frecuentan, a que te reciban, te atienda y honren con actitud reverente.

En favor tuyo, venerable hermano Nuestro, elevamos súplicas a Dios, para que te conceda ser ejemplo de las más nobles virtudes y de amor a los fieles que te han sido encomendados, para su mayor provecho.

Dado en Roma, junto a San Pedro, el día cinco del mes de Marzo del año del Señor mil novecientos setenta y tres, décimo de Nuestro Pontificado.

Juan Cardenal Villot, Secretario de Estado
Juan Benelli, Sustituto
José Rossi, Obispo Titular, Protonotario Apostólico
José Del Toro, Protonotario Apostólico

254

Unde hoc mihi: ¿Por qué a mí?
Memorias del Cardenal Luis Aponte Martínez

El día 28 de febrero de 1973, en
el aeropuerto Luis Muñoz Marín
momentos antes de salir hacia
Roma para recibir el Capelo
Cardenalicio.

Momentos en que el sastre del
Vaticano me prueba las vestiduras
purpuradas que habré de llevar
en la ceremonia de investidura.

El instante más solemne del Consistorio, que hizo dar un vuelco a los corazones de todos los puertorriqueños que se apretaron en el "Aula Nova" del Palacio Pontificio para ser testigos de este momento histórico: Su Santidad Pablo VI me impone el birrete cardenalicio, 5 de marzo de 1973.

Saludo a mamá después de mi investidura como Cardenal a la salida de la Basílica de San Pedro, en Roma, 5 de marzo de 1973.

Momento muy emotivo cuando mamá saluda al Santo Padre Pablo VI
en la audiencia privada en el Palacio Apostólico que siguió a la
Ceremonia de Investidura del Cardenalato, 1973.

Momento en que el Papa Pablo VI nos recibió en audiencia privada después de la
investidura como Cardenal. A su alrededor mamá y mis hermanos, algunos de los
Señores Obispos; doña Felisa; familiares, amigos y personal del Arzobispado que
me acompañaron, 7 de marzo de 1973.

Vista general del público que asistió a la Misa que celebré en la plaza de mi pueblo natal, Lajas, a mi regreso de Roma ya investido como Cardenal, 1 de abril de 1973.

Capilla Santa Rosa construida
en los terrenos donde nací,
en el Barrio La Haya, Lajas,
Diócesis de Mayagüez.

Capítulo XXI

DESIGNACIÓN Y CORONACIÓN DE LA VÍRGEN DE LA PROVINDENCIA COMO PATRONA DE PUERTO RICO

Al hablarles de la reunión del CELAM, que se celebró en Puerto Rico, recordarán que quise aprovechar la presencia de varios Cardenales, Arzobispos y Obispos de América Latina para coronar a la Virgen de la Providencia como Patrona de nuestro país.

Después de terminado el Concilio, en el año 1968, el Santo Padre, Pablo VI, convocó el Primer Sínodo Extraordinario de Obispos, que se celebró en el 1969. A este Sínodo debían asistir, "ex officio", todos los Presidentes de las Conferencias Episcopales. En aquel tiempo yo presidía la Conferencia Episcopal Puertorriqueña y me tocó asistir. En uno de los momentos que tuvimos el descanso para el café, me acerqué al Santo Padre y le dije:

—*Soy el Arzobispo de San Juan de Puerto Rico y tengo que lamentarme ante Su Santidad: ¡los puertorriqueños somos huérfanos!*

A lo que el Santo Padre me contestó:

—*¿Y como así?*

A lo que le respondí:

—*Porque no tenemos una Patrona para la Isla* —respondí.

Entonces me dijo:

—*Consulte con sus hermanos Obispos y con las autoridades civiles. Escríbame al efecto para considerar la posibilidad de designar una Patrona para Puerto Rico.*

Al regresar a Puerto Rico me reuní con los Señores Obispos y les conté mi conversación con el Santo Padre. Todos aceptaron, porque la Virgen de la Providencia ya había sido declarada Protectora de Puerto Rico el 12 de octubre de 1851, por el Obispo de Puerto Rico, Monseñor Gil Esteve.

En ese tiempo el Gobernador de Puerto Rico era don †Luis A. Ferré, a quien le consulté por carta. Contestó que por parte del Gobierno no había objeción alguna. Entonces le escribí al Papa Pablo VI.

Al poco tiempo recibí el Decreto de la Santa Sede, fechado el 19 de noviembre de 1969, en que se proclamaba a la Virgen de la Providencia "Patrona Principal de Puerto Rico".

Recibido el Decreto, pensé escoger una fecha apropiada para la ceremonia de Coronación, pero consideré que antes debía llevarse a cabo una buena preparación espiritual en toda la Isla. Invité al famoso Padre Peyton, el sacerdote que llevaba la Cruzada del Rosario con el lema "Familia que reza unida, permanece unida". Vino a Puerto Rico y realizó una misión preciosa por toda la Isla.

Mientras tanto, había una antigua imagen de la Virgen de la Providencia, que era la original que había traído el Señor Obispo Gil Esteve, de Barcelona. La mandamos de vuelta a Barcelona para restaurarla, de manera que fuera esa imagen, la original, la que utilizáramos para la Coronación.

Al volver la imagen la pusimos en la Iglesia de Santa Teresita, en la Calle Loíza, y ahí la dejamos hasta el día de la Coronación, el 5 de diciembre de 1976. Ese día, temprano por la mañana, recibí una llamada del Padre Tarsicio para informarme que la imagen de la Virgen había sido quemada. Le pregunté si estaba totalmente quemada y contestó que no, pero que estaba en muy malas condiciones. Toqué a la puerta al Cardenal Baggio, que esa noche había pernoctado en el Arzobispado, y le conté lo que había pasado. Me dijo:

—¿Qué vamos a hacer? ¡Lo mismo le sucedió a la Pietá en Roma!

262

Unde hoc mihi: ¿Por qué a mí?
Memorias del Cardenal Luis Aponte Martínez

A la hora señalada, como a las 9:00 de la mañana, nos dirigimos al Estadio Hiram Bithorn, en cuyos alrededores celebraríamos la ceremonia de coronación. Se había congregado una multitud de aproximadamente 250,000 personas de toda la Isla. La imagen estaba bastante quemada, pero yo no quise darle gusto al que la quemó: insistí en coronarla como estaba.

Algunos se oponían, sobre todo los médicos, pues temían que pudiera haber una histeria masiva. Pero yo puse toda mi confianza en Ella. Se me ocurrió entonces pedirle a Monseñor Rafael Fontánez que predicara a la gente, que hiciera una exhortación que más o menos insinuara lo que había sucedido, y que pidiera a la gente que perdonara al autor del sacrilegio, para que el impacto fuera menor.

Comenzó la procesión. Se notaban los rostros compungidos de los fieles. Mientras tanto, Monseñor Fontánez los exhortaba al perdón. Comenzó la Santa Misa. La predicación estuvo a cargo del gran Padre Junquera, aquel misionero Jesuíta que en los albores de mi sacerdocio, como ya les he dicho antes, estaba misionando aquí en Puerto Rico con el †Padre Céspedes, El Padre Junquera, después de terminar las misiones, se dedicó a llevar la Virgen de la Providencia por toda la Isla.

Recuerdo que, estando de párroco en Santa Isabel, me llamaron para ofrecerme la visita de la Virgen. Vino un grupo de personas, entre ellas doña Pepita Valdés, la que cedió a la Arquidiócesis la propiedad de la Casa del Reloj y fue Presidenta por muchos años de la Archicofradía de la Virgen de la Providencia. Si mal no recuerdo, la acompañaba también doña María Luisa González, quien la sucedió como Presidenta, y otra gran devota de la Virgen: doña María Teresa del Toro. Ellas tres acompañaban la Virgen que peregrinaba por todas las parroquias de la Isla. La imagen quedó como unos tres días en la parroquia y después volvieron para la despedida y se la llevaron a otro lugar.

Bueno, llegó el momento de la Coronación. Invité al Señor Obispo de Ponce, entonces Monseñor Fremiot Torres Oliver, y al Cardenal Baggio, a que me acompañaran. El Santo Padre había tenido la delicadeza de designarme su Delegado para la coronación, a pesar de que estaría presente el Cardenal Baggio que, como he señalado antes, era el Prefecto de la Sagrada Congregación para los Obispos y Presidente de la Comisión para América Latina. En su compañía coroné solemnemente a nuestra Patrona.

Aproveché entonces para recordarles a los fieles *que el fósforo no se había encendido tanto para quemar a la Virgen, como para encender en el corazón de todos nosotros un mayor amor a Ella.* Aquellas palabras fueron, en cierto modo, proféticas, porque a partir de ese momento se ha extendido grandemente por toda la Isla, y sobre todo en las comunidades puertorriqueñas de Estados Unidos, la devoción a la Virgen de la Providencia.

Son muchas las invitaciones que nos llegan para ir a celebrar la fiesta con nuestros hermanos puertorriqueños. Personalmente he estado en Filadelfia, invitado por el †Cardenal Kroll; en Boston, invitado por el Cardenal Law; en el Sur de Estados Unidos: Atlanta, California, Houston, Austin, Dallas; y otras muchas ciudades de los Estados Unidos: Nueva York, Chicago, Orlando, Miami, etc., predicando sobre la Virgen de la Providencia. En muchos de esos lugares hemos entronizado la imagen de la Virgen. No cabe duda de que la Virgen de la Providencia ha ayudado a las comunidades puertorriqueñas en los Estados Unidos a unirse, a aglutinarse.

En Nueva York el Cardenal Spellman comenzó la celebración de la Fiesta de San Juan Bautista. Comenzó como algo religioso, algo bien criollo, pero poco a poco se fue convirtiendo más bien en algo folklórico y casi político. Esto, gracias a Dios, no ha sucedido con la fiesta de la Virgen de la Divina Providencia. Digo esto con todo cariño, pues la verdad es que la Arquidiócesis de Nueva York ha sido muy constante y muy consistente en mantener esa fiesta para unir a los puertorriqueños, pero también hay que ser realista al señalar esa diferencia.

De manera que la devoción a la Virgen de la Providencia ha servido para unir a los puertorriqueños en muchos lugares de los Estados Unidos. La pena es que no podemos ir a todos los sitios que nos invitan, ya que muchas de las celebraciones coinciden con otras actividades acá en Puerto Rico. Pero ha sido una gran bendición y ayuda para el contacto con nuestras comunidades en Estados Unidos.

Ese día, gracias a Dios, terminamos la ceremonia de Coronación de la Virgen sin ningún incidente; al contrario, se notaba una gran devoción, un gran amor entre las más de 250,000 personas que asistieron. Considero ese día como uno de mis grandes momentos como Arzobispo de San Juan. Un día muy alegre porque, después de casi 500 años de devoción Mariana, dejaba a Puerto Rico una Patrona Oficial; pero muy triste también por el sacrilegio que se cometió contra Ella.

Y eso no fue todo. Habíamos usado una antigua imagen de Ella que teníamos en las oficinas arquidiocesanas para la visita a todos los pueblos de la Isla durante la gran misión del Padre Peyton. Al terminar la misión, que clausuramos en la Iglesia Santa Teresita en Santurce, la dejamos junto a la que nos quemaron. Esa imagen la decapitaron y al Niño Jesús le cercenaron los dedos de una de las manos. Después de la Coronación nos quemaron unas vestiduras antiguas (casullas y dalmáticas) que teníamos para el museo de la Catedral. Trataron también de quemar el altar mayor de la Catedral y nos dejaron blasfemias e insultos escritos con tinta negra bien gruesa en las paredes del Presbiterio. Durante la Coronación, nos cortaron los cables eléctricos que suministraban energía a la tarima principal. Gracias a Dios que teníamos una planta eléctrica instalada.

Parece que mientras nosotros nos desbordábamos de gozo por tener una Patrona común, la serpiente infernal se arrastraba vomitando ira y odio, pero la Madre en ningún momento nos abandonó: *"Bendita sea tu pureza y eternamente lo sea, pues todo un Dios se recrea en tan graciosa belleza"*.

A continuación el texto original:

DECRETO PATRONA DE PUERTO RICO

Madre de la Divina Providencia
Patrona de Puerto Rico

266

Unde hoc mihi: ¿Por qué a mí?
Memorias del Cardenal Luis Aponte Martínez

Decreto de concesión de la Virgen Madre de la Divina Providencia como
Patrona Principal de todo Puerto Rico, 11 de noviembre de 1969.

Papa Pablo VI
para perpetua memoria

Entre los asuntos y grandes preocupaciones propios del supremo Pontificado, que según los aconteceres cada día se acumulan en **Nos**, aquello que sobre todo levanta nuestro ánimo, aviva nuestra mente y robustece nuestro corazón es el incremento máximo de esa piedad y fervores del pueblo cristiano que le llevan a estar abrazado siempre a la purísima Madre de Cristo.

En verdad este amor a la Virgen es nuestro consuelo no sólo por ser en sí mismo admirable cuanto corresponde a la Madre de nuestro Dios y Salvador Jesucristo, a cuyo honor únicamente este amor cede, sino también por lo que ha sido siempre Maria como Madre común de todos los cristianos: auxilio, esperanza, seguridad y lo mismo refugio en los peligros, asechanzas y dificultades, que gozo en la afortunada prosperidad.

Por ello, como el venerable Hermano **Luis Aponte Martínez, Arzobispo de San Juan de Puerto Rico** y Presidente de la Conferencia de los Obispos de dicha nación, hubiera solicitado, en nombre suyo, del clero y de todo el pueblo, que la **Bienaventurada Virgen María de la Divina Providencia**, o como el pueblo la suele llamar, Nuestra Señora de la Divina Providencia, fuese declarada y establecida **Patrona principal de la entera Nación puertorriqueña**, lo cual ha concedido la Sagrada Congregación para el Culto Divino, según la potestad ordinaria por Nos otorgada, queremos Nos por completo conceder oficialmente tal honor y mediante esta Carta lo confirmamos, teniendo en cuenta el amor especialísimo que el noble pueblo Puertorriqueño siempre ha profesado a la Santa Madre de Cristo mediante esta advocación.

Por tanto deseamos que la **Bienaventurada Virgen María de la Divina Providencia**, o Nuestra Señora de la Divina Providencia, sea establecida y nombrada **Patrona principal de la entera Nación de Puerto Rico**, con todos los derechos y privilegios que le sean propios según las rúbricas.

Queremos que ésta **Nuestra** carta sea válida tanto ahora cuanto para siempre, sin que ningún obstáculo le sea contrario.

Dado en Roma, junto a San Pedro, con el anillo del Pescador, el día once del mes de noviembre del año del Señor mil novecientos sesenta y nueve, séptimo de Nuestro Pontificado.

Luis Cardenal Traglia, Canciller de la Santa Iglesia Romana
Francisco Teinello, Regente de la Chancillería Apostólica
José del Toro, Protonotario Apostólico
José Massimi, Protonotario Apostólico

268

Unde hoc mihi: ¿Por qué a mí?
Memorias del Cardenal Luis Aponte Martínez

Momentos al concluir la ceremonia de Coronación de la Virgen de la Divina Providencia como Patrona de Puerto Rico.

Vista general de los Cardenales, Arzobispos, Obispos, clero y fieles que se dieron cita en el área del estacionamiento del Estadio Hiram Bithorn para la ceremonia de Coronación de la Vírgen de la Providencia como Patrona de Puerto Rico, 5 de diciembre de 1976.

Vista de la miltitud que se congregó en el área del estacionamiento del
Estadio Hiram Bithorn para la Ceremonia de Coronación de la Vírgen
de la Providencia como Patrona de Puerto Rico, 5 de diciembre de 1976.

Momento solemne en el que, con gran emoción, tuve la gran dicha
de coronar a nuestra Patrona, la Vírgen de la Divina Providencia,
5 de diciembre de 1976.

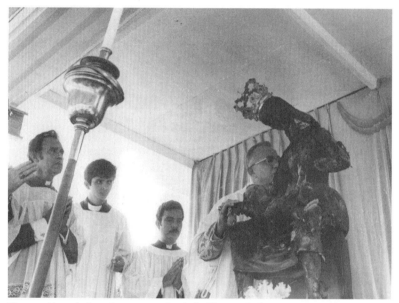

Veneración a la imagen quemada de la Virgen de la
Divina Providencia después de su Coronación.

Capítulo XXII

PROYECTO CONSTRUCCIÓN DEL SANTUARIO

274

Unde hoc mihi: ¿Por qué a mí?
Memorias del Cardenal Luis Aponte Martínez

Junto con la obra social, decidí empezar a promover la construcción del Santuario principal de la Virgen de la Divina Providencia. Lo primero, naturalmente, era buscar el lugar idóneo para construirlo. Fue una verdadera vía dolorosa porque tuvimos que luchar con 3 ó 4 gobiernos diferentes. Le estoy muy agradecido al licenciado Jaime Fonalledas, quien me acompañó en todo momento durante las muchas gestiones que debí hacer.

El área que parecía más idónea para el Santuario era donde antiguamente había estado la Marina, cerca de la lechería Tres Monjitas. Anduvimos mirando, haciendo planes y, como ya dije, luchando con 3 ó 4 gobiernos, hasta que por fin, cuando ya habíamos conseguido una oferta, nos dimos cuenta de que el acceso vehicular allí sería muy difícil. Hoy día ustedes pueden ver el problema que hay con el nuevo Coliseo de Puerto Rico que se ha construido en esa área.

Pero, Dios sabe lo que hace. En cierto modo fue providencial el que tuviéramos toda esta serie de contratiempos para conseguir el lugar idóneo, pues llegó el momento en que se desarrolló el área que ahora se conoce como la urbanización Los Paseos y se extendió la Avenida Las Cumbres. Esa avenida lleva casi directamente a unos terrenos que Monseñor Juan de Dios López de Victoria, q.e.p.d., quien fue el primer Obispo Auxiliar de San Juan, me había donado para la Arquidiócesis en el Barrio Cupey Alto de Río Piedras.

Es un buen predio de terreno con más de 40 cuerdas. Pensé que no había mejor lugar para construir el Santuario y tener allí una especie de oasis o pulmón espiritual para la Arquidiócesis y toda la Isla.

Nos decidimos a iniciar allí el proyecto. Lo primero fue anunciar un concurso entre arquitectos e ingenieros para el diseño del Santuario; ganó el primer premio el diseño que presentó la firma de Arquitectos de Tom Marvel. Se preparó una maqueta y se inició la compaña de recaudación de fondos. Se enviaron sobres a las parroquias, se hizo un radio maratón muy exitoso, y otras actividades con cuyos recaudos pudimos comenzar a preparar los terrenos. El 19 de noviembre de 1990 se bendijo la primera piedra. En la ceremonia de bendición me acompañó Monseñor Roberto O. González Nieves, actual Arzobispo de San Juan, quien para entonces era Obispo Auxiliar de la Arquidiócesis de Boston, y Monseñor Álvaro Corrada del Río, quien era Obispo Auxiliar de Washington para ese entonces y después fue Administrador Apostólico de la Diócesis de Caguas.

Con la ayuda de Monseñor Fontánez, y de algunos miembros de su equipo de trabajo, se inició la construcción de una Ermita para que los fieles comenzaran a conocer y peregrinar hacia el lugar, para que se celebrara la Santa Misa y para atender las necesidades espirituales de los peregrinos. La Ermita se bendijo el 8 de diciembre de 1991, siendo su primer Rector el Padre Mario Mesa Caparrós, O.F.M. Cap.

Se estableció la celebración de una Misa dominical a las 10:00 de la mañana. Comenzaron también a recibirse peregrinaciones de diferentes grupos y parroquias de toda la Isla. Como la propiedad es un campo dentro de la ciudad, se preparó un kiosco para la venta de frituras y refrigerios durante las actividades, y allegar así algunos fondos. Debo darle crédito a Miriam, mi secretaria de 35 años, quien junto a sus padres y otras amigas se encargaron de atender el kiosco durante muchísimos años.

Se formó un Comité de amigos que se comenzaron a reunir para coordinar actividades a más grande escala para la recaudación de fondos. Comenzaron los conciertos de gala que se celebraban en el Centro de Bellas Artes Luis A. Ferré. Se logró celebrar un radio maratón y, cuando adquirimos el canal 13 de televisión, se organizó también un telemaratón.

Como parte de las diferentes actividades para la recaudación de fondos, se llevó a cabo la campaña de la tarjeta familiar, que tuvo mucho éxito en las parroquias. También se organizó la venta de adoquines con el nombre de los donantes, sus familias o familiares difuntos, los cuales se colocarán al pie de la Cruz Monumental que está enclavada en la plazoleta principal del Santuario.

Entonces se intensificó el acondicionamiento de los terrenos. Se preparó el acceso por la parte Norte, se nivelaron algunas áreas, se canalizaron las quebradas y se extendió el acceso hasta la parte alta de los terrenos. Entre los años 1998 y 1999 se comenzó la construcción de la Plaza del Santuario, donde se erigió un altar y una Cruz Monumental de 150 pies de alto en la planicie de los terrenos, siendo ésta la tercera Cruz más alta de América.

Cuando se terminaron los trabajos de construcción del altar y la Cruz, a principios del 2000, ya yo estaba retirado como Arzobispo de San Juan. Cuando llegó el momento de la bendición, el Señor Arzobispo, Monseñor Roberto González, fijó la fecha para el 18 de noviembre de 2000 y quiso que fuera este servidor quien los bendijera.

El Señor Arzobispo ha continuado la obra del Santuario. Reorganizó el Comité de Actividades y seleccionó un nuevo equipo de arquitectos que han preparado un nuevo diseño del Santuario y una nueva maqueta.

Se han continuado con las actividades de recaudación de fondos y desde el año 2000 se instituyó "La Cena de Gala Pro-Santuario", que se celebra siempre el viernes más cercano a la fecha de la Solemnidad de la Virgen de la Providencia, 19 de noviembre, actividad que ya se ha institucionalizado y se lleva a cabo con mucho éxito.

Sé que se contemplan nuevos planes para asegurar el financiamiento y la operación del Santuario. Es muy necesario que sigamos acompañando estos esfuerzos con nuestras oraciones, entusiasmo y, sobre todo, generosidad.

EL VÍA CRUCIS

Cuando se me ocurrió la idea del Santuario, siempre albergué el anhelo de que el mismo pudiera ser un verdadero oasis espiritual para toda la familia puertorriqueña durante todo el año litúrgico. Por eso consideré que para el tiempo penitencial convenía tener un Vía Crucis donde los fieles pudieran meditar y reflexionar sobre la Pasión de Nuestro Señor. Mi deseo era que las imágenes fueran grandes y de gran impacto. Recordaba el Vía Crucis de la Gruta de Lourdes en Francia, y anhelaba algo parecido. Naturalmente, sabía que sería costoso.

Empecé a buscar dónde había algo parecido al de Lourdes. En una visita que hice a la Diócesis de Brownsville, Texas, cuando se instaló el Obispo actual, Monseñor Raymundo Peña, en el Santuario de Nuestra Señora de San Juan, ahí tropecé con el Vía Crucis que yo soñaba. Las imágenes descansaban sobre una plataforma y estaban instaladas alrededor del Santuario.

Al regresar a Puerto Rico le hablé al licenciado Fonalledas y se animó a acompañarme a visitar el lugar. Quedó verdaderamente impresionado y me apoyó en la idea de conseguir uno semejante para nuestro Santuario. Pronto descubrí una empresa alemana que se dedicaba a este tipo de obra de arte y me comuniqué con ellos.

Vinieron a visitar los terrenos del Santuario y aceptaron nuestra orden. Bien pronto nos enviaron unos diseños magníficos, los aprobamos y se comenzó la obra. Los talleres de esta empresa están ubicados al Norte de Italia, en la frontera con Austria. Tan pronto tuvieron las primeras imágenes me invitaron a ir a verlas y quedé muy complacido. Me enviaron inmediatamente dos, y cuantos las vieron quedaron muy complacidos. El licenciado Fonalledas me había prometido ayudarme con el costo de algunas de las imágenes, pero cuando vio las primeras se entusiasmó y se comprometió a obsequiarme el Vía Crucis completo. Muchos de ustedes ya lo han visto expuesto en Plaza Las Américas. De hecho, se está considerando comenzar la obra del Santuario instalando el Vía Crucis primero, de manera que los fieles puedan comenzar ya a visitarlo.

Deseo aprovechar para agradecer nuevamente al licenciado Fonalledas, y a su familia, este gran obsequio para nuestro Santuario, y también toda su dedicación desde el principio en cuanta actividad hemos tenido para el mismo. Mi gratitud también a su buena esposa Zoraidita. Que el Señor y la Virgen de la Divina Providencia les sigan bendiciendo por haber querido ser tan generosos con su Santuario.

278

Unde hoc mihi: ¿Por qué a mí?
Memorias del Cardenal Luis Aponte Martínez

SANTUARIO INSULAR DE LA VIRGEN
DE LA DIVINA PROVIDENCIA

Permítanme ahora recordarles lo siguiente: el Santuario de la Providencia será el primer y principal Santuario de Puerto Rico. De hecho, el Decreto mediante el cual el Santo Padre nos concede a la Virgen de la Divina Providencia como Patrona, dice: *"Patrona de todo Puerto Rico"*. De manera que no es Patrona de San Juan, de Arecibo ni de Caguas, sino Patrona de todo Puerto Rico. Por consiguiente, es la principal Patrona de Puerto Rico y el Santuario será el principal Santuario. Hay otros Santuarios venerables, como el de la Virgen de la Monserrate, en Hormigueros; el de la Virgen del Carmen, en la Santa Montaña; el de San Judas Tadeo en Ponce; y el de María Auxiliadora, en Cantera

Hay otros pequeños Santuarios, como el Calvario en Camuy y el Santuario del Señor de la Reconciliación, en Dorado. Pero el Santuario Principal será el de la Virgen de la Providencia. Ahí tendremos a nuestra Patrona que estará intercediendo por todos nosotros: sus hijos de Puerto Rico. Y recuerden que cuando el Santo Padre nos visitó en el 1984, nos exhortó a que le edificáramos el Santuario.

Han pasado más de 20 años y aún no le hemos correspondido. Vamos a hacerlo ahora como compromiso del nuevo milenio.

Ese ha sido el único objetivo "material" detrás de la redacción de estas memorias mías. En este momento le anuncio a todos que ABSOLU- TAMENTE TODO el dinero que genere la venta de este libro, tanto al presente como en el futuro, irá hacia la construcción y mantenimiento del Santuario Insular de la Virgen de la Divina Providencia.

Foto del momento de la ceremonia de bendición de la primera piedra del futuro
Santuario a la Vírgen de la Divina Providencia, 19 de noviembre de 1990.

Momentos de la ceremonia de bendición de la Ermita que se construyó como servicio al peregrino y para dar a conocer el área donde se construirá el futuro Santuario dedicado a la Vírgen de la Divina Providencia, Patrona de Puerto Rico. Vista del exterior e interior de la Capilla, 19 de noviembre de 1990.

Figura de bronce de tamaño natural
de la Estación XIII del Vía Crucis
que será colocada en el futuro santuario.

Figura de la Estación XIV del
Vía Crucis del futuro santuario.

Estación XV del Vía Crucis

Capítulo XXIII

LOS CÓNCLAVES

286

Unde hoc mihi: ¿Por qué a mí?
Memorias del Cardenal Luis Aponte Martínez

El Colegio Cardenalicio es el senado del Papa, y dos de sus principales deberes son: el gobierno de la Iglesia cuando la Sede queda vacante y la elección del nuevo Sumo Pontífice.

Así como tuve la dicha de ser el primer puertorriqueño en asistir a un Concilio, también fui el primero en participar, no sólo en uno, sino en tres cónclaves: el primero, para la elección del Papa Juan Pablo I; el segundo, para la elección de Juan Pablo II y el tercero para la elección de Benedicto XVI.

Ordinariamente un cónclave supone, por una parte, el fallecimiento de un Papa; por el otro, la gran responsabilidad de poder participar en la elección de su sucesor.

La muerte del Beato Juan XXIII fue una gran pérdida para toda la Iglesia, de manera particular para aquellos que habíamos tenido la dicha de conocerle, admirarle y poder apreciar su gran bondad, personalidad y, sobre todo, su santidad. A aquellos que tuvimos la dicha de ser nombrados por él para el Episcopado, nos tocó aún más de cerca.

En Roma hasta los taxistas hablaban de él y contaban algunas de sus experiencias, sobre todo cuando tuvieron que transportar a algún visitante a alguna audiencia y tropezarse sorpresivamente con él. Todos sabemos que al Beato Juan XXIII, a pesar de su edad, se le puede aplicar aquello que se dice de santos jóvenes: *Brevi tempore explevit tempora multa* (en poco tiempo hizo muchas cosas). Naturalmente, su convocatoria del Concilio Vaticano II y su gran visión durante el mismo ha sido el gran legado que dejó a la Iglesia Universal. Tuve la dicha y la pena de asistir a su funeral.

Durante los días del Concilio jamás noté la Plaza de San Pedro tan abarrotada de gente en gran recogimiento y silencio orando por el Pontífice difunto. Al final de la Misa del funeral, celebrada por el Cardenal Confalonieri, Decano del Sacro Colegio Cardenalicio, aquella gran multitud le dio una ovación de más de cinco minutos. Sin embargo, quedé un poco decepcionado porque esperaba que en aquel momento la gente lo proclamara santo por aclamación popular, como lo hicieron con Juan Pablo II. No sucedió, pero gracias a Dios ya es Beato, y espero que pronto sea canonizado.

A su sucesor, Pablo VI, le tocó poner en marcha el Concilio y ejecutar todos sus Decretos y Mandatos. Hombre de gran espiritualidad, no le faltó fortaleza para la titánica tarea que tenía por delante. Sabemos que sufrió mucho para poder lograr su gran reto, venciendo grandes obstáculos, sobre todo la incomprensión y las reacciones negativas de algunos, pero al fin *Venit, vidit, vincit* ("Vino, vio, venció").

La Iglesia puertorriqueña, y este servidor en particular, le debemos mucho a Pablo VI: nos concedió nuestra Patrona, la Virgen de la Divina Providencia. También nos otorgó el primer Arzobispo, y luego el primer y único Cardenal puertorriqueño hasta el día de hoy, en la persona de este humilde servidor. Por eso, y por tantas otras razones, sufrimos tanto su fallecimiento.

Eran casi las 12:00 del mediodía, nos encontrábamos en Bogotá toda la Directiva del CELAM, con el Cardenal Sebastiano Baggio, Prefecto de la Sagrada Congregación de Obispos y Presidente de la Comisión para América Latina (CAL). Estábamos dando los toques finales al instrumento de trabajo para la III Reunión del Episcopado Latinoamericano que se celebraría en Puebla, México, cuando recibimos la llamada de la Nunciatura Apostólica en Colombia. El Señor Nuncio, Su Excelencia Reverendísima Monseñor Eduardo Martínez Somalo, nos anunciaba la triste noticia de la agonía del Santo Padre. Terminamos rápidamente, me dirigí al aeropuerto para tratar de alcanzar el vuelo de las 5:00 de la tarde de la línea aérea colombiana, Avianca, y cuando me acerqué a conseguir el boleto aéreo me dijeron:

—*El Santo Padre acaba de morir.*

288

Unde hoc mihi: ¿Por qué a mí?
Memorias del Cardenal Luis Aponte Martínez

En Colombia le recordaban con gran cariño. Con su histórica visita del año 1968 les había robado los corazones. Tuvimos la dicha de acompañarle en esa ocasión. Aún recuerdo la gran tristeza que sentí durante todo aquel vuelo de regreso a Puerto Rico.

Al quedar la Sede vacante se dispone que todos los Cardenales nos dirijamos inmediatamente a Roma para hacernos cargo del Gobierno de la Iglesia, disponer el funeral del Papa difunto y preparar el Cónclave. Se suele tener una reunión por la mañana todos los días, presidida por el Camerlango. Pasado el funeral y el tiempo para iniciar el Cónclave, el Decano del Colegio preside una Misa, concelebrada por todos los demás Cardenales, para invocar la ayuda del Espíritu Santo para comenzar la elección. Como es sabido, la elección se celebra en la Capilla Sixtina.

Al día siguiente de mi regreso de Colombia salí para Roma. Solía hospedarme en la Casa Romana del Clero, en Vía Traspontina, a cinco minutos de la Plaza de San Pedro. Desde que se corrió la noticia de la enfermedad del Santo Padre, comenzaron los rumores en los medios de comunicación internacionales. Primero, sobre los posibles Cardenales papables y los atributos o defectos que le adjudicaban a unos y otros. De hecho, al llegar a Roma ya yo había recibido un libro de bastantes páginas, escrito por un sacerdote de Estados Unidos, donde nos clasificaba a todos: conservadores, liberales, reaccionarios, etc. A algunos de los posibles candidatos los tildaban hasta de masones. Por otra parte, se decía que el Cónclave podría durar hasta dos semanas debido a la variedad de características de los candidatos. De hecho, se decía que el Vaticano se había preparado para un Cónclave de semanas; pero como al nuevo Papa no lo eligen los medios, ni los falsos profetas, podemos decir que, en cierto modo, nos burlamos de todos. Bastó un solo día para la elección del nuevo Papa y los sorprendimos a todos.

La elección recayó precisamente sobre un Cardenal que había sido mi compañero de consistorio (elevado al cardenalato junto conmigo el 5 de marzo de 1973): el Cardenal Albino Luciani, quien, como recordaremos, fue el primer Papa en imponerse un doble nombre: Juan Pablo I. También fue el primero que no quiso la ceremonia de la coronación. Recuerdo que en las reuniones de las mañanas él se sentaba muy cerca de mí y siempre que pasaba se paraba a saludar con su linda sonrisa. Terminó, pues, el Cónclave, y luego asistimos a su instalación como Sumo Pontífice. Jamás se nos ocurrió en aquel momento que su Pontificado duraría sólo 33 días. Lo elegimos el 26 de agosto de 1978 y murió de un infarto el 28 de septiembre de 1978. Se le llamó el Papa de la sonrisa.

Elección del Papa Juan Pablo II

A los 33 días de la instalación de Juan Pablo I, como a las 3:00 de la mañana, una de las Religiosas que atendía el Palacio Arzobispal en el Viejo San Juan me tocó fuertemente a la puerta. Estaba profundamente dormido, pues me había acostado después de la medianoche. Los hermanos cubanos tuvieron una celebración en la Casa de España, a la que asistí, y entre discursos y cena terminamos casi a la medianoche. Por eso, un poco molesto, le pregunté a la Hermana:

—*¿Por qué me despierta?*

Entonces ella, con voz entrecortada, me dijo:

—*Han llamado que la radio está diciendo que el Papa ha muerto.*

—*Sí, el Papa murió hace más de un mes* —le respondí—. *Han escuchado un programa sobre la muerte del Papa Pablo VI.*

A lo que la Hermana me insistió:

—*Pero han llamado de Miami y de Ponce para informar de la muerte del Papa Juan Pablo I.*

—*Hermana, acuéstese tranquila. Temprano por la mañana llamaré a la Delegación Apostólica para confirmar la noticia* —le dije.

Efectivamente, tan pronto me levanté oí la noticia por radio e inmediatamente llamé al Señor Delegado Apostólico, quien me confirmó la muerte del Papa Juan Pablo I.

Me quedé inmóvil, estupefacto, y también preocupado, ya que ese mismo día tendría que encaminarme nuevamente para Roma. Preparé todo y salí en vuelo de Iberia a Madrid, con conexión a Roma. Me

290

Unde hoc mihi: ¿Por qué a mí?
Memorias del Cardenal Luis Aponte Martínez

hospedé donde siempre, en la Casa Romana del Clero, y comencé a asistir a todas las actividades y reuniones de rigor. Esta vez tuvimos mejor suerte porque fue en octubre y no hacía tanto calor como en el anterior Cónclave, que se celebró en agosto, pero no tuve la misma suerte con la habitación.

Durante los Cónclaves, para proteger la privacidad, la seriedad y el secreto del proceso, se nos preparaban habitaciones en el Palacio Apostólico. En muchos casos se trataba de las oficinas o facilidades de los oficiales de la Curia. En el primer Cónclave fui hospedado en la sacristía de la capilla del Secretario de Estado, donde tenía todas las facilidades, incluso las sanitarias, suerte que no alcanzaba a muchos. Por eso me levantaba a las 5:00 de la mañana para que el Cardenal Muñoz Duque, de Bogotá, Colombia, pudiera usarlo. En el segundo Cónclave me tocó una habitación herméticamente cerrada, sin facilidad alguna, excepto la cama. Menos mal que una de las ventanas tenía una rendijita y por ahí podía atisbar hacia el exterior. Recuerdo que no se nos permitían teléfonos, radio, televisión ni periódicos; no sé qué sucederá ahora con los celulares y el internet. Era un verdadero retiro.

Desde luego, salíamos para las actividades o podíamos, desde la azotea del Palacio, mirar hacia la Plaza de San Pedro y observar el bullicio de la gente en larga espera, ansiando el momento feliz en que apareciera la columna de humo blanco que anunciaría la elección del nuevo Pontífice. Para nosotros también fueron días de gran ansiedad. Algunos pensábamos que habíamos tenido suerte en el Cónclave anterior al encontrar un candidato rápidamente, pero ahora, ¿qué sucedería?

Por fin llegó el momento de entrar nuevamente a la Capilla Sixtina. El inicio del Cónclave es siempre precedido por una Misa al Espíritu Santo. Luego se entra en la Capilla Sixtina y allí quedamos solitos con el Espíritu Santo. Hay que guardar secreto de todo lo que sucede con relación a la elección; pero siempre hay detalles que salen fuera porque no violan el secreto. Considero que tampoco yo violo el secreto si les digo que viví uno de los momentos más emocionantes de mi vida. Diría que todos lo vivimos. La mayoría lloramos. Escogimos al Cardenal Karol Wojtyla, quien, en honor a su predecesor, escogió el nombre de Juan Pablo II. Con la elección de un Papa polaco habíamos descartado una tradición de siglos.

Tan pronto el nuevo Papa es elegido, pasa a la sacristía de la Capilla, se viste con la sotana blanca y una gran estola, y luego se sienta frente al altar para recibir la primera obediencia de los Cardenales, que es un saludo de rodillas para besarle el anillo. Fue tremendamente emocionante cuando nos arrodillábamos ante él. El momento que nos hizo sentir más emoción a todos fue ese que muchos de ustedes han visto en tarjetas: cuando el Cardenal Stefan Wyszynski, prisionero de guerra y mentor del nuevo Papa, se postró a sus pies; Juan Pablo le echó el brazo, no como un padre a su hijo, sino como un hijo a su padre. Ese momento nos estremeció a todos. Fue también muy emocionante la reacción de la gente en la Plaza cuando vieron aquel Papa tan joven, polaco, hablándoles en perfecto italiano. Lo demás es historia más que conocida, sobre todo el hecho de que su primer viaje oficial fuera a México, a América Latina, y luego visitara Puerto Rico en 1984. ¡El primer Papa en pisar y besar suelo puertorriqueño!

292

Unde hoc mihi: ¿Por qué a mí?
Memorias del Cardenal Luis Aponte Martínez

Momentos en que saludo
al que fue mi compañero
de Consistorio en el 1973
y luego elegido Papa en
el Cónclave de 1978,
el Papa Juan Pablo I.

Mi saludo al Papa Juan Pablo I en la ocasión de su reunión con los
demás Cardenales luego de haber sido elegido Sumo Pontífice, 1978.

Saludo a Su Santidad Juan Pablo II en la ceremonia de entronización como Sumo Pontífice, 1978.

Momento en que saludo a Karol Wojtyla al ser electo Papa, septiembre de 1978.

Su Santidad Juan Pablo I, quien
fue mi compañero de Consistorio
y asistí a su elección como Papa.

Capítulo XXIV

VISITA DEL SANTO PADRE A PUERTO RICO

298

Unde hoc mihi: ¿Por qué a mí?
Memorias del Cardenal Luis Aponte Martínez

En Puerto Rico hemos tenido grandes momentos inolvidables, pero para mí el más importante fue la visita del Santo Padre, Juan Pablo II, a Puerto Rico, en el 1984. Desde que hizo la primera visita a Santo Domingo en ruta a Puebla, México, pensé en la posibilidad de que pasara en algún momento por Puerto Rico. Insistí en otras ocasiones en que visitó América Latina, hasta que finalmente lo logré, cuando hizo su viaje a España en ruta a la República Dominicana, para iniciar la preparación del Quinto Centenario de la Evangelización de América. Todo sucedió de la siguiente manera:

Acostumbraba aprovechar mis vacaciones en el mes de julio para llevar grupos de peregrinos a Europa. Una parada obligada era España, Roma y, naturalmente, la asistencia a la audiencia general de los miércoles con el Santo Padre en el Vaticano. Durante el verano el Santo Padre solía estar en Castelgandolfo, donde hacía el tradicional rezo del Angelus los domingos al mediodía, como lo suele hacer cuando está en el Vaticano.

En julio del 1984 estábamos en Roma, y el grupo viajó a Castelgandolfo para el rezo del Angelus. Como no era visita coordinada con antelación, el grupo no tendría acceso al interior del patio, sino que recibiría la bendición desde las afueras. Como la actividad no era formal, me arriesgué a ir con el grupo vestido con mi traje clerical, en lugar del hábito negro, en la esperanza de que no me reconocieran, para no tener que presentarme ante el Santo Padre. Pero fue en vano.

Tan pronto me acerqué a los portones los Guardias Suizos me reconocieron y se lo comunicaron a uno de los ayudantes del Santo Padre. Tremenda fue mi sorpresa cuando después de la bendición me avisaron que el Santo Padre quería verme, y aún mayor fue mi sorpresa cuando me comunicó que en su próximo viaje a Santo Domingo, en el mes de octubre, visitaría también Puerto Rico, para que iniciáramos los preparativos de la visita. El miércoles siguiente asistimos con el grupo a la audiencia general en la Plaza de San Pedro, y al terminar la misma, se nos avisó que el Santo Padre quería tomarse una foto con el grupo de Puerto Rico, lo cual fue una sorpresa bien agradable para todos y una experiencia inolvidable.

Al regresar a Puerto Rico, y con el poco tiempo que teníamos, comenzamos inmediatamente los preparativos y arreglos con la Conferencia Episcopal y el Gobierno. Para ese entonces el Gobernador era el Honorable Carlos Romero Barceló, quien cooperó grandemente, por lo que tengo que agradecerle que nos brindara toda su colaboración.

Había que seleccionar un predio donde se pudiera acomodar la inmensa muchedumbre que anticipábamos. Debía ser también un lugar céntrico y bien accesible. Afortunadamente, para aquel tiempo el área Norte de Plaza Las Américas, contigua al Expreso de Diego, estaba libre; el licenciado Jaime Fonalledas, propietario, fue tan generoso que nos cedió el lugar.

Lo próximo era levantar un gran altar, suficientemente amplio para una Misa Papal con varios Cardenales, Obispos y cientos de sacerdotes. Nos dimos a la tarea: con la ayuda de Monseñor Víctor J. Torres, q.e.p.d., levantamos un altar que era una verdadera fortaleza.

Pero no faltaron las dificultades: primero, el Servicio Secreto de los Estados Unidos, que protege a los jefes de estado que visitan el país, prácticamente quería escondernos al Santo Padre. En aquellos tiempos estaba para la reelección el Presidente Reagan, la visita era en octubre y las elecciones en noviembre, y se había regado la voz de que venía un comando del Medio Oriente a Puerto Rico con la idea de hacerle daño al Santo Padre y así poner en dificultades la reelección de Reagan.

Por eso la seguridad era extrema, hasta el punto de que no querían que el Santo Padre pasara por el túnel Minillas hacia el lugar de la Santa Misa, lo cual nos creaba toda clase de dificultades. De hecho, cuando fui a inspeccionar el lugar donde se celebraría la Misa, me advirtieron que no podía poner a nadie en la parte izquierda del altar. Entonces les dije:

—El Santo Padre no ha venido aquí a ver vacas, viene a ver gente, y ese lugar está reservado para las Religiosas y los enfermos.

El jefe del servicio secreto respondió:

—Si hubiéramos sabido esto, hubiéramos rehusado la seguridad del Santo Padre, pues ni en Boston ni en Nueva York nos pasó algo semejante.

Le contesté:

—Tiene usted razón, en Boston y Nueva York a ustedes no les pasó esto porque fueron a recibir órdenes. Aquí han venido a darlas. Quiero aclararles que aquí las órdenes las doy yo porque soy el principal responsable de la persona del Santo Padre.

Ya desde antes, cuando ellos empezaron con sus exigencias, me quejé ante el Señor Gobernador y llamé a la Nunciatura Apostólica para cancelar la visita, ya que no quería traer al Santo Padre para que sólo viera el paisaje y las playas. Tuvimos otras dificultades con el gobierno de Estados Unidos, ya que el Señor Gobernador, como Primer Ejecutivo, quería dar la bienvenida al Santo Padre. En cambio, la Secretaría de Estado Federal, desde Washington, insistía en que darían la bienvenida en representación del Presidente de Estados Unidos. De hecho, había el rumor de que si no venía el Presidente, vendría el Vicepresidente Bush. Finalmente asistió el Secretario de Estado.

La llegada del Santo Padre fue el día 12 de octubre de 1984, fecha que coincidía con mi 24 aniversario de Ordenación Episcopal. El Santo Padre venía de la República Dominicana, donde había asistido a la inauguración del novenario para celebrar la llegada del Evangelio al Nuevo Mundo y el Descubrimiento de América. Le recibimos en el aeropuerto un buen grupo: todos los Obispos de Puerto Rico, el Señor Gobernador, el Secretario de Estado de los Estados Unidos, el Embajador Wilson (en ese momento Embajador de Washington ante la Santa Sede), Arzobispos y Obispos de otros países y un grupo de niños de las Escuelas Católicas que le presentaron un ramo de flores. Debido a las exigencias del Servicio Secreto norteamericano, hubo que trasladarlo en carro negro blindado. Naturalmente, él echó mucho de menos el Papa Móvil, pero aún así se daba cuenta del gentío y del calor humano que le manifestaba la gente, lanzándole a su paso rosas y toda clase de flores. Nos dirigimos por la Avenida Baldorioty de Castro hasta el Puente Dos Hermanos, de allí regresamos pasando por el túnel Minillas, y tomamos el Expreso Las Américas hasta llegar al área del altar.

Comenzó la Misa, y en la homilía el Santo Padre nos exhortó, entre otras muchas cosas, a construirle un Santuario a la Virgen de la Providencia. También nos recordó la gran tradición del jíbaro puertorriqueño de llevar el Rosario colgando del cuello. Se reunieron allí no menos de 750,000 personas, con la suerte de que ese día no nos llovió.

La semana antes, durante los preparativos, estuvo lloviendo torrencialmente; aun el día antes. Cuando fui al área del altar, Monseñor Víctor Torres, que Dios lo tenga en la gloria, quien estuvo a cargo de preparar el altar, me dijo:

—*Aquí difícilmente se podrá celebrar la Misa mañana, el área está fangosa y llena de charcos.*

Encomendamos la actividad a la misma Santísima Virgen y al otro día hizo un día precioso. La gente empezó a llegar desde temprano por la mañana, con sus paraguas, sombrillas, neveritas, sillas, etc., y se fueron acomodando a todo lo largo y ancho de aquella propiedad, sin importarles que estuviera fangosa. Tuvimos a Monseñor Capó motivando a la gente, y cuando el avión de la línea aérea Alitalia se acercaba, empezó a gritar:

—*¡Ahí viene Pedro, ahí viene Pedro!*

La gente entonó el lindo himno que compuso Monseñor Francisco Arenas, "Tú eres Pedro y sobre esta piedra, edificaré mi Iglesia", con una melodía muy pegajosa que la gente se aprendió rápidamente. La ceremonia fue preciosa, la conducta del pueblo, extraordinaria.

Terminada la Santa Misa nos dirigimos a la Universidad del Sagrado Corazón donde el Santo Padre, con su comitiva, cenaría con los Obispos. Después de la cena se reunió con todos los Religiosos y Religiosas; luego se reunió con un grupo de seglares, sobre todo con los líderes que habían ayudado en la coordinación y preparación de la visita. También se reunió con los miembros de la Junta de Síndicos de la Universidad del Sagrado Corazón. Fueron reuniones breves pero muy bien aprovechadas. De hecho, se me olvidaba decir que cerca del altar se colocaron los enfermos y personas en sillas de rueda para que, terminada la Misa, el Santo Padre se les acercara y los bendijera.

Fue una visita preciosa e histórica. Fueron momentos grandiosos en la historia de la Iglesia puertorriqueña. ¡La primera vez que un Papa nos visitaba!

Grupo que peregrinó a Europa con este servidor en el año 1984 cuando el Santo Padre Juan Pablo II, de feliz recordación, nos dió la grata noticia de que visitaría Puerto Rico el 12 de octubre de ese mismo año.

A la llegada a Puerto Rico el
Santo Padre Juan Pablo II
descendía del avión para besar
suelo boricua por primera vez,
12 de octubre de 1984.

A la llegada del Santo Padre al
aeropuerto en Puerto Rico, junto
a este servidor acercándonos a
saludar a los dignatarios que le
esperaban.

El Honorable Carlos Romero Barceló, Gobernador de Puerto Rico, y la Primera Dama, doña Kate, dan la bienvenida al Santo Padre a su llegada a la Base Aérea Muñiz. Observa a su lado el Honorable Luis. A. Ferré, 12 de octubre de 1984.

Parte de la multitud que se congregó para saludar al Papa Juan Pablo II.

Arriba: diferentes momentos en que el Papa tuvo la oportunidad de estar rodeado de las personas que se dieron cita en el área de Plaza Las Américas para participar de la Misa celebrada por él. Abajo: vista aérea de la multitud que se congregó ese día para saludar al Papa.

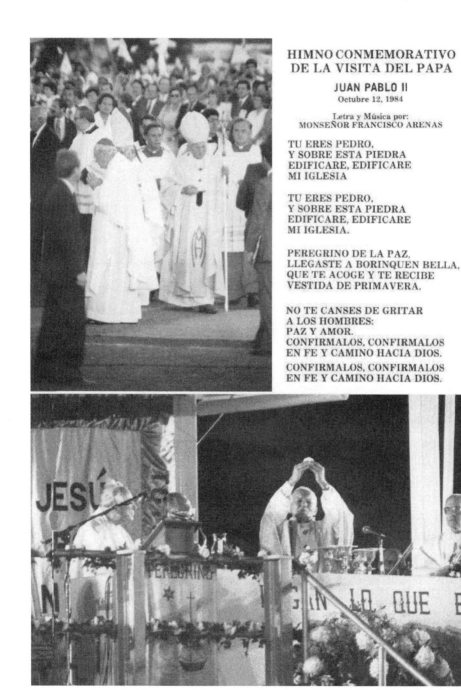

HIMNO CONMEMORATIVO
DE LA VISITA DEL PAPA

JUAN PABLO II
Octubre 12, 1984

Letra y Música por:
MONSEÑOR FRANCISCO ARENAS

TU ERES PEDRO,
Y SOBRE ESTA PIEDRA
EDIFICARE, EDIFICARE
MI IGLESIA

TU ERES PEDRO,
Y SOBRE ESTA PIEDRA
EDIFICARE, EDIFICARE
MI IGLESIA.

PEREGRINO DE LA PAZ,
LLEGASTE A BORINQUEN BELLA,
QUE TE ACOGE Y TE RECIBE
VESTIDA DE PRIMAVERA.

NO TE CANSES DE GRITAR
A LOS HOMBRES:
PAZ Y AMOR.
CONFIRMALOS, CONFIRMALOS
EN FE Y CAMINO HACIA DIOS.

CONFIRMALOS, CONFIRMALOS
EN FE Y CAMINO HACIA DIOS.

Dos momentos de la Misa que celebró el Papa Juan Pablo II durante su visita a Puerto Rico.

Vista del altar donde Su Santidad Juan Pablo II celebró la Santa Misa durante su visita a Puerto Rico en el 1984.

Momentos en que el Santo Padre saluda al personal de cocina que preparó la cena del día de su visita a Puerto Rico, 12 de octubre de 1984.

Al final del día, momentos en que el Santo Padre subía al avión para despedirse de su visita a Puerto Rico.

Capítulo XXV

VISITAS MEMORABLES

Recordarán que en el capítulo en que narro la visita del Papa Juan Pablo II a Puerto Rico, el 12 de octubre de 1984, les manifiesto que fue uno de los momentos más memorables en la historia de nuestra Iglesia.

Hay otras visitas que recordamos con gran emoción. Cuando se celebró el Congreso Mariano en Santo Domingo, República Dominicana, hacia el año 1962, nos visitaron personajes muy importantes, como el muy recordado Cardenal Raúl Silva Henríquez, Arzobispo de Santiago de Chile, quien fue designado por el Papa Pablo VI como Delegado Papal. De paso hacia la República Dominicana nos visitó y, por disposición del entonces Delegado Apostólico para Puerto Rico, Su Excelencia Reverendísima Monseñor Emmanuelle Clarizio, me tocó acompañarlo a Santo Domingo. Con ese mismo motivo nos visitaron el Cardenal Benjamín de Arriba y Castro, de Tarragona, España, y el Cardenal José H. Quintero Parra, de Caracas, Venezuela.

Con la llegada del Cardenal de Arriba y Castro, recuerdo que recibí un telegrama de la Nunciatura que leía algo así como: *"Llega Arriba Castro, favor de recibirlo".* Tuve que llamar a la Nunciatura para cerciorarme de que no se trataba de una de tantas bromas que entonces estaban de moda relacionadas con el Comandante cubano. De hecho, el Cardenal Arriba y Castro pernoctó en el Palacio Arzobispal.

Don Juan, Conde de Barcelona

Otra visita digna de recordar fue la que nos hizo Don Juan, Conde de Barcelona, padre del Rey Juan Carlos I de España. Venía acompañado de su esposa y su cuñada, la Princesa Margarita. De momento nos anunciaron que su yate había atracado en el muelle de San Juan y que solicitaba una Salve Marinera en el Altar de la Virgen de la Providencia en la Catedral. Conjuntamente se nos comunicó, desde el Ayuntamiento, que la Señora Alcaldesa de San Juan, Doña Felisa, le ofrecería un homenaje esa misma tarde y que nos invitaba. Fue un momento muy emocionante cuando al llegar se encontró en la Sala del Ayuntamiento a Don Pablo Casals y se confundieron en un gran abrazo. Se conocían hacía tiempo y también hacía tiempo que no se veían. Evidentemente se admiraban mutuamente, y el Conde no esperaba encontrarse con él esa noche. Fueron momentos de gran emoción para todos.

Primera visita del Rey Juan Carlos I de España

Siendo Gobernador de Puerto Rico el Honorable Carlos Romero Barceló, se detuvo aquí en Puerto Rico, en parada técnica para reabastecimiento de combustible para el avión en viaje a Sur América, el Rey Juan Carlos I. En aquella ocasión se nos invitó a la Base Aérea Muñiz a conocerlo y saludarlo. El gobierno se esmeró y le preparó una linda recepción.

Visita del Primer Ministro italiano, Sr. Aldo Moro

Siendo Gobernador el Honorable Rafael Hernández Colón, se celebró en un hotel de Puerto Rico una reunión cumbre de jefes de estado. Entre los Primeros Ministros presentes se encontraba el más tarde secuestrado y asesinado, Aldo Moro, Primer Ministro Italiano. Estaba a punto de comenzar la cena cuando una de las Religiosas de la casa me avisó que en la puerta del garaje había un señor llamado Aldo Moro, que deseaba saludarme. Se había identificado como Primer Ministro de Italia.

Bajé y me encontré con él en persona. Me saludó muy atento y me explicó que siempre que visitaba un país le gustaba hacer una visita a la Catedral y saludar al Obispo Residencial, si estaba disponible. Fíjense en las ironías de la vida: cuando bajé a despedirle noté que, además del vehículo oficial, le seguía otro vehículo con un grupo de guardaespaldas, rifles en mano. Cuando lo secuestraron en Monte Mario, Roma, la escolta llevaba las armas en el baúl del vehículo, costándole también la vida a varios de los miembros de la escolta. A él lo tuvieron secuestrado varios meses, hasta que lo asesinaron. Aldo Moro era un católico devotísimo, muy amigo del Papa Pablo VI, con quien colaboró activamente en la Acción Católica en Italia. De hecho, el Papa Pablo VI lo admiraba tanto que se ofreció como rehén para que lo liberaran, pero fue en vano. Siempre que voy a Roma y visito Monte Mario, hago que el conductor se desvíe para pasar a rezarle. En la verja del lugar del secuestro siempre hay flores y velas. A no dudarlo, ya hace tiempo que está en la presencia del Señor, en compañía del Papa Pablo VI. Dos santos.

Cardenal Terrence Cooke de Nueva York

Nos visitó también el Cardenal Cooke de Nueva York. Lo señalo porque su Causa de Beatificación está en proceso; si algún día es Beatificado, será otro santo más que nos ha visitado en vida. Era un hombre muy sencillo y humilde. De hecho, a mi regreso de Roma después del Cardenalato, me invitó al Seminario Mayor de Nueva York a sembrar un árbol en sus predios como recuerdo de mi visita. Esa era una tradición en Nueva York. Todo Cardenal que visitaba el Seminario Mayor, sembraba un árbol y lo dejaba como recuerdo de su visita.

Segunda visita del Rey Juan Carlos I de España

La Iglesia San José, que por años fue atendida por los Padres Paúles y sirvió como una de las parroquias del Viejo San Juan, había sido devuelta a la Arquidiócesis cuando me convertí en Arzobispo. Se usaba únicamente para una Misa dominical y alguna que otra ceremonia. Como se trata de un edificio tan antiguo, poco a poco se fue deteriorando y llegó el momento en que hubo que hacerle una buena restauración. Gracias a la buena disposición y gran generosidad del Dr. Ricardo Alegría, él se encargó de la misma con un costo ínfimo para la Arquidiócesis.

La Iglesia quedó preciosa, pero necesitábamos un buen Retablo para el Altar Mayor. Se hicieron las debidas gestiones y el doctor Alegría, a través del Instituto de Cooperación Hispano-Americano, consiguió un precioso Retablo. Aprovechamos la presencia del Rey Juan Carlos I, que con motivo de la celebración del Quinto Centenario del Descubrimiento de Puerto Rico, en 1992, nos visitó, y lo invitamos a que nos hiciera una entrega simbólica del mismo.

Tuvimos una ceremonia en la misma Iglesia San José y el Rey nos entregó simbólicamente el Retablo que ya se había instalado en el presbiterio de la Iglesia. Durante la recepción que tuvo lugar después, en el Centro de Recepciones del Gobierno, se suscitó un incidente gracioso. En medio de todo el protocolo y nerviosismo que existía con la presencia del Rey y demás personalidades, el Secretario de Estado del Gobierno Español distraídamente ocupó mi lugar. El Rey, lo más campechano, le gritó en voz alta:

—*Mira que tú no eres el Cardenal. Le has ocupado el asiento a Su Eminencia.*

Todo el mundo celebró la ocurrencia del Rey, pues muy pocos habían notado el despiste del Secretario de Estado Español.

Dos Cardenales

Poco antes de mi elevación al Cardenalato me visitaron dos Cardenales: El Cardenal Arturo Tabera Araoz, Claretiano; y el Cardenal Jean Danielou, Jesuita. Fueron visitas muy breves. El Cardenal Tabera fue después Prefecto para la Congregación del Culto Divino. El Cardenal Daniélou murió poco después.

Cardenal John O'Connor de Nueva York

Tan pronto fue designado Arzobispo de Nueva York, el Cardenal O'Connor me llamó por teléfono para manifestarme su deseo de venir a pasar un tiempo a San Juan y aprender español. Tuve la buena suerte de conseguirle una buena profesora de la Universidad de Puerto Rico, que le ofreció un curso intensivo de tres horas diarias durante 3 ó 4 semanas.

Se hospedó en la casa parroquial de la Parroquia Cristo Rey en la urbanización Los Maestros, donde convivió con el párroco, un sacerdote norteamericano Franciscano. Después de eso le oí decir muchas veces que había venido a Puerto Rico a aprender español y que más bien había aprendido puertorriqueño. Una de las últimas veces que me encontré con él antes de su muerte, causada por un cáncer, fue en Cuba durante la visita del Santo Padre.

Éstas son algunas de las visitas que recuerdo con mayor emoción.

MONSEÑOR LUIS APONTE MARTINEZ
ARZOBISPO DE PUERTO RICO

MI ANTEPASADO CARLOS IV DESIGNO PRIMER OBISPO
PUERTORRIQUEÑO, FELICITO CORDIALMENTE A PRIMER
ARZOBISPO NATIVO, SEGURO REPRESENTARA AMOR DE
PUERTO RICO, PERSONALIDAD HISTORICA Y RELIGIOSA DE
ESPAÑA. ROGANDO ME CONSIDEREN PRESENTE EN ESPIRITU
EN EL ACTO DE ENTREGA DE LLAVE DE LA CIUDAD DE
GRATISIMO RECUERDO PARA MI.

JUAN, CONDE DE BARCELONA

Visita a nuestra Catedral Metropolitana de Don Juan, Conde de Barcelona,
con su señora esposa, para el canto de la Salve a nuestra Patrona,
la Vírgen de la Divina Providencia, en el año 1968.

Capítulo XXVI

CENTROS DOCENTES QUE ME HAN OTORGADO GRADOS HONORÍFICOS

322

Unde hoc mihi: ¿Por qué a mí?
Memorias del Cardenal Luis Aponte Martínez

La Universidad de Fordham, New York — en esa ocasión la Universidad honró también al Vicepresidente Humphrey. Estaba presente doña Felisa Rincón, Alcaldesa de San Juan y gran amiga y admiradora del Vicepresidente.

Saint Leo College, Florida

Saint John's College, Vermont — el discurso principal estuvo a cargo de uno de los primeros astronautas.

Universidad Católica de Puerto Rico, Ponce

Universidad Interamericana de Puerto Rico, Recinto de San Germán, siendo Presidente el Sr. Sol Luis Descartes.

Mother Seton's University, New Jersey — siendo Arzobispo y Canciller, Su Excelencia Reverendísima Monseñor Teodoro McCarrick, actual Cardenal-Arzobispo de Washington, D.C. En esa ocasión fue honrado también el Ex Gobernador de Puerto Rico, Honorable Rafael Hernández Colón.

Universidad del Sagrado Corazón, Santurce.

Assumption College, Worcester, Massachussets.

Otros honores:

El Gobierno Español me concedió la Gran Cruz de Isabel La Católica.

El Presidente Balaguer de República Dominicana me concedió la Gran Cruz de la Orden de Duarte Sánchez y Mella.

La Medalla del Descubrimiento de América, otorgada por el Colegio de Armas de la Sociedad de Heráldica Española.

To the most Reverend
Luis aponte Martinez
with warm regards
and sincere respect
Hubert H Humphrey

Con el Vicepresidente Hubert Humphrey quien recibió, junto a este servidor, un Doctorado otorgado por la Universidad de Fordham en Nueva York.

324

Unde hoc mihi: ¿Por qué a mí?
Memorias del Cardenal Luis Aponte Martínez

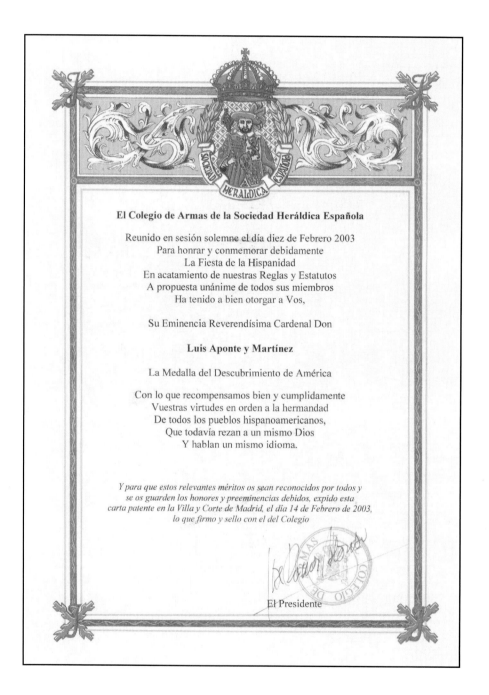

El Colegio de Armas de la Sociedad Heráldica Española

Reunido en sesión solemne el día diez de Febrero 2003
Para honrar y conmemorar debidamente
La Fiesta de la Hispanidad
En acatamiento de nuestras Reglas y Estatutos
A propuesta unánime de todos sus miembros
Ha tenido a bien otorgar a Vos,

Su Eminencia Reverendísima Cardenal Don

Luis Aponte y Martínez

La Medalla del Descubrimiento de América

Con lo que recompensamos bien y cumplidamente
Vuestras virtudes en orden a la hermandad
De todos los pueblos hispanoamericanos,
Que todavía rezan a un mismo Dios
Y hablan un mismo idioma.

*Y para que estos relevantes méritos os sean reconocidos por todos y
se os guarden los honores y preeminencias debidos, expido esta
carta patente en la Villa y Corte de Madrid, el día 14 de Febrero de 2003,
lo que firmo y sello con el del Colegio*

El Presidente

BODAS DE ORO
SACERDOTALES

328

Unde hoc mihi: ¿Por qué a mí?
Memorias del Cardenal Luis Aponte Martínez

Nunca fui muy amigo de la celebración de aniversarios y cumpleaños; pero, al cumplir mis 50 años de sacerdocio, en el 2000, consideré que debía celebrarlos de alguna forma, así que planifiqué un viaje a Roma y a España.

El Santo Padre solía celebrar diariamente la Santa Misa en su capilla privada y ordinariamente, a aquellos Obispos, Cardenales o sacerdotes que previamente hacían arreglos, podían concelebrar la Misa con él. De antemano llamé al Prefecto del Palacio Apostólico, quien tiene a su cargo las audiencias papales, e hice arreglos para concelebrar con el Santo Padre Juan Pablo II en su Capilla privada el día 10 de abril del 2000.

Después de la concelebración me dirigí a la Capilla del Santísimo, en la Basílica de San Pedro, e hice una visita al Santísimo Sacramento Expuesto, haciendo una Hora Santa en acción de gracias.

De Roma viajé a Burgos, España, a visitar un grupo de sacerdotes colaboradores quienes, después de muchos años de servicio ministerial en Puerto Rico, habían regresado a la Madre Patria.

Después de unos días con los amigos sacerdotes, volé a Sevilla para hacer realidad un sueño de muchos años: pasar una Semana Santa en esa hermosísima ciudad. Llegué Miércoles Santo y pude participar de muchas de las procesiones y admirar de cerca esas imágenes tan lindas (las que en España se conocen como "los pasos") que de día y de noche, hasta el Domingo de Pascua, se pasean por las calles de esa ciudad del Sur de España.

Fue una experiencia maravillosa. Presidí algunas de las procesiones y terminé con la de la Virgen de la Macarena, que para mí fue una de las más hermosas.

El Viernes Santo pude visitar brevemente al Señor Arzobispo de Sevilla, Monseñor Carlos Amigo Vallejo, ahora Cardenal.

Tengo que agradecer a los sacerdotes del Opus Dei, especialmente a don Antonio Ariza, hermano del Vicario del Opus Dei para Puerto Rico, Monseñor Vicente Ariza, que me acompañó en todo momento.

Consideré que esa era la mejor forma de agradecer al Sumo y Eterno Sacerdote mis 50 años de ministerio sacerdotal. También agradezco profundamente a todos aquellos que me ayudaron a celebrarlos y que me manifestaron cariño y reconocimiento.

Como parte de la celebración, Miriam, mi asistente de muchos años, preparó (con la aprobación del Señor Arzobispo) un suplemento especial que publicó el semanario católico *El Visitante*, cubriendo toda mi trayectoria religiosa. Fue una verdadera sorpresa para mí pues desconocía la preparación y publicación del mismo.

Al final de este capítulo incluyo varios testimonios que aparecieron en el suplemento, y algunas cartas de personas que de una forma u otra agradecieron mis años de servicio a la Iglesia puertorriqueña.

330

Unde hoc mihi: ¿Por qué a mí?
Memorias del Cardenal Luis Aponte Martínez

· Venerabili Fratri Nostro

ALOISIO S.R.E. CARDINALI APONTE MARTINEZ

Archiepiscopo olim Sancti Ioannis Portoricensis

Quamquam sollemni modo fortasse non celebraturus es foris memorabilem vitae tuae appropinquantem eventum, et quamquam non semel antehac totam Nostram operis sacerdotalis et episcopalis tui laudem testati sumus aestimationemque singularem longinqui ministerii tui pro carissimo Portus Divitis populo, has tamen manu Nostra hodie tibi inscribere volumus fraternas Litteras, ut inde participes omnino Nos futuros esse intellegas illius interioris consolationis ac laetationis quam '- uti precantes quidem exoptamus - aureum presbyteratus iubilaeum, die mensis Aprilis proximi decimo, abunde tibi adferet.

Decessores Nostri immortalis memoriae tum Ioannes XXIII tum Paulus VI pastorales tuas libentissimi agnoverunt virtutes, cum Auxiliaris episcopus eligereris Poncensis deindeque Ordinarius ipse. Similiter etiam inter Ecclesiae pastores elatus es, cum in Patrum Cardinalium adlegereris collegium, iam spectatus Praesul Sancti Ioannis Portoricensis. Industriam vero indefatigabilem tuam ac navitatem actuosissimam in aedificanda administrandaque communitate dilecta Sancti Ioannis nemo est qui ignoret, nemo quin vehementer miretur: at Nos in primis, qui tuo de fructuoso apostolatu sensus laetos plane ac iudicia honorifica priore anno declaravimus, cum munere gubernandae archidioecesis te ipse abdicasti.

De te igitur gloriatur patria tua merito et iure tamquam de primo suo Purpurato Ecclesiae Patre. De te, Venerabilis Frater Noster, laetatur archidioecesis illa tuaque rerum ferme triginta quattuor annos moderatione efficaci. Tecum propterea magnopere iuvabit ac decebit Nos veluti praesentes coniungi faustissimo sacerdotii tui anniversario die. Interim efflagitamus tibi a Divino ipso Pastore omniumque gratiarum Largitore copiosa meritorum egregiorum tuorum praemia iam nunc hisce in terris ac deinceps in Regno caelesti. Interea cogitamus te benevolentissimi, cui hanc tantopere placuit conscribere gratulationem fraternam mittereque simul largiter Apostolicam Nostram Benedictionem mentis Nostrae interpretem ac Dei miserentis venturorum posthac donorum conciliatricem certissimam.

Ex Aedibus Vaticanis, die X mensis Martii, anno MM, Pontificatus Nostri vicesimo secundo.

Joannes Paulus II

332

Unde hoc mihi: ¿Por qué a mí?
Memorias del Cardenal Luis Aponte Martínez

A Nuestro Venerable Hermano

LUIS S.R.E. CARDENAL APONTE MARTÍNEZ

anteriormente Arzobispo de San Juan de Puerto Rico

Aunque quizás no vayas a celebrar externamente un evento especial de tu vida que se acerca, y aunque anteriormente más de una vez hemos manifestado ampliamente nuestra alabanza por tu trabajo sacerdotal y episcopal, y la estima especial que merece tu largo ministerio en pro del muy querido pueblo de Puerto Rico, queremos hoy escribirte estas letras fraternas de Nuestro propio puño, para que con ello comprendas que nos haremos partícipes de la interior consolación y alegría que - como ciertamente pedimos en nuestras oraciones- te va proporcionar abundantemente el jubileo de tus Bodas de Oro Sacerdotales el próximo día 10 del mes de abril.

Nuestros predecesores de feliz memoria, tanto Juan XXIII cuanto Pablo VI, reconocieron con satisfacción tus virtudes pastorales, cuando fuiste escogido como obispo auxiliar de Ponce y más tarde Ordinario. De manera parecida fuiste exaltado entre los pastores de la Iglesia, cuando fuiste incorporado al colegio de los Padres Cardenales, esperado ya como Pastor de San Juan de Puerto Rico. Nadie puede ignorar, ni dejar de admirar profundamente, tus desvelos infatigables y pericia muy activa en levantar y dirigir la querida comunidad de San Juan: y en primer lugar Nosotros, que manifestamos claramente el año pasado nuestros sentimientos de alegría, y externamos juicios de gran honor cuando renunciaste al gobierno de la Arquidiócesis.

Con razón y justicia tu patria se gloria de ti como de su primer Padre Purpurado de la Iglesia. De ti, Venerable Hermano Nuestro, se alegra aquella Arquidiócesis y de tu dirección eficaz durante casi treinta y cuatro años. Por eso resultará agradable y muy justo que Nosotros participemos contigo, como si estuviéramos presentes, en el gran día de tu aniversario sacerdotal. Mientras llega ese momento, pedimos para ti al Divino Pastor y Dador de todas las gracias, un premio generoso a tus gloriosos méritos ya aquí en La tierra y después en la Patria Celestial. Entretanto te recordamos con gran benevolencia a ti, a quien nos agradó en gran manera escribirte este saludo fraternal y concederte a la vez abundantemente la Bendición Apostólica, expresión de nuestros sentimientos y portadora, sin lugar a dudas, de los bienes futuros del misericordioso Dios.

En la ciudad del Vaticano, día 10 del mes de Marzo del año 2000, vigésimo segundo de Nuestro Pontificado.

Momentos previos a la celebración de la Santa Misa con Su Santidad Juan Pablo II, con ocasión de mis Bodas de Oro Sacerdotales en la capilla privada del Papa en el Palacio Apostólico, Roma, 10 de abril de 2000.

En mis Bodas de Oro Sacerdotales tuve la gran dicha de concelebrar con el
Santo Padre en su capilla privada del Palacio Apostólico, 10 de abril de 2000.

En los 50 años de Ordenación Sacerdotal
y 40 Años de Consagración Episcopal

De Su Eminencia Reverendísima
El Señor Cardenal Luis Aponte Martínez

Es para mí fuente de alegría el homenaje tan merecido que la Arquidiócesis de San Juan y toda la Iglesia de Puerto Rico están ofreciendo al querido Arzobispo Metropolitano Emérito de San Juan, Su Eminencia Reverendísima el Señor Cardenal Luis Aponte Martínez.

Puerto Rico ha de estar satisfecho por tener entre sus hijos un prelado de tanto influjo en el desarrollo religioso y social que no pueda escribirse su historia sin contar con él. Entre sus méritos, está el ser el primer Cardenal con que cuenta la Iglesia de Puerto Rico, así como ser el segundo Obispo nativo de esta tierra. 50 años de sacerdocio de profunda vivencia y continua entrega a su grey, y más de 34 años al frente de la Arquidiócesis de San Juan en pleno desarrollo, no podrían menos de ser fuente de abundantes frutos.

De todos es bien conocido el amor indefectible del Señor Cardenal a Jesucristo, a la Santa Madre la Virgen María, a la Iglesia y a la Santa Sede; y su celo pastoral manifiesta la plenitud de un sacerdocio que se extiende desde sus primeros años en la Diócesis de Ponce hasta su culminación en la de San Juan.

Justo es, pues, que el Pueblo de Dios se goce de ello y que tenga este gesto público de gratitud que tanto le honra.

Como Representante del Santo Padre, quiero con estas letras unirme a tanta alegría que suscita este fausto acontecimiento del tan querido Señor Cardenal, y expresar que no sólo la Arquidiócesis de San Juan, sino también la Iglesia universal, a cuyo Colegio Cardenalicio pertenece, se siente orgullosa y agradecida, y eleva su oración al Padre Dios para que colme de bendiciones al Purpurado festejado, cardenal Aponte Martínez. Que esas bendiciones también se extiendan al Pueblo Cristiano a quien con tanta generosidad y cariño ha servido durante este medio siglo.

† François Bacqué
Arzobispo Titular de Gradisca
Delegado Apostólico

¡Enhorabuena!

De los cuarenta años que hasta este momento llevo en el servicio diplomático de la Santa Sede —una actividad que, como es sabido, se desarrolla en países diversos y durante períodos de tiempo por lo general no largos- fueron excepcionalmente nueve los que transcurrí en el Caribe, como Nuncio Apostólico en la República Dominicana y, a la vez, Delegado Apostólico para Puerto Rico. Con tal motivo, tuve la oportunidad de estrechar lazos de aprecio y de fraterna amistad con los miembros de los respectivos Episcopados.

Es, pues, con gran júbilo que vengo a saber que la Isla verde se dispone a recordar próximamente, con manifestaciones públicas, unas etapas significativas en la vida de un ilustre hijo suyo, el Señor Cardenal Luis Aponte Martínez, a saber: sus 50 años de Sacerdocio y 40 años de Episcopado, durante 35 de los cuales, tras dejar la Diócesis de Ponce, ocupó la sede metropolitana de San Juan. Son hechos por cierto dignos de consideración.

Se puede decir, por otra parte, que el Sr. Cardenal Aponte aún en vida ha pasado ya a la historia de la Isla, al haber sido el primer puertorriqueño a ocupar el cargo de Arzobispo de San Juan y el primer hijo del terruño a ser investido con la Púrpura Cardenalicia.

He sido testigo de sus desvelos por el afianzamiento de la vida católica y de su constante entrega al gobierno pastoral del territorio confiado por la Santa Sede a sus cuidados; de su filial devoción hacia la "Madre de la divina Providencia" y activo interés en erigir un digno Santuario en honor de esa Patrona de la Isla; de su inquietud por dotar a la Arquidiócesis de modernos medios de comunicación, como la Radio y la Televisión, para favorecer la difusión de la cultura religiosa; de sus reconocidas cualidades de buen organizador y solícito administrador; de su celo ejemplar en la guía de los fieles, promoviendo la sana doctrina en defensa de la Fe...

Ahora, desde el lugar de su merecido retiro, el antiguo Pastor de la Arquidiócesis de San Juan podrá observar, con íntimo regocijo y gratitud

al Señor, los frutos de su largo pastoreo, siguiendo a la vez sus nuevos desarrollos y acompañándolos en la plegaria.

En esta singular oportunidad, al inconfundible canto de los *coquíes* borinqueños en fiesta, quisiera unir también mi voz lejana, recordando de paso las atenciones y el trato fino que Su Eminencia siempre me dispensó. Ad multos annos!

Pretoria, 20 de septiembre de 2000.

Blasco Francisco Collaço
Nuncio Apostólico en la Rep. de Sudáfrica

Felicitaciones publicadas en el semanario *El Visitante*, de pasados Delegados Apostólicos, en ocasión de mis 50 años de sacerdote y 40 de Obispo.

336

Unde hoc mihi: ¿Por qué a mí?
Memorias del Cardenal Luis Aponte Martínez

APOSTOLIC NUNCIATURE
IN IRELAND

Dublín, 20 de septiembre de 2000

N. 4874/00

Eminencia,

Me agrada sobremanera asociarme al merecidísimo homenaje que la Iglesia en Puerto Rico, y todo el pueblo puertorriqueño, han querido ofrecer a Su Eminencia con motivo de sus Bodas de Oro Sacerdotales y Cuarenta años de labor Episcopal.

Tuve el privilegio de ser el Representante de Su Santidad el Papa Pablo VI en Puerto Rico cuando por primera vez en la historia un hijo de Puerto Rico fue llamado al Colegio Cardenalicio. Aún recuerdo la alegría que experimenté cuando fui a comunicarle la noticia de su elevación al Cardenalato. Ciertamente fue un momento cumbre de mi servicio como Nuncio Apostólico en ese querido país.

Recuerdo también con especial cariño y gratitud los momentos felices e inolvidables que pasé como huésped en la casa de Su Eminencia, disfrutando de la cálida y graciosa hospitalidad que en tantas ocasiones me brindó.

Es ciertamente providencial que esta celebración caiga dentro del marco del Gran Jubileo de la Redención, pues no tengo duda que constituirá un auténtico momento de júbilo para todo el pueblo que Su Eminencia ha servido tan fielmente y que tanto le debe. Que Dios Nuestro Señor le conceda experimentar la gratitud, la admiración y el afecto de todo el pueblo

Su Eminencia
Cardenal Luis Aponte Martínez
Arzobispo Emérito de San Juan de Puerto Rico
Apartado 9021967
San Juan 00902-1967
Puerto Rico

de Puerto Rico, y bendiga ricamente a todos y cada uno de los puertorriqueños juntamente con Su Eminencia.

Tenga la seguridad, Eminencia, que lo recordaré de manera muy especial el día 14 de octubre en mi Celebración Eucarística.

Encomendándole también a nuestra Madre, la Virgen Santísima, le envío un caluroso y fraternal abrazo, y quedo de Su Eminencia

Afectísimo y s.s. en Cristo

+ Luciano Storero
Nuncio Apostólico

Capítulo XXVIII

CELEBRACIÓN 80 CUMPLEAÑOS

340

Unde hoc mihi: ¿Por qué a mí?
Memorias del Cardenal Luis Aponte Martínez

Cuando cumplí 80 años de edad, en el año 2002, tanto Sor Isabel como Miriam insistieron que debía celebrarlos entre familiares y amigos, pues 80 años no se celebran todos los días. Acepté la propuesta y ellas se encargaron de prepararlo todo.

La celebración se inició con una Misa en Acción de Gracias al Señor, el sábado 3 de agosto de 2002, en la cancha bajo techo de la escuela elemental de la Academia San José de Villa Caparra. Tengo que agradecer a Monseñor Fontánez, Párroco, y a todo el personal de mantenimiento de la parroquia, por toda la colaboración y cooperación que prestaron a Miriam y a Sor Isabel para que la celebración quedara tan preciosa como quedó.

Después de la Misa, en la misma cancha, Miriam y Sor Isabel habían preparado el salón de recepción para la cena que se compartió con todos los invitados. Participaron el Señor Delegado Apostólico para Puerto Rico, Señores Obispos, sacerdotes de la Arquidiócesis, familiares y amigos más allegados.

Da la casualidad que, coincidiendo con la celebración de mis 80 años, los primos que tengo en Los Ángeles, California, habían organizado una excursión para visitar Puerto Rico con sus respectivos hijos y nietos; en total, unas 33 personas. De manera que se unieron a la celebración miembros de la familia hasta la sexta generación.

Quiero reiterar mi profundo agradecimiento a Sor Isabel y a Miriam por esta gran celebración.

A continuación fotos y cartas de felicitaciones con motivo de esta celebración.

SECRETARIA DE ESTADO

PRIMERA SECCION · ASUNTOS GENERALES

Vaticano, 3 de agosto de 2002

Señor Cardenal:

Con ocasión del día en que celebra su 80° cumpleaños, me es particularmente grato transmitirle el mensaje de felicitación que le dirige el Santo Padre:

"SEÑOR CARDENAL LUIS APONTE MARTÍNEZ
ARZOBISPO EMÉRITO DE SAN JUAN DE PUERTO RICO

AL CELEBRAR EN ACCIÓN DE GRACIAS A DIOS SU OCHENTA CUMPLEAÑOS, DESEO HACERLE LLEGAR MI MÁS CORDIAL FELICITACIÓN, UNIÉNDOME ESPIRITUALMENTE A CUANTOS EN ESTA CIRCUNSTANCIA LE EXPRESAN SU AFECTO SINCERO Y SU ADMIRACIÓN PROFUNDA POR ESTOS LARGOS Y FECUNDOS AÑOS VIVIDOS AL SERVICIO DE LA IGLESIA.

URGIDO POR LA CARIDAD DE CRISTO, SE DEDICÓ CON CELO AL GOBIERNO PASTORAL DE LA DIÓCESIS DE PONCE Y, MÁS TARDE, DE LA ARQUIDIÓCESIS DE SAN JUAN DE PUERTO RICO, PARTICIANDO ASÍ MISMO EN EL CONCILIO VATICANO II Y DESTACANDO SIEMPRE EN SU VIDA PASTORAL POR LA SOLICITUD HACIA TODOS. HOY, RODEADO DEL CARIÑO DE TANTOS SACERDOTES, COMUNIDADES RELIGIOSAS Y FIELES, SIGUE ANIMANDO CON SU ORACIÓN LA VIDA DE LA IGLESIA EN ESTOS COMIENZOS DE MILENIO.

EN ESTA FELIZ OCASIÓN, ELEVO MI PLEGARIA PARA QUE EL BUEN PASTOR LE CONCEDA ABUNDANTES DONES DE PAZ Y BIENESTAR ESPIRITUAL, E INVOCANDO LA PROTECCIÓN MATERNAL DE NUESTRA SEÑORA DE LA DIVINA PROVIDENCIA, LE IMPARTO CON GRAN AFECTO LA BENDICIÓN APOSTÓLICA, QUE EXTIENDO COMPLACIDO A LOS PARTICIPANTES EN LA CELEBRACIÓN JUBILAR.

IOANNES PAULUS PP. II"

Mientras le expreso también mi sincera felicitación, le renuevo, Señor Cardenal, los sentimientos de mi consideración y profunda estima en Cristo.

Señor Cardenal
Luis APONTE MARTÍNEZ
Arzobispo emérito de San Juan

SAN JUAN

Vista general de los sacerdotes,
diáconos e invitados a la celebración
Eucarística en acción de gracias por
mis 80 años de edad, en la cancha
de la escuela elemental de la Academia
San José de Villa Caparra, Guaynabo.

Obispos concelebrantes en la Misa de Acción de
Gracias por mis 80 años de edad. De izquierda
a derecha: S.E.R. Monseñor Rubén González
Medina, Obispo de Caguas; S.E.R. Monseñor
Timothy Broglio, Delegado Apostólico para
Puerto Rico; este servidor; S.E.R. Monseñor
Roberto O. González Nieves, Arzobispo de San
Juan; S.E.R. Monseñor Iñaki Mallona, Obispo de
Arecibo; y S.E.R. Monseñor Ulises Casiano
Vargas, Obispo de Mayagüez.

El Delegado Apostólico para Puerto Rico, S.E.R. Monseñor Timothy Broglio (izquierda) y S.E.R. Monseñor Roberto O. González Nieves, Arzobispo de San Juan (derecha), brindan junto a este servidor deseándome muchos años más de vida.

Miembros de la familia que me acompañaron en la celebración de mi 80 cumpleaños que, como digo en este libro, hay miembros de hasta la sexta generación. En la primera fila, parte de los hermanos y hermanas que pudieron acompañarme ese día. De izquierda a derecha: Ana, Rosín, Candy, Panchita (la mayor de todos), Elba (la menor de todos), y Santos.

344

Unde hoc mihi: ¿Por qué a mí?
Memorias del Cardenal Luis Aponte Martínez

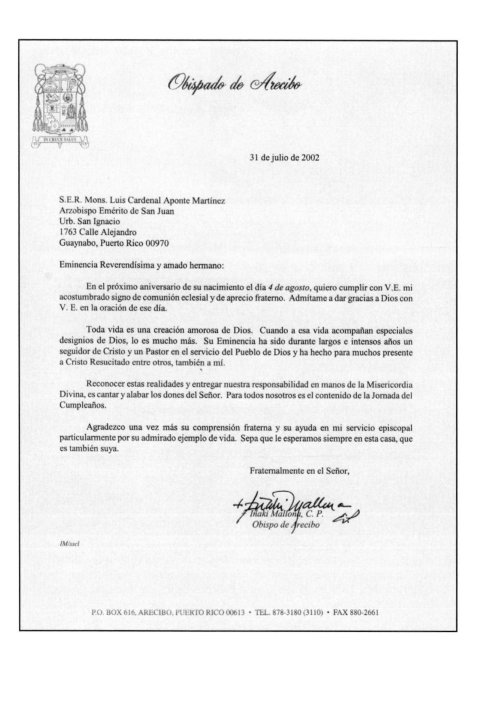

Obispado de Arecibo

31 de julio de 2002

S.E.R. Mons. Luis Cardenal Aponte Martínez
Arzobispo Emérito de San Juan
Urb. San Ignacio
1763 Calle Alejandro
Guaynabo, Puerto Rico 00970

Eminencia Reverendísima y amado hermano:

En el próximo aniversario de su nacimiento el día *4 de agosto*, quiero cumplir con V.E. mi acostumbrado signo de comunión eclesial y de aprecio fraterno. Admítame a dar gracias a Dios con V. E. en la oración de ese día.

Toda vida es una creación amorosa de Dios. Cuando a esa vida acompañan especiales designios de Dios, lo es mucho más. Su Eminencia ha sido durante largos e intensos años un seguidor de Cristo y un Pastor en el servicio del Pueblo de Dios y ha hecho para muchos presente a Cristo Resucitado entre otros, también a mí.

Reconocer estas realidades y entregar nuestra responsabilidad en manos de la Misericordia Divina, es cantar y alabar los dones del Señor. Para todos nosotros es el contenido de la Jornada del Cumpleaños.

Agradezco una vez más su comprensión fraterna y su ayuda en mi servicio episcopal particularmente por su admirado ejemplo de vida. Sepa que le esperamos siempre en esta casa, que es también suya.

Fraternalmente en el Señor,

+ Iñaki Mallona, C. P.
Obispo de Arecibo

IM/sscl

P.O. BOX 616, ARECIBO, PUERTO RICO 00613 • TEL. 878-3180 (3110) • FAX 880-2661

PONTIFICIUM CONSILIUM
PRO FAMILIA

Prot. N. 11/02   Ciudad del Vaticano, 22 de julio de 2002

Eminencia Reverendísima:

Es para mí muy grato tener la ocasión de expresarle mi más cordial felicitación con motivo del día de su compleannos, así como desearle toda clase de bienes con tan fausto motivo.

Asegurándole mi recuerdo en la oración, aprovecho estas breves letras para manifestarle el testimonio de mi más distinguido aprecio, affmo. servidor suyo en Cristo.

Un cordial abrazo,
+A. Ccard. Lóp

†Alfonso Cardenal, López Trujillo
Presidente

Su Eminencia el Sr. Cardenal
Luis APONTE MARTINEZ
Arcivescovo emerito di San Juan de Puerto Rico
Urbnizacion San Ignacio, Calle San Alejandro 1763,
San Juan, PR00927, **Peurto Rico**

09120 STATO CITTÀ DEL VATICANO
Ufficio: Piazza S. Calisto, 16 - 00153 Roma - Tel. 06-698.87243 - Fax 06-698.87272
E-mail: pcf@family.va

Capítulo XXIX

OTROS DATOS PERSONALES

348

Unde hoc mihi: ¿Por qué a mí?
Memorias del Cardenal Luis Aponte Martínez

Mis buenos amigos siempre han expresado interés por mi salud y mi bienestar en general. Además, tanto amigos como extraños me han manifestado, en muchas ocasiones, curiosidad por los asuntos más personales de un Cardenal. A veces me preguntan cómo vivo, qué como, qué leo, qué hago en mi tiempo libre. También me preguntan si hago cosas normales como ver televisión, oír radio, ir al médico, etcétera. En este capítulo contaré un poco sobre mi vida más personal.

Salud:

Siempre he gozado de magnífica salud, gracias a Dios. He tenido solamente dos enfermedades serias: en el 1968 empecé a sentir cierta acidez estomacal. Tres médicos amigos llegaron a la conclusión de que tenía cáncer muy avanzado en el colon. De hecho, uno de ellos me indicó que cualquier error del cirujano sería fatal. Me recomendaron a un gran gastroenterólogo en Filadelfia, el famoso Doctor Bochus, que tenía varios médicos de gran prestigio aquí en la Isla que habían sido sus discípulos.

Me preparé para salir para el hospital universitario en Filadelfia sin decirle a nadie el diagnóstico, sólo al Obispo Auxiliar, Monseñor Juan de Dios López de Victoria, a quien le pedí absoluto secreto y le indiqué que si algo me sucedía que avisara inmediatamente a la Delegación Apostólica. No quería alarmar al personal ni a la familia.

Llegué al hospital y, después de innumerables exámenes y análisis, el Doctor Bochus se dio por vencido porque no encontraba mal alguno, pero me recomendó una operación exploratoria. Consiguió él mismo al cirujano y le hizo la siguiente advertencia:

—*Te entrego este paciente. Atiéndelo bien, pues si le pasa algo no podrás volver a Puerto Rico de vacaciones.*

Siguieron las pruebas y los análisis. Tanto mi hermana Candy, quien vivía en Manhattan, Nueva York, y mi hermano Santos, desde Puerto Rico, se fueron conmigo al hospital. El día de la operación mi hermano Santos se me echó a llorar cuando le entregué el anillo y el reloj. En esos mismos momentos me aplicaron la anestesia, y no supe más del mundo hasta que desperté en una Unidad de Cuidados Intensivos con un fuerte dolor de espalda.

Tal parecía que la mesa de operaciones era de acero y que más que operación había sido algo así como una autopsia. No podía moverme. Al fin de cuentas la operación resultó ser, como se diría popularmente, "el parto de los montes" pues todo lo que pudieron extraer fue arenilla de la vesícula. Del tumor en el colon jamás se volvió a hablar.

Mi hermana Candy tenía que hacerme todo. Si mal no recuerdo, estuve tres días en intensivo y luego me pasaron a una habitación regular. Había llegado también mi hermana Rosín, que trabajaba en la oficina de Caridades Católicas en Nueva York, y se turnaba con Candy para atenderme.

Recuerdo que una de las personas que me visitó fue el Cardenal Krol, de Filadelfia, quien siempre fue un gran amigo. De hecho, después de eso me invitó varias veces para predicar a los hispanos en la Catedral. Salí del hospital el día después del asesinato del Senador Robert Kennedy. De hecho, mientras viajaba con Candy en un autobús a Nueva York, a él lo paseaban en tren por diferentes ciudades de los Estados Unidos.

Después de un tiempo razonable regresé a Puerto Rico y permanecí en convalecencia unos días más en la casa de campo de la Arquidiócesis, la que se conocía como "La Casa del Reloj", bajo el buen cuidado de las Religiosas que nos atendían en la Residencia Arzobispal.

La otra emergencia me sorprendió en Madrid, España, cuando me dirigía a Roma para la celebración de las Bodas de Plata del Pontificado

350

Unde hoc mihi: ¿Por qué a mí?
Memorias del Cardenal Luis Aponte Martínez

del Papa Juan Pablo II y la Beatificación de Madre Teresa de Calcutta, en octubre de 2003. Llegué viernes por la mañana a Madrid. Al anochecer noté que orinaba lo que parecía ser sangre. Yo había estado viendo a un Urólogo para examen de la próstata por lo que me asusté.

Al otro día, sábado temprano por la mañana, llamé a Monseñor Francisco Arenas, sacerdote español que fue uno de mis grandes colaboradores aquí en Puerto Rico en las parroquias de San José en Villa Caparra y Madre Cabrini en Caparra Heights, quien vive retirado en Madrid. Le expliqué lo que me sucedía y me dijo que por ser sábado sería muy difícil encontrar un especialista. Pero, diligente como siempre, poco después me llamó para decirme que vendría a recogerme para llevarme al Hospital Madrid. Dicho hospital está en el centro de Madrid, cerca de la Avenida San Bernardo. Perteneció a las Hermanas Mercedarias que luego lo pusieron en manos de un grupo médico. Mientras me hacían exámenes y análisis, llegó el Vicario de Sacerdotes de Madrid a saludarme a nombre del Señor Cardenal Rouco, Arzobispo de Madrid.

Hacia el mediodía me informaron que no había problema con la orina pero que debería volver por la tarde para otros exámenes. Al regresar me sometieron a exámenes de resonancia magnética y pensé que algo no andaba muy bien. Al final de la tarde me entregaron las radiografías y la recomendación final fue: siga a Roma pero regrese lo antes posible a su país y visite a su médico personal. Así lo hice al regresar a Puerto Rico.

Mi médico personal, Dr. Ramón Figueroa, al ver las radiografías, me advirtió que tendríamos que visitar a un buen amigo suyo, el Dr. Luis Báez Díaz, excelente oncólogo. Empecé a pensar que mis sospechas estaban bien fundadas. Visitamos al doctor Báez: más exámenes y me recomendó otro estudio de resonancia magnética. A los pocos días llevé las nuevas radiografías al oncólogo y el diagnóstico fue: tumor linfático en la parte izquierda del abdomen. Por su experiencia de condiciones como ésta, el doctor Báez me dijo que en seis meses podría estar totalmente recuperado si se comenzaba de inmediato con la quimioterapia, ya que no existía la necesidad de cirugía.

El tratamiento comenzó inmediatamente: pruebas de sangre, más análisis de laboratorios y finalmente las sesiones de quimioterapia, píldoras, antibióticos, inyecciones, etc. Mientras tanto, pérdida de peso y de pelo, pérdida del apetito, y hospitalización en dos ocasiones diferentes por fiebre muy alta. La hemoglobina, las plaquetas y los glóbulos blancos, todos en crisis. La hemoglobina llegó a bajar a 7.0; llegaron a pensar en transfusiones de sangre.

Al principio de todos estos incidentes, yo no le decía nada a la familia ni a los amigos. Mi hermano mayor, Miguel Antonio, estaba bastante grave, recién operado de cáncer también, y no quería alarmarlos ni hacerlos sufrir más. Pero cuando vino el resultado de la tercera resonancia magnética, y el radiólogo me dijo con gran asombro y sorpresa que el tumor había desaparecido, entonces no tuve temor de comunicarle a la familia lo que sucedía en realidad.

Después de eso: terminar el tratamiento de quimioterapia y empezar unas sesiones de radioterapia para eliminar todo vestigio del tumor. Ya para el mes de junio de 2004, el doctor Báez me dijo que podía irme tranquilo a pasar mis vacaciones del mes de julio a España.

Cada seis meses visito al médico y hasta ahora todo parece marchar viento en popa, gracias a Dios, al Beato Carlos Manuel (cuya reliquia permanecía en la mesita de noche junto a mi cama) y a los magníficos médicos y enfermeras que me atendieron. Al igual que a Sor Isabel y a Miriam que estuvieron en todo momento a mi lado, sin olvidar a las Hermanas de la Caridad del Hospital Auxilio Mutuo, de manera particular, a Sor Claribel, a Sor Luz Delia, y a Sor Clotilde del Río.

De hecho, quedé tan agradecido a todos los médicos, sobre todo al Dr. Luis Báez Díaz, que decidí invitarlos a una audiencia con el Santo Padre, ya que algunos habían expresado su deseo de conocerle. La Divina Providencia quiso que pudiéramos asistir a una de las últimas audiencias públicas del Papa Juan Pablo II, antes de enfermarse de gravedad. La misma fue la víspera del Día de Reyes, 5 de enero de 2005. Me acompañaron cinco médicos con sus respectivas familias y algunos amigos: 33 personas en total. Las fotos que acompañan este relato lo dicen todo. En esa ocasión vi al Santo Padre tan frágil que pensé que tal vez esa sería su última bendición a este servidor... y así fue.

Durante mi próxima visita al Vaticano lo que vi fue su cadáver expuesto frente al altar mayor de la Basílica de San Pedro. Ahí le recé todos los días mientras estaba expuesto antes del funeral. Una noche, sin planes al efecto, me encontré en compañía del Señor Obispo de Mayagüez, Monseñor Ulises Casiano, y el Señor Obispo de Ponce, Monseñor Félix Lázaro Martínez, quienes también fueron a presentarle homenaje de oración al difunto Pontífice.

Fuera de estas dos emergencias, de una pequeña intervención quirúrgica de hernia que apareció después de la primera operación y de las molestias que ocasiona una hernia en el esófago que he tenido por años, puedo dar gracias a Dios que me ha bendecido con magnífica salud. Por eso ahora todos me dicen: ¡qué bien se conserva! Lo cual me recuerda al anciano †Padre Pablo Gutiérrez, de los Padres Agustinos, que decía:

—*Ustedes los puertorriqueños son unos pícaros. Antes de los 60 años es: "¡Ay, qué bien te ves!, tú no te pones viejo, dame la receta". Después de los 60 es: "¡Ay, qué bien te conservas!" Como si uno fuera sardina en lata.*

Mi reacción a qué bien te conservas es: estoy plenamente reciclado sin someterme a ninguna clase de estironcito.

Además, otro de mis secretos ha sido, aparte de cumplir santamente con la siesta al mediodía, siempre dedicar una hora diaria al ejercicio, en especial al de caminar. Cuando estaba en funciones lo hacía en mi cuarto, en una trotadora. Ahora que estoy jubilado, lo hago caminando por las calles de la urbanización, excepto los días de lluvia.

Alimentación:

La buena salud se ha debido también, en parte, a mi régimen de comida. Puedo comer de todo. Soy muy buen diente, pero me cuido. De hecho, cuando estaba activo como Arzobispo, solía tomar un desayuno bastante ligero después de la Santa Misa: café, alguna galleta y alguna fruta, sobre todo guineos. Al mediodía me tomaba una fruta en la misma oficina y descansaba una hora. Por la tarde, cuando regresaba a la residencia, más o menos a las 5:00, me aseaba, terminaba el Oficio Divino (el rezo que obliga a los clérigos) cenaba y enseguida salía a los compromisos de la noche: reuniones, confirmaciones, celebraciones en las parroquias o alguna actividad de carácter social, etc.

En la cena solía comer, pollo, atún, sopón de gandules, carne, viandas, bacalao, pescado, carne beef con amarillitos fritos o tostones, frutas, etc. Me encanta la serenata de bacalao. Recuerdo que en la Visita Pastoral a una de las parroquias, uno de los fieles me invitó a comer a su casa. Le acepté la invitación, pero con una condición: que me preparara una buena serenata. (A él le extrañó tanto que fue a decirle al Párroco, que era un sacerdote español joven, que yo le había pedido una serenata de comida; el párroco le preguntó, ¿y a qué hora? Lógicamente, al sacerdote ser español, la única serenata que conocía era la musical. Desconocía que en Puerto Rico a la vianda acompañada de bacalao se le conoce como "serenata".

La verdad es que, como buen jíbaro, me encanta la comida común y sencilla: los asopaos, los sopones de gandules, el arroz con gandules o con habichuelas, el pescado y muy poca carne.

En cuanto a frutas, me encantan todas: el guineo, la china, la toronja, las uvas, la lechoza, las quenepas de Ponce, los mangós de Maya-güez, y nada como la piña cabezona de mi pueblo de Lajas. Cuando me criaba en el campo me encantaba el mamey, el guamá, la pomarrosa, la guanábana y el corazón.

Deportes:

Cuando niño en casa estaba prohibido jugar. Era tanto lo que había que hacer que no se podía perder el tiempo en juegos. Pero al maestro de tercer grado le encantaba la pelota (béisbol) y nos enseñó a jugarla a su manera y con sus reglas. Disfrutábamos muchísimo cuando dábamos un palo y la pelota caía en la quebrada que bordeaba el predio de terreno de la escuela; ya en nuestro tiempo aquello era un "home run".

En sexto grado teníamos muy buenos jugadores de baloncesto y voleibol. Me interesaba verlos jugar. Tanto en la escuela superior, como en el Seminario, practicábamos los mismos juegos antes mencionados.

354

Unde hoc mihi: ¿Por qué a mí?
Memorias del Cardenal Luis Aponte Martínez

A veces participaba pero nunca me destaqué en deportes. De hecho, en Boston empecé a aprender a jugar golf pero no perseveré.

Lo que sí me ha gustado mucho son los juegos de mesa. Desde pequeño aprendí con el abuelo y los tíos a jugar cartas. Primero fue la baraja española, jugando tute gallego y brisca. Después de sacerdote aprendí a jugar canasta y también "rummy 500".

Pero mi fuerte es el dominó. Es el que más practico y más me entretiene. De hecho, bromeando digo que no soy campeón, pero me paseo entre ellos. También siempre advierto que las reglas principales del juego son: de parte del adversario, sin trampas; de parte mía, sin mila-gritos. Ahora que tengo un poco más de tiempo lo practico por lo menos una vez a la semana, cuando puedo.

Me encanta ver los juegos de pelota por la televisión. Siempre que puedo los observo. Aquí casi nunca asisto a los parques, pero en Boston me encantaba ir al "Fenway Park" y pude ver jugar a fenómenos como Ted Williams, Joe Dimaggio, Hank Aaron y muchas otras estrellas del baseball del pasado. Los partidos que más disfruto son los de mis equipos preferidos "Red Sox" y los "Yankees". En Puerto Rico admiro a muchos jugadores como Roberto Clemente, a quien le celebré Misa en la Iglesia de San Fernando en Carolina, cuando murió. A dicha Misa asistió el equipo completo de los Piratas del Pittsburg. También admiro a Javi López, a Roberto Alomar, a Iván Rodríguez, a Bernie Williams y a muchos otros.

Radio y Televisión:

Me entretengo mucho con la radio y la televisión. De hecho, duermo con la radio sintonizada toda la noche. Me encanta enterarme primero de todas las noticias del país. Los programas de radio que no puedo escuchar de día, los oigo durante la repetición que hacen por la noche. Por lo que toca a la televisión, me interesan los noticiarios, lo mismo sigo los de aquí que los de la televisión española y norteamericana.

Me gusta mucho el cine pero rara vez voy a los teatros. Cuando hay una buena película la veo en televisión.

Lectura:

Me encanta leer pero, desgraciadamente, le dedico poco tiempo. Me refiero, naturalmente, a la lectura por placer, a diferencia de la lectura obligada. Diariamente leo la prensa, sobre todo los editoriales, las páginas de deportes y hasta las esquelas. Leo especialmente algunos periódicos y revistas religiosas, como *L'Osservatore Romano*, que es el órgano oficial de la Santa Sede y me llega con bastante regularidad. También leo semanarios como *El Visitante*, *The Pilot* (de la Arquidiócesis de Boston) y otros como *The Wanderer* y *Our Sunday Visitor*, que fue el que dio origen a nuestro semanario *El Visitante*.

Leo revistas tales como: *30 Giorni*, italiana; *Inside The Vatican*, publicada en Estados Unidos, y *Extension Society*, revista misionera.

Me encantan la historia y algunos tipos de novelas, especialmente las detectivescas o de espionaje, pero apenas puedo dedicarles tiempo, ya que son muchos los documentos oficiales que me llegan de la Santa Sede, del CELAM y de la Conferencia Episcopal. A esto habría que añadirle la numerosa correspondencia general y el hecho de que tengo el ya mencionado defecto en mi ojo derecho, que me cansa la vista. Por eso no leo todos los libros que me gustaría leer.

Música:

Disfruto tanto la música clásica como la criolla. Uno de mis complejos es que nunca pude aprender a tocar ningún instrumento. Me encantan la guitarra, el cuatro, el violín y el piano. Nunca aprendí a tocar ni siquiera el güícharo ni las maracas. La ópera y la zarzuela también me gustan, pero rara vez puedo darme ese gran lujo. Disfruto mucho las parrandas, los aguinaldos y la música típica de Navidad.

A grandes rasgos, estos son algunos datos personales de la vida de un Cardenal puertorriqueño de los siglos XX y XXI.

PREFETTURA
DELLA CASA PONTIFICIA

XXV DI PONTIFICATO

Sua Santità

Giovanni Paolo II

firma l'Esortazione Apostolica post sinodale

"Pastores gregis"

giovedì 16 ottobre 2003   ore 11

Aula Paolo VI

Invitación para asistir a la firma de la Exhortación Apostólica "Pastores gregis", que el Santo Padre Juan Pablo II firmó con motivo de las celebraciones de sus Bodas de Plata como Pontífice.

PREFETTURA
DELLA CASA PONTIFICIA

XXV DI PONTIFICATO

Il Santo Padre

Giovanni Paolo II

invita al pranzo

in occasione del 25° di Pontificato

sabato 18 ottobre 2003   ore 13

Domus Sanctae Marthae

Invitación al almuerzo ofrecido al Santo Padre Juan Pablo II en la ocasión de las celebración de sus Bodas de Plata como Pontífice.

Momento que recoge la asistencia a una de las tantas audiencias generales a las que asistían los grupos que este servidor llevaba en peregrinación por Europa. En primera fase, Sor María Mateos, una de las religiosas que me atendió en el Arzobispado por espacio de 35 años.

Momento en que recibo la Bendición del Santo Padre en mi última visita, el 5 de enero de 2005, días antes de su enfermedad fatal.

Foto del grupo de médicos, con sus familiares, que me acompañaron a la audiencia que nos concedió el Santo Padre, el 5 de enero de 2005, pocos días antes de su última enfermedad.

Capítulo XXX

BEATIFICACIÓN DEL BEATO CARLOS MANUEL RODRÍGUEZ

362

Unde hoc mihi: ¿Por qué a mí?
Memorias del Cardenal Luis Aponte Martínez

Al recordar momentos importantes en la vida de nuestra Iglesia, quisiera hablarles del proceso de Beatificación de Carlos Manuel Rodríguez: el "Beato Charlie".

Después de la visita del Santo Padre a Puerto Rico, el momento más significativo para Puerto Rico ha sido esta Beatificación llevada a cabo el domingo 29 de abril de 2001. Cuando era párroco en Santa Isabel había unas cuantas estudiantes en la Universidad de Puerto Rico, entre ellas Lavignia Ortiz (cariñosamente conocida como Lavi), ahora Hermana Lavignia Ortiz. Era una joven muy devota. Siempre que venía de vacaciones me visitaba y hablábamos de diferentes temas, pero mayormente del Centro Universitario Católico, del Padre Antonio González Quevedo, SJ, y de Charlie. Lavi lo había conocido y lo admiraba muchísimo. Por eso me motivó a visitarlo cuando estaba en los últimos días de su enfermedad. Estuve un ratito con él en su lecho de enfermo. Así conocí a nuestro primer Beato puertorriqueño, gracias a la Hermana Lavi.

Siendo ya Arzobispo de San Juan, se creó el Círculo que quería promover su Beatificación. Permítanme hacer un poco de historia: Carlos Manuel nació en Caguas el 22 de noviembre de 1918 y falleció en San Juan el 13 de julio de 1963. El 4 de octubre de 1987 se inició un Sínodo de Obispos en Roma y ese mismo año se declaró el *Año del Laico*. Un grupo de amigos de Carlos Manuel comenzaron la planificación del 25 aniversario de su muerte, que sería en el 1988. En ese momento se pensó en la posibilidad de iniciar su proceso de Beatificación, pues siempre se había distinguido como un modelo de vida cristiana.

Al principio pensé que era un poquito ilusorio, pues sabía lo que duraban estos procesos de beatificación. Pero al comenzar el Santo Padre a Beatificar a otros con tanta rapidez, pensé que no sería tan difícil. Por otra parte, el grupo de personas que formaba el Círculo ciertamente tenía gran entusiasmo y estaba dispuesto a echar la Causa para adelante.

Así fue que nos reunimos en varias ocasiones. El Padre Mario Mesa, presentó una ponencia sobre la vida y obra de Charlie, para probar que merecía el inicio de un proceso de canonización. El 17 de mayo de 1992 le solicité a la Congregación de la Causa de los Santos en Roma la aprobación (el nihil obstat), para iniciar el proceso. El permiso se otorgó el 12 de junio de 1992. El 15 de agosto de 1992 se creó el Tribunal que entendería en el proceso de Beatificación. Tuvimos la gran suerte de tener con nosotros a una persona como el Padre Mario Mesa, que ya conocía algo de los procesos de Beatificación; también se motivó al Abad de los Padres Benedictinos de Humacao, que en esos momentos, precisamente, era un hermano de sangre del Beato.

Recibida la autorización de la Santa Sede para iniciar el proceso, que tuvo su sesión de apertura en la sede del Arzobispado el 8 de diciembre de 1992, Fiesta de la Inmaculada Concepción, formamos el Tribunal. Tomamos a todos los Oficiales el juramento de rigor y se inició la ardua tarea de preparar la "Positio", o sea, el documento que reseña la vida y escritos, si algunos, del futuro Beato. A su hermano le sucedió como Abad el Padre Oscar Rivera, quien también tomó gran interés en la Causa; le nombramos Secretario del Tribunal. Teníamos, sin embargo, que vencer el mayor obstáculo: el milagro.

Para la Beatificación hay que presentar un milagro. En el grupo de trabajo estaba la Sra. Delis Aguiló, esposa del doctor †Francisco Aguiló, que alegaba haber sido curada de cáncer, gracias a la intervención del Beato. Tuvimos la buena suerte, y esto es digno de reseñarlo, de que entre los peritos que sometimos a Roma como testigos del milagro estuviera el doctor Norman Maldonado, que en esos momentos era nada menos que Presidente de la Universidad de Puerto Rico. Vino personalmente a dar testimonio de la veracidad del milagro.

Una vez que el milagro se somete a la Congregación para la Causa de los Santos, lo estudia un grupo de peritos en Roma, todos médicos de gran prestigio. Luego pasa a una comisión de teólogos, a la Comisión de los Cardenales y, finalmente, a la aprobación del Santo Padre. Cuando lo aprueba el Santo Padre, convoca un consistorio para declarar la aceptación del milagro. Entonces se le puede dar el título de "Venerable" al futuro Beato. Cuando se aprobó el milagro, el 20 de diciembre de 1999, yo estaba llegando a Roma, pero no se me informó que ese día el Santo Padre lo declararía válido. Por eso no pude estar presente.

La Conferencia Episcopal Puertorriqueña se tomó gran interés en el proceso. Siempre que yo iba a Roma, visitaba la Congregación para averiguar cómo iba la Causa. Cuando fuimos a la última visita "Ad Límina" en 1999, antes de la Beatificación, todos los Obispos visitamos al Cardenal Saraiva, Prefecto de la Congregación, para hablarle de la Causa y expresarle nuestro deseo de que se acelerara. Enfatizamos que se trataba del primer joven laico de América Latina que sería beatificado.

Es verdad que ya se había beatificado a Juan Diego, de México, pero ahora se trataba de un caso muy especial porque era un joven universitario. Utilizamos este argumento para acelerar el proceso y evidentemente tuvo su efecto, pues al poco tiempo, el 12 de octubre del 2000, en carta de la Secretaría de Estado de la Santa Sede, nos avisaron que el Santo Padre había aprobado la Causa, y que había fijado la fecha del 29 de abril de 2001 para la gran ceremonia de la beatificación. El proceso de beatificación había durado, desde su apertura en 1992 hasta la beatificación, ocho años, cuatro meses y 21 días: uno de los más cortos del siglo XX. Entonces nos visitó el Postulador de la Causa para darnos las instrucciones sobre el proceso.

Lo primero era exhumar los restos de Charlie. A esos efectos me trasladé al cementerio de Caguas con Monseñor Álvaro Corrada del Río (quien actuaba como Administrador Apostólico en la Diócesis de Caguas), el Abad Oscar Rivera, las hermanas del futuro Beato y miembros del Círculo. Se exhumaron los restos para llevarlos al Postulador, quien prepararía las Reliquias para el momento de la beatificación.

Llegó el momento de la beatificación y muchos puertorriqueños se dieron cita en Roma para este gran acontecimiento. El día 29 de abril de 2001, hacia las 10:00 de la mañana (hora de Roma), en la Plaza de San Pedro, el Papa Juan Pablo II beatificó a Carlos Manuel junto a otros cuatro Siervos de Dios.

El día antes de la beatificación celebramos las Vísperas en la Iglesia Santa María de la Traspontina de los Padres Carmelitas. Al otro día, por la mañana, la gran ceremonia con el Santo Padre.

Al tercer día, en la mañana, todo el grupo de Puerto Rico asistió a una audiencia con el Santo Padre en el Aula Pablo VI. En la tarde, hacia las 4:00, a solicitud del Sr. Arzobispo de San Juan, Monseñor Roberto O. González Nieves, presidí la Misa de Acción de Gracias. Ésta se celebró en el Altar de la Confesión, bajo la Gloria de Bernini, en la Basílica de San Pedro. La animó un coro formado y dirigido por la Profesora Norma Díaz. El Señor Arzobispo de San Juan tuvo a cargo la Homilía. Esta Misa se transmitió en vivo a Puerto Rico.

Regresamos a la Isla y comenzamos los preparativos para la ceremonia de traslado de los restos a la Catedral Dulce Nombre de Jesús, en Caguas, parroquia en la que Charlie nació y se inició en la fe. La ceremonia se celebró el 27 de mayo de 2001. Se trasladarían los restos desde la Abadía San Antonio de Abad, en Humacao, hasta el Parque Solá Morales de Caguas, donde a las 3:00 de la tarde los Señores Obispos concelebraron conmigo una solemnísima Misa Pontifical, con la asistencia de miles de fieles. Al culminar la ceremonia, los restos del Beato se llevaron en procesión hasta la Catedral, donde en un hermoso altar tuve la dicha de depositarlos para la veneración de los fieles.

Podríamos decir que esta beatificación fue el cierre simbólico, con broche de oro, de mi ministerio Episcopal, como Arzobispo Metropolitano de San Juan.

Tapiz que colgó del balcón de la Basílica de San Pedro durante la ceremonia de
Beatificación del Beato Carlos Manuel Rodríguez, 29 de abril de 2001.

Saludo al Papa Juan Pablo II en la ceremonia de Beatificación de Carlos Manuel
Rodríguez en la Plaza de San Pedro en Roma.

El Papa Juan Pablo II con los seminaristas de Puerto Rico, tanto del Seminario Menor
como del Mayor, en la audiencia que concedió al grupo de Puerto Rico en la
Beatificación de Carlos Manuel Rodríguez. También aparecen en la foto, a la izquierda
del Papa, el Señor Arzobispo, Monseñor Roberto González; y de derecha a izquierda:
Monseñor Rubén González, Obispo de Caguas y Monseñor Iñaki Mallona, Obispo de
Arecibo.

368

Unde hoc mihi: ¿Por qué a mí?
Memorias del Cardenal Luis Aponte Martínez

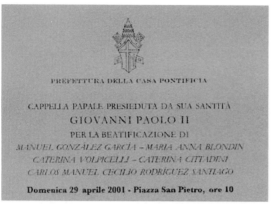

Boleto de acceso a la ceremonia de beatificación del Beato Carlos Manuel Rodríguez en la Plaza de San Pedro, Roma, celebrada el 29 de abril de 2001.

Procesión de entrada para la celebración eucarística que precedió al traslado y colocación de los restos del Beato Carlos Manuel Rodríguez en la Catedral de Caguas.

Traslado de la urna que contenía los restos mortales del Beato Carlos Manuel Rodríguez hasta que fueron depositados en la Catedral de Caguas.

Ceremonia de colocación de los restos del Beato Carlos Manuel Rodríguez en la Catedral de Caguas. Observan de izquierda a derecha: S.E.R. Monseñor Roberto O. González Nieves, Arzobispo de San Juan y S.E.R. Monseñor Rubén González Medina, Obispo de Caguas.

Beato Carlos Manuel Rodríguez.

Sello emitido por el sistema postal en conmemoración a la beatificación
del Beato Carlos Manuel Rodríguez, fechado el 27 de mayo de 2001,
día que fueron depositados sus restos en la Catedral de Caguas.

Capítulo XXXI

FALLECIMIENTO DE SU SANTIDAD JUAN PABLO II Y ASISTENCIA AL ÚLTIMO CÓNCLAVE

374

Unde hoc mihi: ¿Por qué a mí?
Memorias del Cardenal Luis Aponte Martínez

Antes de reseñar el fallecimiento del Papa Juan Pablo II y mi participación en el último cónclave, quiero hacer un breve recuento de lo que significó para los católicos la vida, la entrega y los años de Pontificado tan fructífero de este Papa.

Desde los primeros momentos de su elección y su aparición pública, su carisma y enorme personalidad fueron de gran impacto para todos. Desde sus inicios mostró su gran preocupación por la Iglesia Universal y la paz mundial; al igual que su gran amor por la humanidad.

Sus 26 años de Pontificado lo convirtieron en el tercer Papa de mayor duración en el solio pontificio, precediéndole el Beato Pío IX, con 32 años, y el primer Papa, San Pedro, con 39 años de Pontificado.

Su primer viaje fuera de Roma fue en febrero de 1979, para inaugurar y participar en la III Conferencia del Episcopado Latinoamericano que se celebró en la ciudad de Puebla, México. Dicha Conferencia fue convocada primero por el Papa Pablo VI. A su fallecimiento, la convocó nuevamente el Papa Juan Pablo I. Finalmente, la convocó el Papa Juan Pablo II. Sus 94 viajes por todo lo ancho y largo del mundo hicieron historia. Publicó 13 Encíclicas, 12 Exhortaciones Apostólicas, 10 Constituciones Apostólicas, 36 Cartas Apostólicas y 23 Motu Propios.

Fue precisamente el día 5 de enero de 2005, víspera de la Fiesta de Reyes, la última vez que tuve la gran dicha de estar en presencia de Su Santidad Juan Pablo II; asistí a lo que podríamos llamar la antepenúltima audiencia general del Papa, antes de fallecer. Como reseñé anteriormente, viajé a Roma en compañía de un grupo de médicos, con sus respectivas familias y otros amigos, para un total de 33 personas. La ilusión de ellos era asistir a una audiencia del Santo Padre.

Al saludarle, y luego recibir su bendición, presentí que sería la última que recibiría porque su salud estaba en plena decadencia. Católicos y no católicos del mundo entero intensificaron sus oraciones por su salud, ya que se notaba cómo la misma iba apagándose poco a poco. Finalmente, cuando el Vaticano comenzó a informar a los medios de comunicación el progreso de su gravedad, los mismos medios se hicieron eco de sus grandes méritos y aportaciones al bienestar, tanto espiritual como material, de la humanidad. Establecieron centros de comunicación en las mismas cercanías del Vaticano para poder seguir con todo lujo de detalles las noticias que emanaban sobre su gravedad, hasta que llegó el momento que todos esperábamos con gran tristeza: su fallecimiento.

El sábado, 2 de abril de 2005, el Papa Juan Pablo II murió a las 21:37 (hora de Roma) (3:37 de la tarde, hora de Puerto Rico). El mundo entero se estremeció con la noticia de su fallecimiento a consecuencia de un paro cardiorespiratorio, después de una crisis que se fue complicando durante los últimos días de marzo.

Como en los dos cónclaves anteriores, al recibir la noticia inicié los preparativos para salir al otro día para Roma, consciente de que este acontecimiento me convertía en uno de los pocos Cardenales contemporáneos que ha tenido la dicha de participar en tres Cónclaves. A pesar de que los Cardenales que hemos alcanzado los 80 años de edad no podemos ser electores, la Constitución Apostólica para la elección canónica de un Papa dispone que debemos participar en todo lo demás relacionado con la "Sede vacante", término que se utiliza para significar el período de tiempo que se extiende desde el fallecimiento de un Pontífice hasta la elección de su sucesor.

Durante dicho período de tiempo, toca a los Cardenales, por disposición de la Constitución Apostólica, el gobierno de la Iglesia. Como los tiempos cambian y las necesidades también, cada Pontífice se encarga de poner al día las disposiciones para la elección de un nuevo Papa. El Pontificado de Juan Pablo II duró más de 26 años y pasó de un siglo a otro; por consiguiente, Juan Pablo II consideró necesarios algunos cambios en las disposiciones anteriores. Afirmó lo siguiente:

376

Unde hoc mihi: ¿Por qué a mí?
Memorias del Cardenal Luis Aponte Martínez

"Mientras está vacante la Sede Apostólica, el Colegio de los Cardenales no tiene ninguna potestad o jurisdicción sobre las cuestiones que corresponden al Sumo Pontífice en vida o en el ejercicio de las funciones de su misión; todas estas cuestiones deben quedar reservadas exclusivamente al futuro Pontífice. Declaro, por lo tanto, inválido y nulo cualquier acto de potestad o de jurisdicción correspondiente al Romano Pontífice mientras vive o en el ejercicio de las funciones de su misión, que el Colegio mismo de los Cardenales decidiese ejercer, si no es en la medida expresamente consentida en esta Constitución. Mientras está vacante la Sede Apostólica, el gobierno de la Iglesia queda confiado al Colegio de los Cardenales solamente para el despacho de los asuntos ordinarios o de los inaplazables, y para la preparación de todo lo necesario para la elección del nuevo Pontífice. Esta tarea debe llevarse a cabo con los modos y los límites previstos por esta Constitución: por eso deben quedar absolutamente excluidos los asuntos, que sea por ley como por praxis- o son potestad únicamente del Romano Pontífice mismo, o se refieren a las normas para la elección del nuevo Pontífice según las disposiciones de la presente Constitución."

Esta nueva Constitución se titula en latín, *"Universi Dominici Gregis"*. Toma dicho título de las primeras palabras del documento: *"JUAN PABLO II siervo de los siervos de Dios para perpetua memoria <u>Pastor de todo el rebaño del Señor</u> es el Obispo de la Iglesia de Roma, en la cual el Bienaventurado Apóstol Pedro, por soberana disposición de la Providencia divina, dio a Cristo el supremo testimonio de sangre con el martirio."*

En la misma Introducción dispone que: *"Precisamente por esto los Sumos Pontífices, en el curso de los siglos, han considerado como su deber preciso, así como también su derecho específico, regular con oportunas normas la elección del Sucesor. Así, en los tiempos cercanos a nosotros, mis Predecesores san Pío X,(2) Pío XI,(3) Pío XII,(4) Juan XXIII(5) y por último Pablo VI,(6) cada uno con la intención de responder a las exigencias del momento histórico concreto, proveyeron a emanar al respecto sabias y apropiadas reglas para disponer la idónea preparación y el ordenado desarrollo de la reunión de los electores a quienes, en la vacante de la Sede Apostólica, les corresponde el importante y arduo encargo de elegir al Romano Pontífice."*

Además, como es natural, los cardenales debemos asistir a todas las actividades relacionadas con el funeral y la instalación del nuevo Pontífice.

En este Cónclave, gracias a Dios (18 de abril de 2005), pude participar en todo; incluso asistí a la Misa al Espíritu Santo que precede al ingreso de los Cardenales en la Capilla Sixtina para la elección. Precisamente el Cónclave comenzó ese mismo día por la tarde, pero como yo no podía votar, y tampoco sabíamos cuánto duraría la elección, decidí volar a España y visitar a unos cinco sacerdotes quienes, después de muchos y excelentes años de servicios en la Arquidiócesis, decidieron regresar a su tierra natal en Burgos, España, para pasar allí los últimos días de sus vidas. Como manifestación de cariño y gratitud, siempre que puedo los visito, y me consta que disfrutan y agradecen mucho este gesto de afecto. Acostumbro a hacer con ellos lo que solía hacer con los seminaristas que tuve estudiando en Toledo y Pamplona: visitarles y compartir con ellos momentos de reflexión espiritual, y también una buena comida, recordando y añorando tiempos pasados.

Pero, para gran sorpresa mía, apenas había llegado a la habitación del Hotel, me avisó uno de los sacerdotes para decirme que ya la televisión anunciaba que salía humo blanco de la chimenea de la Capilla Sixtina. Efectivamente, apenas pasó media hora cuando se presentó el Cardenal Medina con el tan esperado anuncio: *"Habemus Papam"*, Tenemos Papa, en la persona del Cardenal Joseph Ratzinger, quien ha tomado el nombre de Benedicto XVI.

Al poco rato apareció en la ventana de la Basílica el nuevo Papa, radiante de alegría para impartir su primera Bendición Apostólica a la gran muchedumbre que en poco tiempo se había reunido en la Plaza de San Pedro. Fue verdaderamente emocionante poder observar los rostros de aquellos miles de fieles que inmediatamente comenzaron a aplaudir y a dar la bienvenida al nuevo Pontífice. Inmediatamente los medios de comunicación anunciaron que su instalación tendría lugar el domingo siguiente, 24 de abril de 2005. Enseguida cambié mis planes y regresé a Roma para participar en la ceremonia.

La Misa fue solemnísima. Contó con la presencia de todos los Cardenales, muchísimos Obispos, Sacerdotes, Religiosos y Religiosas. Asistieron muchos Jefes de Estado de más de 200 naciones, los Cuerpos Diplomáticos ante el Vaticano y como unos 500,000 fieles del mundo

378

Unde hoc mihi: ¿Por qué a mí?
Memorias del Cardenal Luis Aponte Martínez

entero. Al terminar la Misa, el nuevo Papa subió al jeep blanco que usaba Juan Pablo II y dio la vuelta a toda la Plaza de San Pedro, saludando y bendiciendo a todos.

Tuve la buena suerte que después de la Santa Misa salí por la sacristía de la Basílica y tropecé con Benedicto XVI al terminar de dar la vuelta a la Plaza, cuando regresaba a la Casa Santa Marta donde permaneció por varios días después de su elección. Pude, pues, saludarle y recibir directamente su bendición.

Ha sido muy reconfortante y de gran consuelo la reacción tan positiva de los medios de comunicación en Italia, España e, indudablemente, en el mundo entero. En España hubo periódicos que dedicaron gran cantidad de páginas y columnas muy bien documentadas al nuevo Pontífice. Ahora nos toca a todos orar constantemente por él para que pueda continuar la gran obra de su gran predecesor Juan Pablo II, de tan feliz recordación.

El nuevo Papa, como todos sabemos, es un teólogo de gran prestigio, un fiel servidor de la Iglesia, gran colaborador y amigo muy leal de Juan Pablo II. Que el Señor nos lo conserve por muchos años.

Al Señor eternas gracias por haberme permitido participar de las grandes emociones de un tercer cónclave.

Ahora quiero compartir con ustedes una gran experiencia ulterior. Como todos saben, el Papa Benedicto XVI anunció, específicamente el 13 de mayo de 2005, que iniciaría inmediatamente la Causa de Beatificación del Papa Juan Pablo II, dispensando de los cinco años que deben transcurrir después de la muerte de un Siervo de Dios para su beatificación.

Al regresar a Puerto Rico de una visita a la Diócesis de Brooklyn, Nueva York, para asistir a la celebración del Centenario de la Parroquia La Epifanía (comunidad parroquial formada por puertorriqueños) y disponerme a salir a Curazao para una reunión del CELAM, me encontré con una invitación de la Santa Sede. Me invitaban a participar, con los demás Cardenales, en la ceremonia de institución del Tribunal Diocesano para iniciar el proceso de beatificación de Su Santidad Juan Pablo II (Karol

Wojtyla), que se efectuaría en la Basílica San Juan de Letrán el 28 de junio de 2005. Naturalmente, cancelé mi viaje a Curazao para poder asistir a una reunión de tanta importancia, tocándome así el gran privilegio de representar a la Iglesia Católica puertorriqueña en un acto tan histórico y significativo.

Según estaba programado, a las 7:00 de la noche (hora de Roma) empezó la solemne ceremonia con la celebración de las Vísperas. La concurridísima asistencia incluía Cardenales, Arzobispos, Obispos y Fieles, entre ellos oficiales de la ciudad de Roma y del Cuerpo Diplomático ante el Vaticano.

Al terminar el canto de las Vísperas, Su Eminencia el Cardenal Ruini anunció inmediatamente la razón de nuestra reunión y en ese mismo momento toda aquella gran muchedumbre se puso de pie con una ovación al Papa Juan Pablo II de no menos de 10 minutos de duración. Lo mismo se repetía cada vez que el Señor Cardenal mencionaba el nombre del Pontífice difunto o señalaba alguno de sus grandes logros. Evidentemente había un gran número de jóvenes, entre ellos polacos, y cada vez que les parecía entonaban himnos y cánticos, lo cual convirtió el acto en uno muy singular y solemne.

Disfruté grandemente de aquellos momentos, pues una vez más pude apreciar el gran amor y la gran admiración de los fieles hacia Juan Pablo II, y el anhelo por ver su beatificación lo antes posible. Estoy muy consciente de que será una Causa muy fácil, pero de todos modos les suplico a todos que nos unamos en oración para que pronto podamos ver sobre nuestros altares a Juan Pablo II, El Grande.

Que desde el cielo, donde estoy seguro que ya está ante la presencia del Señor, nos siga bendiciendo y acompañando a todos.

Papa Juan Pablo II
(1920-2005)

Su Santidad Benedicto XVI
(2005...)

Capítulo XXXII

LA DESPEDIDA

384

Unde hoc mihi: ¿Por qué a mí?
Memorias del Cardenal Luis Aponte Martínez

Al acercarse la celebración de mis 75 años de edad en el 1997, momento en que me correspondía presentar mi renuncia a la Santa Sede según las disposiciones del Código de Derecho Canónico, Canon 401 #1, escribí al Santo Padre suplicándole que me permitiera permanecer en la Sede hasta que celebrara mis Bodas de Plata Cardenalicias, unos cinco meses más tarde, en marzo de 1998.

El Papa respondió que me aceptaba la reununcia *nunc pro tunc* ("ahora para entonces"); es decir, para ser efectiva una vez celebrara mis Bodas de Plata Cardenalicias. Mientras tanto, el Delegado Apostólico ya realizaba los trámites para seleccionar a mi sucesor.

Llegado el momento, tuve una linda ceremonia de despedida. Había cumplido 34 años en la Sede, lo cual superaba al primer Obispo de Puerto Rico, Don Alonso Manso. Éste la había ocupado durante 28 años (1511-1539), el período más largo hasta entonces.

Poco tiempo después la Santa Sede anunció el nombramiento del nuevo Arzobispo, Su Excelencia Reverendísima Monseñor Roberto Octavio González Nieves, O.F.M., hasta entonces Obispo de Corpus Christi, Texas. Como Monseñor Roberto debía esperar a que su sucesor tomara posesión de su antigua Diócesis, la Santa Sede tuvo la gran bondad de designarme Administrador Apostólico hasta que el nuevo Arzobispo llegara a San Juan.

Aprovechamos ese período para asegurarnos de que todo estuviera en orden, sobre todo porque se aproximaba una visita "Ad Límina", y sería el nuevo Arzobispo quien tendría que dar cuenta del estado de la Arquidiócesis ante la Santa Sede.

También aprovechamos para prepararle la Residencia Arzobispal, que este servidor había ocupado por 34 años en la Calle Cristo del Viejo San Juan.

Como Cardenal tenía la opción de permanecer en dicha residencia o mudarme. Opté por la última alternativa para que el nuevo Arzobispo pudiera ocupar lo que por años ha sido la Sede del Obispo Residencial y luego del Arzobispo Metropolitano.

Llegó el día de la toma de posesión de Monseñor Roberto González, el 8 de mayo de 1999. Según el rito propio de esta ceremonia, el nuevo Arzobispo celebró la Solemne Misa Pontifical, durante la cual le hice entrega del Báculo Pastoral en presencia del Señor Delegado Apostólico (para ese entonces Monseñor Francois Bacqué), todos los Obispos de la Isla, más un grupo de Cardenales, Obispos y sacerdotes que vinieron de Estados Unidos y concelebraron con él la Eucaristía.

Así terminó una larga etapa de 34 años y comenzó un nuevo Arzobispo, lleno de juventud y celo apostólico. A él y a todos sus colaboradores van mis oraciones, junto a mi más sincero deseo de éxito pastoral y mi profunda gratitud por todas sus bondades y deferencias. En especial, le agradezco la forma tan generosa en que ha provisto para que la Arquidiócesis atienda todas mis necesidades materiales.

386

Unde hoc mihi: ¿Por qué a mi?
Memorias del Cardenal Luis Aponte Martínez

Prot. N⁹ 389/98

CONGREGATIO PRO EPISCOPIS

SANCTI IOANNIS PORTORICENSIS

DE ADMINISTRATORIS APOSTOLICI NOMINATIONE

DECRETUM

Ad consulendum regimini Ecclesiæ Metropolitanæ Sancti Ioannis Portoricensis, quæ die 26 huius mensis vacans erit, Summus Pontifex IOANNES PAULUS, Divina Providentia PP.II, præsenti Congregationis pro Episcopis Decreto, nominat ac constituit Administratorem Apostolicum «sede vacante» memoratæ Ecclesiæ, ab illa die et donec electus Archiepiscopus canonicam archidioecesis possessionem capiat, Em.mum P. D. Aloisium S.R.E. Cardinalem Aponte Martínez, hactenus Archiepiscopum eiusdem Ecclesiæ Metropolitanæ, eique iura, facultates et officia tribuit quæ Episcopis dioecesanis, ad normam iuris, competunt.

Contrariis quibusvis minime obstantibus.

Datum Romæ, ex Ædibus Congregationis pro Episcopis, die 15 mensis Martii anno 1999.

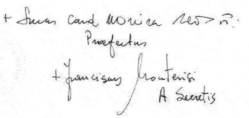

Momentos en que llegaba
a la Catedral de San Juan
para mi despedida como
Arzobispo de San Juan,
8 de mayo de 1999.

Después de retirado preparé
una excursión a Roma para la
apertura del nuevo milenio y
aquí una foto de la audiencia
con el Papa en esa ocasión,
diciembre de 1999.

S.E.R. Monseñor Roberto O. González Nieves,
Arzobispo de San Juan de Puerto Rico.

Muchos de los momentos que compartí con el personal secular que colaboraba con este servidor en las oficinas arquidiocesanas. Muchas de ellas hoy día continúan trabajando con la Arquidiócesis. De izquierda a derecha: Marilyn, Adelaida, Luisa, Camen Juncos, Wilma, Marielis, Ivette, este servidor, †Yolanda, Nelly, Mildred y Nitza.

Grupo de los sacerdotes que laboraban en las Oficinas Arquidiocesanas, algunos a tiempo parcial y otros a tiempo completo. De izquierda a derecha: Padre Pedro Luis Reyes, Padre Carlos Quintana, S.E.R. Monseñor Héctor Rivera, Obispo Auxiliar, Monseñor Celestino Linera, ya jubilado, este servidor, Monseñor Baudillo Merino, Monseñor Mario Guijarro, Padre Hernán Berdugo y el Padre Luis O. Capacetti.

Otro grupo de empleadas, incluyendo algunas de las Religiosas que formaban parte del personal. De izquierda a derecha: Josefina, Merín, que trabajó por 40 y tantos años y ya está jubilada; Minerva, Leonidas, Yolanda, este servidor, †Sor Clotilde Arce, Sor Marta Tobón, †Sor Teresita, Carmen, Lizbeth y Mirta Ramos.

En cada cumpleaños o aniversario, el personal siempre se preocupaba por prepararme una sorpresa en que pudiéramos compartir todos juntos, como familia, las diferentes celebraciones. Con este recuerdo quiero, de una manera simbólica, agradecer lo buenos y buenas que fueron con este servidor durante todos mis años como Arzobispo de San Juan.

Momento de celebración de mis Bodas de Plata como
Cardenal en el 1998.

¡Muchas gracias, Eminencia!
Por: Celeste Benítez

El sábado próximo, el arzobispo Roberto González Nieves tomará posesión de su nuevo cargo como Arzobispo de San Juan, en sustitución de Luis Cardenal Aponte Martínez. Como ocurre con todas las transiciones, ése será un día agridulce para los católicos puertorriqueños.

Dulce, porque aun sin conocerlo personalmente, nos sentimos profundamente orgullosos de los méritos y de los logros de un hombre joven que presenta una hoja de servicios impresionante. Nacido en los Estados Unidos y habiendo vivido la mayor parte de su vida allá, el nuevo arzobispo se identifica sin titubeos de clase alguna con su patria del alma, con Puerto Rico, la tierra de sus padres.

El arzobispo Roberto, como lo llaman sus feligreses de Corpus Christi, se proyecta como un hombre muy inteligente, de gran sensibilidad humana, sincero, valiente, y deseoso de hacer muchas cosas buenas por su nueva grey. Los puertorriqueños lo recibiremos con todo nuestro cariño y con los brazos abiertos.

El sábado, cuando el cardenal Aponte Martínez le pase el batón de mando al nuevo Arzobispo de San Juan, los católicos puertorriqueños sentiremos un taco en la garganta y las lágrimas acudirán, sin ser llamadas, a millones de ojos en todo Puerto Rico. No estaremos llorando ni por el cardenal, ni por Puerto Rico. Estaremos llorando de emoción por nosotros mismos, conscientes de que el sábado termina una importante etapa en la historia del País y en la historia de la Iglesia Católica en Puerto Rico.

En el 1963, Luis Aponte Martínez fue ordenado Obispo de San Juan en sustitución de monseñor James P. Davis, quien había dirigido esa diócesis desde 1943. El nuevo monseñor se convertía así en el primer obispo puertorriqueño desde que don Alejo de Arizmendi ocupó esa sede, de 1803 a 1814.

El hecho de que hubiera tenido que transcurrir más de un siglo antes de que un puertorriqueño accediera a la dignidad eclesiástica de obispo responde a la condición colonial de la Isla entonces. El primer obispo puertorriqueño les quitó las ganas a los jerarcas eclesiásticos de la España del siglo pasado de continuar el experimento de nombrar criollos a puestos de dirección en la Iglesia puertorriqueña.

392

Unde hoc mihi: ¿Por qué a mí?
Memorias del Cardenal Luis Aponte Martínez

2

Arizmendi asumiría posiciones muy liberales que irían contra la corriente de los gobiernos autocráticos de entonces. Uno de los episodios más conocidos de su vida fue la misa solemne que el obispo ofició en Catedral para despedir al Teniente de Navío don Ramón Power y Giralt, quien había sido electo Diputado por Puerto Rico a las Cortes de Cádiz en el 1809. Sobre esta celebración escribe el historiador Francisco A. Scarano lo siguiente:

"Se informó en la prensa extranjera que en el transcurso de dicha ceremonia, tanto el homenajeado como el prelado emplearon un vocabulario muy peculiar. El militar criollo habló de 'sus compatriotas, los naturales de Puerto Rico'. Arizmendi le ripostó:

'Todo lo que habéis prometido lo esperaba el pueblo y la Isla entera de su buen hijo, cuyo espíritu católico, lleno de patriotismo y caridad todos reconocemos...

Y, entregándole su anillo pastoral, el primero y único Obispo puertorriqueño durante la dominación española se lo encargó a don Ramón,

'como prenda segura que os afirmará en la memoria vuestra resolución de proteger y sostener los derechos de nuestros compatriotas, como yo mismo la tengo de morir por mi amada grey.'

(...) Power iría a España a sostener y defender los derechos de sus compatriotas, los naturales de Puerto Rico. La clase dirigente criolla comenzaba a tener conciencia de sí misma como una colectividad."

Nuestros historiadores coinciden en señalar que esa ceremonia en Catedral marcó el nacimiento de la conciencia nacional puertorriqueña: el momento en que los puertorriqueños comenzamos a entendernos a nosotros mismos como una entidad social, cultural y política distinta de España.

Tardaría más de un siglo y medio antes de que los puertorriqueños volviésemos a tener un obispo nuestro. A diferencia de Arizmendi, Luis Aponte Martínez, el primer obispo puertorriqueño del siglo XX, no pertenecería a la aristocracia criolla, sino que sería, como Jesús, hijo de un hogar de la clase trabajadora.

A lo largo de sus 34 años como arzobispo de San Juan y de sus 20 años como el primer y único cardenal puertorriqueño, los católicos hemos tenido en Su Eminencia un líder de excepcionales cualidades. A pesar de ostentar el cargo de Príncipe de la Iglesia, a Luis Aponte

3

Martínez nunca se le subieron los humos a la cabeza. Nunca ha dejado de ser el lajeño amable y sencillo, la figura de padre o abuelo cariñoso con quien resulta fácil identificarse.

Pero ese exterior amoroso y suave no le ha impedido exponer los principios de la fe católica con auténtica vocación de profeta. El Cardenal ha defendido con fuego y con tesón las posiciones de la Iglesia que resultan ser "antipáticas" en nuestros tiempos: la crítica vertical a la práctica del aborto, al divorcio, al consumismo desbocado, al hedonismo, a la corrupción rampante tanto en la esfera pública como en la privada. Su voz se ha alzado siempre en defensa de los pobres, de los enfermos, de aquéllos a quienes don Luis Muñoz Marín llamara siempre con gran cariño "los chavaos" de esta tierra.

Los católicos hemos sido extraordinariamente afortunados de tener a una figura como el cardenal Aponte Martínez como cabeza de la Iglesia de Puerto Rico por 34 años. Ahora sólo nos falta que él nos haga a todos sus compatriotas un regalo muy importante: su autobiografía.

Y mientras esperamos que él nos haga el recuento de una vida tan rica, le repetimos una vez más, "¡Muchas gracias, Eminencia, por todo lo que usted ha hecho por Puerto Rico! ¡Que Dios lo bendiga siempre!"

3 de mayo de 1999

Capítulo XXXIII

TE DEUM LAUDAMUS

396

Unde hoc mihi: ¿Por qué a mí?
Memorias del Cardenal Luis Aponte Martínez

Termino estos recuerdos con un himno de acción de gracias.

Primero a Dios, Nuestro Señor, que con la vida me concedió el gran don de nacer en una familia cristiana donde bebí la fe desde el vientre de mi madre.

Luego a todas aquellas personas -familiares, profesores, profesoras, sacerdotes, religiosos y religiosas- que me ayudaron a crecer y a madurar en mi vocación sacerdotal.

A todos los Papas y Obispos a quienes debo mi ministerio episcopal.

Mi profunda gratitud a todos los Señores Delegados Apostólicos que siempre me atendieron tan solícitamente y fueron un verdadero vínculo de comunión con la Santa Sede.

Para los Señores Obispos, miembros de la Conferencia Episcopal Puertorriqueña, tanto los presentes como los ya fallecidos, abrigo los más vivos sentimientos de gratitud y afecto por haber sido, juntamente con los Obispos Auxiliares de la Arquidiócesis, sacerdotes, diáconos permanentes, religiosos, religiosas, demás agentes de pastoral y laicos comprometidos, los instrumentos en manos del Señor para que se hiciera realidad, en mi humilde y pobre persona, mi lema: "In Virtute Dei". Que la fuerza y el poder de Dios siga fortaleciendo a todos para seguir adelante como fieles obreros en la viña del Señor.

A cuantos colaboraron conmigo en las parroquias, en la Diócesis de Ponce, en la Arquidiócesis de San Juan, en la Conferencia Episcopal Puertorriqueña, en el CELAM y en todo aquello que me encomendó la Santa Madre Iglesia.

A los sacerdotes que fueron mis asistentes personales o secretarios de la CEP, Vicarios Episcopales o Encargados de diferentes organismos, que tan diligentemente me ayudaron a desempeñar mis responsabilidades, mi más sincera gratitud. De igual manera agradezco a todo el personal laico que me acompañó y me ayudaron en todas mis tareas administrativas.

De manera particular quiero recordar a los buenos ayudantes que tuve. En forma muy especial a las magníficas Religiosas de la Congregación de Hermanas Dominicas del Santísimo Sacramento de Jerez de la Frontera, Cádiz, España, que me acompañaron y me asistieron desde mi llegada al Arzobispado de San Juan.

A Monseñor Mario Alberto Guijarro, quien, a pesar de sus múltiples responsabilidades como párroco de la Parroquia San Pedro Mártir en Guaynabo, Director del Colegio San Pedro Mártir, Capellán del Cuerpo Consular y otros compromisos a nivel de la Arquidiócesis, siempre ha sabido sacrificarse acompañándome a muchas de mis actividades, sobre todo a las de carácter religioso, donde muchas veces me ayuda en las ceremonias. Mil gracias, Monseñor.

Mi profunda gratitud a todas aquellas personas que han colaborado conmigo para que estas memorias puedan ver la luz del día: Padre José Dimas Soberal, quien examinó el primer borrador y tuvo la gran gentileza de complacerme escribiendo el "Prólogo"; Dr. Luis López Nieves, Catedrático de la Universidad del Sagrado Corazón, quien fue el "Editor"; Padre Eduardo Torres, quien se ocupó de hacer la traducción de las Bulas Pontificias; Padre Alfonso Guzmán, OFM, quien preparó la genealogía pastoral de este servidor; Padre Pedro Luis Reyes, Sra. Susan Soltero y el Dr. Francisco J. Carreras, quienes fungieron como consultores.

Tampoco puedo olvidar a la señorita Miriam Ramos, quien me ha acompañado como Secretaria por los últimos 36 años. Llegó al Arzobispado en el 1969, gracias a Sor Margarita Benítez, SSND, para hacer su práctica secretarial cuando aún era estudiante de escuela superior en el Colegio San Agustín de Puerta de Tierra. Aún permanece con nosotros sirviendo al Señor Arzobispo durante el día y un par de horas a este servidor por las tardes.

398

Unde hoc mihi: ¿Por qué a mí?
Memorias del Cardenal Luis Aponte Martínez

Mi gratitud más que especial para las que siempre he considerado como dos heroínas:

Sor María Mateos Redondo, quien me acompañó por más de 30 años. Después de una enfermedad de cinco años, falleció en Jerez, España, el 6 de agosto de 2000, estando presentes su madre, hermanos y hermanas.

La otra es Sor Isabel Soto Recamales. Cuando llegué al Arzobispado en el 1965 ya Sor Isabel estaba allí. Desde entonces ha permanecido a mi lado ocupándose de mi salud, de mis alimentos, de mis viajes, de mi ropa y de la residencia en general. Me ha servido de recepcionista, de conductora, de sacristana, de monaguilla, etc.

Al momento de escribir mis memorias lleva 41 años a mi lado. Gracias a Sor Isabel, al retirarme no tuve que hacerlo en la soledad de un asilo, sino en una cómoda residencia que la Arquidiócesis me ha proporcionado. Por eso le vivo, y le viviré, eternamente agradecido por todas sus atenciones y bondades, y pido al Señor que la conserve a mi lado por muchos años más. En atención a ese servicio de tanta entrega, en la ocasión de su 70 cumpleaños, la honramos imponiéndole la medalla pontificia, "Pro Ecclesiae et Pontífice", que solicitamos a Su Santidad Juan Pablo II para ella.

Sin la ayuda de todas estas personas mi labor hubiera sido mucho más limitada. Para ellos y ellas, mi más profunda gratitud y mis oraciones por siempre.

Con mi "*Te Deum*" ("doy gracias a Dios") entono también mi "*Miserere mei Deus*" ("Dios mío, ten piedad de mí") por todas las omisiones y fallas que haya podido cometer mientras cumplía con mis deberes.

Durante mi vida he rezado mucho por muchos, espero que, por lo menos algunos, me sigan recordando en vida y, sobre todo, después de mi muerte.

Finalmente, oren para que la labor apostólica y pastoral reflejada en estas Memorias haya sido aceptada por el Divino Pastor y que la siga bendiciendo para que sus frutos sean duraderos para Su honra y gloria, y para el bien de todo Puerto Rico.

Aquí junto a las que yo llamo mis tres ángeles. De izquierda a derecha: Sor Isabel, que me he acompañado por 41 años y quien sigue atendiéndome con mucho esmero; Miriam, mi secretaria por 36 años; †Sor María, quien estuvo acompañándome por 35 años hasta su fallecimiento en el 2000.

Vista de los campos de Oviedo, España, en una de las muchas excursiones que hicimos en los veranos. De izquierda a derecha: Sor Isabel, este servidor, y mi gran amigo y compañero, Padre José Ramón Fernández.

Momentos cuando en la ceremonia de imposición de la Medalla "Pro Ecclesia et Pontifice", dos vecinas muy amigas de Sor Isabel le prenden la condecoración. De izquierda a derecha: la Sra. Mari González, Sor Isabel y la Sra. Sonia de Vizcarrondo.

Impuesta ya la medalla este servidor felicita a Sor Isabel, 4 de julio de 2005.

Apéndice

ARTÍCULOS

404

Unde hoc mihi: ¿Por qué a mí?
Memorias del Cardenal Luis Aponte Martínez

EL CARDENAL APONTE MARTÍNEZ
DESDE UNA PERSPECTIVA HISTÓRICA

Por Rev. Padre Dr. Floyd L. McCoy

El 12 de octubre de 2000 se cumplieron 40 años de la Consagración Episcopal de Su Eminencia Reverendísima Luis Cardenal Aponte Martínez. "Su Eminencia", como le dicen muchos, o "Cardenal" como le dicen otros, es un icono viviente que nos recuerda hitos importantes de nuestra historia como Iglesia Católica, Apostólica y Romana en su vertiente borinqueña. Sobre Aponte Martínez recae el haber sido el segundo Obispo puertorriqueño y el primero en este siglo bajo la administración estadounidense. También fue el primer Arzobispo autóctono y el segundo en ocupar la sede de San Juan. Y por último, el primer y único Príncipe de la Iglesia o Cardenal. ¿Qué importancia tienen todos estos hechos para la Iglesia Católica puertorriqueña? ¿Cómo llegó este pastor a la tenencia de todos estos puestos? Brevemente analizaremos las circunstancias históricas que prepararon el camino para que Monseñor Aponte Martínez ocupara el sitial jerárquico que alcanzó en la Iglesia de nuestra nación.

El primer Obispo puertorriqueño, Juan Alejo de Arizmendi y la Torre (1803-1814), llegó al episcopado dentro de los términos del Patronato Real. España era muy celosa con los candidatos a Obispo que eran presentados a la Corona para su confirmación. Debían ser hombres inteligentes y leales al gobierno. De cierta forma eran también funcionarios de la Corona. Arizmendi logró superar el difícil escrutinio y ser elegido para la sede de Puerto Rico. Aunque el Obispo era de tendencia liberal, no era anti-español. Pero las circunstancias político-militares que vivían las colonias hispanoamericanas en proceso de independizarse de España exigían del Obispo una fidelidad desvinculada de sospechas de cualquier índole. Su liberalismo y su verticalidad fueron motivos para que el gobernador de la época lo acusara como sujeto sospechoso y lo tratara con hostilidad. La muerte prematura del obispo, y las circunstancias de su vida, cerraron el capítulo de los obispos puertorriqueños por 146 años. Esto no se debió a que faltara el deseo de que la sede la ocupara un hijo del país. Hacia el final del Siglo XIX, en medio del fervor autonómico, algunos puertorriqueños influyentes se movieron con ese fin en mente. Pero sus esfuerzos no dieron fruto, ya que los posibles candidatos no consintieron en ser nominados.

El gobierno autonómico concedido a Puerto Rico por España en 1897 duró tan solo unos pocos meses. En el 1898, otra nación, los Estados Unidos, tomó el control de los destinos insulares, cesando la administración española. La diócesis estaba en ese momento sin obispo ya que el que había sido elegido, con el fragor del conflicto bélico, no llegó a la Isla. El momento fue aprovechado por los nuevos intereses políticos, que aunque protestantes, tenían buenas relaciones con la jerarquía católica estadounidense, particularmente con el Cardenal James Gibbons, Arzobispo de Baltimore, y con el Arzobispo de St. Paul, Minnesota, Monseñor John Ireland. Para mediar en las negociaciones del Tratado de París, y velar por los intereses de la Iglesia Católica en las nuevas posesiones, fue designado el Arzobispo de Nueva Orleáns, Monseñor Plácido Chapelle como Delegado Apostólico.

En Puerto Rico, el nuevo orden de cosas resultaba sumamente extraño para el clero de la Isla. No solamente no entendían el idioma, sino que tampoco entendían la cultura de los nuevos dueños. Por eso, para poder enfrentarse más efectivamente a la nueva situación, Chapelle se dio cuenta que lo mejor era designar un obispo estadounidense a la sede de Puerto Rico. Es así como Monseñor Humberto Blenk, S.M., ocupó la sede en 1899. Sin embargo, él, y los demás obispos estadounidense que le siguieron, tuvieron que gobernar la sede dentro de dos parámetros que les impidieron americanizar la Iglesia puertorriqueña: el primero fue la puesta de la Iglesia en la Isla bajo los decretos del Concilio Plenario de la América Latina que se celebró en Roma en 1899. El segundo, fue la sujeción en 1903 de la Diócesis de Puerto Rico directamente a la Santa Sede, evitando así cualquier intento futuro de afiliar la Isla a la Iglesia de los Estados Unidos. Al dar esos dos pasos importantes, la Santa Sede buscó garantizar, a la luz de los nuevos acontecimientos, una Iglesia puertorriqueña independiente de la jerarquía de los Estados Unidos, y de su estructura eclesial. Aunque el obispo fuera estadounidense, la Iglesia seguiría siendo puertorriqueña.

La documentación en los archivos del Vaticano evidencia la nominación de puertorriqueños para la sede de Puerto Rico desde principios del Siglo XX. Cuando Blank fue nombrado a la sede arzobispal de Nueva Orleáns, en 1906, entre los tres candidatos a la sede de Puerto Rico figuraba Monseñor Pedro María Berrios. Varios obstáculos impidieron que fuera el seleccionado: su poca preparación académica, sus pobres dotes como administrador, su avanzada edad (atada a una

406

Unde hoc mihi: ¿Por qué a mí?
Memorias del Cardenal Luis Aponte Martínez

salud frágil), los entrejuegos políticos y su propia negación a aceptar el cargo si lo nominaban. Es curioso que el gobierno de los Estados Unidos no se oponía, ni en ese momento, ni cuando Monseñor Jones murió en 1921, a que un puertorriqueño pastoreara la sede. En esta última fecha fue más bien la Santa Sede la que se opuso a que fueran nominados puertorriqueños debido a la problemática política que vivía la Isla. Se quería evitar que la Iglesia estuviera involucrada en los conflictos políticos que para esa época plagaban la vida puertorriqueña.

Sin embargo, debido a la situación peculiar de Puerto Rico, algunos de esos Obispos se vieron obligados a denunciar prácticas que iban contra la doctrina de la Iglesia y que eran apoyados por la administración del gobierno estadounidense. Prelados como Monseñor William Jones, O.S.A., Monseñor Edwin Byrnes, Monseñor Alloysius Willinger, C.S.S.R., Monseñor James McManus, C.S.S.R., y Monseñor James P. Davis, denunciaron la injusticia social, el control de la natalidad y la falta de educación moral y religiosa en el sistema de instrucción pública. Las posiciones de los obispos en esos campos demostraban que, independientemente de si los obispos eran extranjeros o no, ante hechos objetivos que atentaban contra el Magisterio de la Iglesia, era necesario denunciarlos proféticamente.

La pertenencia de la Iglesia puertorriqueña al ámbito latinoamericano se evidenció una vez más en el verano de 1955 cuando se celebró en Río de Janeiro la I Conferencia General del Episcopado Latinoamericano. Puerto Rico formó parte de ese encuentro de iglesias. Desde el 1924 en que fue creada la Diócesis de Ponce, la Isla quedó dividida en dos sedes episcopales. Para la década de los 60 los obispos James P. Davis de San Juan y James McManus de Ponce, entraron en conflicto con el gobierno del Estado Libre Asociado. Ambos prelados dieron su apoyo al Partido Acción Cristiana que se oponía a las prácticas neomaltusianas y pedía, entre otras cosas, tiempo extracurricular para instruir en religión a los niños y niñas de las escuelas públicas.

Es durante ese conflicto que el Padre Luis Aponte Martínez fue consagrado Obispo el 12 de octubre de 1960 (fecha del aniversario de la muerte del Obispo Arizmendi). También en ese año fue creada la Diócesis de Arecibo, con su nuevo Obispo, Monseñor Alfredo Méndez, estadounidense de origen puertorriqueño. Dentro del marco de las circunstancias históricas en que se dio la selección de Monseñor Aponte

Martínez, y dados los precedentes anteriores para elegir obispos para Puerto Rico, el candidato debió contar con una serie de características profundamente evaluadas que le permitieron ocupar el cargo. De acuerdo con la documentación de los archivos del Vaticano que yo he podido investigar, se tenían en consideración la habilidad del candidato como administrador, su celo apostólico y su diplomacia en sus relaciones con el gobierno civil. Al parecer la Santa Sede quedó complacida con su labor como Obispo Coadjutor ya que, tres años más tarde, sucedió a Monseñor McManus en la sede de Ponce, y poco menos de un año después, en 1964, cuando Monseñor Jaime P. Davis fue trasladado a pastorear la Arquidiócesis de Santa Fe, en Nuevo México, fue nombrado Arzobispo de la Arquidiócesis de San Juan. En ese año la Isla sufrió otra división eclesiástica. Fue creada la Diócesis de Caguas, nombrando a Monseñor Rafael Grovas Félix como su primer Obispo.

Mientras en la Iglesia de Puerto Rico ocurrían estos cambios, otros acontecimientos fuera de la Isla también habrían de afectarle. Durante el pontificado del Papa Juan XXIII (1958-1963) fue convocado el Concilio Vaticano II en el cual participaron los Obispos puertorriqueños. Mediante el Decreto "Christus Dominus"(37-38) de ese Concilio fueron creadas las Conferencias Episcopales. Como era natural, dada la evolución que hemos visto de 1899 y 1955, Puerto Rico pasó a ser parte del Consejo Episcopal Latinoamericano (CELAM). También, mediante ese decreto fue creada la Conferencia Episcopal de Puerto Rico, adscrita al CELAM. Como podemos concluir, en base a toda la información presentada hasta el momento en este artículo, la Iglesia puertorriqueña en ningún momento, desde el 1898, hasta el presente, estuvo sujeta, o formó parte, de la Conferencia Nacional de Obispos Católicos de los Estados Unidos. Los obispos de la Isla sí han participado en las reuniones de este último organismo como observadores, pero no como afiliados.

El material siguiente es fruto de mi conocimiento personal, ya que fui secretario del Señor Cardenal en dos ocasiones diferentes. El Cardenal y Arzobispo Aponte Martínez se dedicó con tesón a trabajar por la Iglesia de San Juan. Incansable y celoso en su labor, día a día llevaba un arduo programa de vida. Se levantaba en la madrugada y se acostaba tarde atendiendo a los diferentes asuntos. Recibía a todo el que le pidiera cita, sin importar la condición social. Era celoso en contestar toda su correspondencia, desde la más sofisticada, hasta la más sencilla de la anciana de un remoto campo de la Isla. Su mente siempre estaba trabajando en nuevos proyectos. Todas sus decisiones eran consultadas con diferentes personas, pero finalmente, después de ese escrutinio, él tomaba la decisión final, asumiendo toda la responsabilidad valientemente. Cuando tenía que tomar una decisión controvertible, él era el primero que se entristecía ante la incomprensión, pero también era firme en defender lo que creía correcto.

La labor de Monseñor tuvo como resultado un crecimiento increíble de la Iglesia arquidiocesana. Creó una cantidad de nuevas parroquias (encontró 45 y dejó 160), y auspició la construcción de nuevos colegios católicos. El Instituto Superior de Teología y Pastoral, las radioemisoras católicas, WKVM-AM y WORO-FM, la estación de televisión del Canal 13, el Archivo Histórico Diocesano, el contrato para proveerle un local al Centro de Estudios Avanzados de Puerto Rico y el Caribe, la Superintendencia de Escuelas Católicas, el Santuario Nacional de Nuestra Señora de la Divina Providencia, la serie de libros de textos de Catequesis, utilizado en los colegios privados, el Albergue del Santo Cristo de la Salud para enfermos del SIDA y el periódico *El Visitante*, son algunos de sus proyectos más importantes. La eficiencia de su gestión administrativa y pastoral permitió que la Iglesia de San Juan estuviera al día en todos los adelantos modernos.

Al contemplar esos años de incansable gestión uno puede comprender mejor por qué el 5 de marzo de 1973, Su Santidad Pablo VI nombró al Arzobispo de San Juan al Colegio Cardenalicio. El título fue un incentivo para seguir llevando adelante su labor episcopal. De hecho, muchos de los proyectos antes mencionados fueron hechos posteriormente a su nombramiento como Príncipe de la Iglesia. ¿Qué vio en él la Santa Sede para otorgarle tan importante título? Aponte Martínez no sólo laboró asiduamente en la Iglesia local, también se proyectó más allá de las costas insulares. Ocupó el cargo de Presidente del Comité Económico del CELAM donde realizó una labor sumamente encomiable. También participó en el Concilio Vaticano II, en las Conferencias de Medellín, Puebla y Santo Domingo, y en los cónclaves que eligieron a Juan Pablo I y a Juan Pablo II como Sucesores de Pedro. Después de su retiro como Arzobispo de San Juan es llamado con cierta frecuencia a Roma para, de acuerdo con su título de Cardenal, asesorar al Papa en lo que sea menester.

Recuerdo en mi último término como su secretario, hace unos cinco años atrás, que ya él me hablaba de su pronto retiro. Decía que era necesario retirarse porque los nuevos tiempos requerían nuevas mentalidades. Tan franco y tan honesto podía ser con los demás, como lo era consigo mismo. Para él la prioridad más grande era la Iglesia, y si la Iglesia necesitaba de otro pastor que continuara su labor, no iba a ser él quien pusiera ningún obstáculo. Luis Cardenal Aponte Martínez se retiró como él quería, satisfecho de haber asumido con celo y responsabilidad el pastoreo que en momentos difíciles y delicados, le fue encomendado.

(El autor es Doctor en Historia y fue secretario personal del Señor Cardenal en dos ocasiones diferentes. Este artículo fue publicado en *El Visitante* el 28 de octubre de 2000, en la ocasión de la celebración de las Bodas de Oro de Ordenación Sacerdotal y 40 años de Ordenación Episcopal del Cardenal Aponte Martínez.)

410

Unde hoc mihi: ¿Por qué a mí?
Memorias del Cardenal Luis Aponte Martínez

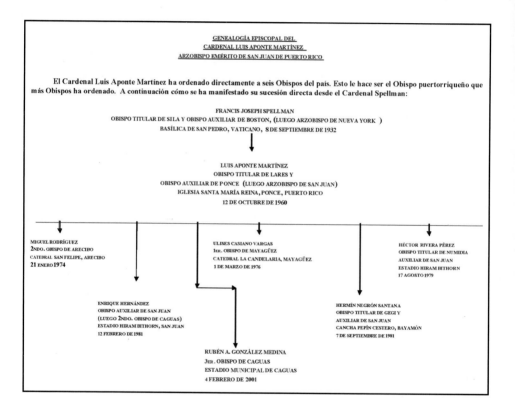

GENEALOGÍA EPISCOPAL DEL
CARDENAL LUIS APONTE MARTÍNEZ
ARZOBISPO EMÉRITO DE SAN JUAN DE PUERTO RICO

El Cardenal Luis Aponte Martínez ha ordenado directamente a seis Obispos del país. Esto le hace ser el Obispo puertorriqueño que más Obispos ha ordenado. A continuación cómo se ha manifestado su sucesión directa desde el Cardenal Spellman:

FRANCIS JOSEPH SPELLMAN
OBISPO TITULAR DE SILA Y OBISPO AUXILIAR DE BOSTON, (LUEGO ARZOBISPO DE NUEVA YORK)
BASÍLICA DE SAN PEDRO, VATICANO, 8 DE SEPTIEMBRE DE 1932

LUIS APONTE MARTÍNEZ
OBISPO TITULAR DE LARES Y
OBISPO AUXILIAR DE PONCE (LUEGO ARZOBISPO DE SAN JUAN)
IGLESIA SANTA MARÍA REINA, PONCE, PUERTO RICO
12 DE OCTUBRE DE 1960

MIGUEL RODRÍGUEZ
2NDO. OBISPO DE ARECIBO
CATEDRAL SAN FELIPE, ARECIBO
21 ENERO 1974

ULISES CASIANO VARGAS
1ER. OBISPO DE MAYAGÜEZ
CATEDRAL LA CANDELARIA, MAYAGÜEZ
1 DE MARZO DE 1976

HÉCTOR RIVERA PÉREZ
OBISPO TITULAR DE NUMIDIA
AUXILIAR DE SAN JUAN
ESTADIO HIRAM BITHORN
17 AGOSTO 1979

ENRIQUE HERNÁNDEZ
OBISPO AUXILIAR DE SAN JUAN
(LUEGO 2NDO. OBISPO DE CAGUAS)
ESTADIO HIRAM BITHORN, SAN JUAN
12 FEBRERO DE 1981

HERMÍN NEGRÓN SANTANA
OBISPO TITULAR DE GEGI Y
AUXILIAR DE SAN JUAN
CANCHA PEPÍN CESTERO, BAYAMÓN
7 DE SEPTIEMBRE DE 1981

RUBÉN A. GONZÁLEZ MEDINA
3ER. OBISPO DE CAGUAS
ESTADIO MUNICIPAL DE CAGUAS
4 FEBRERO DE 2001

DELEGACION APOSTOLICA
EN
PUERTO RICO

Santo Domingo, 4 de marzo del 2005

Eminencia,

Tengo el agrado de acusar recibo de su carta del 14 de febrero pasado, junto a un capítulo del borrador de sus memorias. Le agradezco su comprensión.

He leído varias veces las páginas indicadas y no veo ninguna dificultad en su eventual publicación. En todo el borrador que he leído hasta ahora, he podido constatar las reflexiones sencillas y directas de un Pastor entregado a su porción del Pueblo de Dios y plenamente feliz con su ministerio sacerdotal y episcopal.

Agradezco, Eminencia, su confianza en un servidor y el privilegio de conocer en "anteprima" sus memorias.

Haciendo mis mejores votos en estos días de Cuaresma, hago propicia la ocasión para saludarlo con sentimientos de profunda veneración y quedar,

de Su Eminencia Reverendísima
devmo.

Mons. TIMOTHY P. BROGLIO
Arzobispo Titular de Amiterno
Delegado Apostólico

A Su Eminencia Reverendísima
Sr. Cardenal Luis APONTE MARTÍNEZ
Arzobispo Emérito de San Juan
1763 Calle San Alejandro
Urbanización San Ignacio
SAN JUAN, PR 00926

SECRETARIA DE ESTADO
———
PRIMERA SECCIÓN – ASUNTOS GENERALES

Vaticano, 18 de junio de 2000

Señor Cardenal:

Con ocasión de su día onomástico, me complace transmitirle los mensajes siguientes:

"SEÑOR CARDENAL LUIS APONTE MARTÍNEZ
ARZOBISPO EMÉRITO DE SAN JUAN DE PUERTO RICO

EN EL DÍA DE SU FIESTA ONOMÁSTICA, LE DESEO, SEÑOR CARDENAL, MI MÁS CORDIAL FELICITACIÓN, PIDIÉNDOLE AL SEÑOR QUE, EN ESTE AÑO JUBILAR DEL 2000, LO SIGA COLMANDO DE SUS DONES. CON ESTOS DESEOS, INVOCANDO LA PROTECCIÓN MATERNAL DE NUESTRA SEÑORA, LE IMPARTO CON GRAN AFECTO LA BENDICIÓN APOSTÓLICA.

IOANNES PAULUS PP. II»

«SEÑOR CARDENAL LUIS APONTE MARTÍNEZ
ARZOBISPO EMÉRITO DE SAN JUAN DE PUERTO RICO

EN SU DÍA ONOMÁSTICO, CELEBRADO EN ESTE AÑO SANTO QUE EL SEÑOR NOS CONCEDE, QUIERO HACERLE LLEGAR MI FRATERNA FELICITACIÓN, JUNTO CON MI ORACIÓN POR SUS INTENCIONES Y SU BIENESTAR PERSONAL.

CARDENAL ANGELO SODANO
SECRETARIO DE ESTADO DE SU SANTIDAD»

Al manifestarle también mi cordial felicitación, me es grato renovarle, Señor Cardenal, el testimonio de mi consideración y sincera estima en Cristo.

Señor Cardenal
Luis APONTE MARTÍNEZ
Arzobispo Emérito de San Juan de Puerto Rico

SAN JUAN

DELEGACION APOSTOLICA
EN
PUERTO RICO

Santo Domingo, 5 de marzo del 2003

Eminencia Reverendísima,

Según el *Anuario Pontificio*, esta fecha recorre un aniversario particular en que Su Eminencia celebra treinta años como Cardenal presbítero del Título de Santa María della Providenza in Monte Verde.

En esta ocasión no puede faltar el saludo de un servidor, indigno representante del Santo Padre para felicitarle. Le agradezco su fiel servicio a la Iglesia universal y a la Iglesia en Puerto Rico. He podido apreciar su sabiduría y la contribución que sigue brindando a todos nosotros. Por mi parte, como Delegado Apostólico, le estoy sumamente reconocido.

Me hubiera gustado brindar estas congratulaciones personalmente. Sin embargo, espero que Usted me honrará con su presencia en una comida durante una de mis próximas visitas a Puerto Rico. Le avisaré con tiempo.

Reiterando mis felicitaciones y deseándole lo mejor para el futuro aprovecho la ocasión para expresarle mis sentimientos de distinguido obsequio y quedar,

de Su Eminencia Reverendísima
devmo.

† *Timothy Broglio*

† Mons. TIMOTHY BROGLIO
Arzobispo Titular de Amiterno
Delegado Apostólico

A Su Eminencia Reverendísima
Sr. Cardenal Luis APONTE MARTÍNEZ
Arzobispo Emérito de San Juan
1763 Calle San Alejandro
Urbanización San Ignacio
SAN JUAN, PR 00926

DELEGACION APOSTOLICA
EN
PUERTO RICO   Santo Domingo, 12 de octubre del 2005

Estimado Hermano en el Episcopado,

Tengo el honor de participar con la Iglesia en San Juan, el gozo de un aniversario más de servicio episcopal. Como representante del Santo Padre, tengo el gran gusto de felicitarle y brindar mi agradecimiento por sus XXXXV años de ministerio como Sucesor de los Apóstoles.

Parece muy oportuno agradecer en este año dedicado a la Eucaristía. El Sumo Pontífice lo recuerda en su Carta Apostólica con motivo de esta temporada especial de gracia:

Un elemento fundamental de este "proyecto" aparece ya en el sentido mismo de la palabra "Eucaristía ": acción de gracias. En Jesús, en su sacrificio, en su "sí ", el "gracias ", el "amén " de toda la humanidad. La Iglesia está llamada a recordar a los hombres esta gran verdad...... Encarnar el proyecto eucarístico en la vida cotidiana, donde se trabaja y se vive.....significa, además, testimoniar que la realidad humana no se justifica sin referirla al Creador. "Sin el Creador la criatura se diluye ". Esta referencia trascendente, que nos obliga a un continuo "dar gracias " — justamente a una actitud eucarística— por todo lo que tenemos y somos...(*Mane nobiscum Domine, 26*)

Con gusto aprovecho este día de su aniversario para asegurarle mi humilde oración, sobre todo al altar y me confirmo con sentimientos de fraterna estima, quedando

de Su Eminencia Reverendísima
devmo.

Mons. TIMOTHY BROGLIO
Arzobispo Titular de Amiterno
Delegado Apostólico

A Su Eminencia Reverendísima
Sr. Cardenal Luis APONTE MARTÍNEZ
Arzobispo Emérito de San Juan
1763 Calle San Alejandro
Urbanización San Ignacio
SAN JUAN, PR 00926

NUNCIATURA APOSTOLICA
EN COLOMBIA

Santafé de Bogotá, 3 de octubre de 2000

Muy gentil Señora Miriam Ramos:

A mi regreso de Italia, en donde estuve para la celebración del jubileo de los Nuncios Apostólicos, a mediados del mes de septiembre, recibí su carta.

Le agradezco que se haya acordado de mi persona, que sin duda, fue cercana al Señor Cardenal Aponte Martínez en los años setenta cuando él fue Arzobispo, y con motivo de su nombramiento al Sacro Colegio de los Cardenales. Me apena no complacerla en su expectativa de tener un escrito mío para los cuarenta años de la consagración Episcopal del Señor Cardenal. Me hubiera gustado mucho poder atender su deseo pero me encuentro en una situación que no me lo permite.

Tenga la bondad de presentar mis mejores deseos al Señor Cardenal, a quien he encontrado hace algunos meses en Roma, y felicitarlo por tan significativa fecha, asegurándole mi recuerdo en la oración, con mis deseos de buena salud y de todo el bien que usted pueda querer para el Señor Cardenal y para la Iglesia de Puerto Rico.

Con mi cordial saludo,

✣ Beniamino Stella
Nuncio Apostólico

A la Señora
Miriam RAMOS
Secretaria del Señor Cardenal
LUIS APONTE MARTÍNEZ
Arzobispo Emérito de

SAN JUAN DE PUERTO RICO

416

Unde hoc mihi: ¿Por qué a mí?
Memorias del Cardenal Luis Aponte Martínez

Vuestra Eminencia,
Excelentísimos y Reverendísimos Obispos,
Reverendos Monseñores y Padres,
Señoras y Señores:

Estoy sumamente orgulloso y contento de poder compartir con ustedes –amigos puertorriqueños- este glorioso momento en el cual festejamos la elevación al Cardenalato del Arzobispo de San Juan de Puerto Rico, Su Eminencia Luis Aponte Martínez.

Este reconocimiento por parte del Santo Padre tiene gran importancia para todos los ciudadanos de los Estados Unidos, y especialmente para los que hablan español –y que seguirán hablando español.

La mayoría de nuestras historias dicen que Baltimore fue la primera Diócesis de nuestro país, pero nosotros reunidos aquí sabemos bien que no fue así. San Juan fue creado sede episcopal 278 años atrás. Esperemos que la elevación del Cardenal Aponte pueda aclarar este error.

Es interesante recordar que en la misma semana que Miguel Ángel terminó la primera parte de su famosa "Creación" en la Capilla Sextina, y la mostró al gran Papa Julio II –en aquella misma semana justo se creó el Obispado de San Juan. Eran dos memorables creaciones que aún dan luz e inspiración a multitudes.

Muy aptamente, el Papa Pablo VI ha otorgado al Cardenal Aponte una iglesia nueva en esta ciudad tan anciana. La Iglesia puertorriqueña es la más antigua del Nuevo Mundo y a la vez joven y vigorosa. Además, el Papa ha tenido bien de escoger la Iglesia Romana dedicada a la Patrona de Puerto Rico, Nuestra Señora de la Providencia.

Embajador Lodge vino a Roma precisamente para asistir al Consistorio como enviado especial del Presidente. Pero desgraciadamente, pocas horas después de llegar el domingo pasado, tuvo que ir al hospital y luego regresar a los Estados Unidos. Como él no tenía el placer de estar con ustedes esta noche, me pidió de leerles el siguiente mensaje que el Presidente Nixon envió a nuestros nuevos Cardenales.

"Su elevación al Sagrado Colegio de Cardenales da especial satisfacción a todos sus conciudadanos. Éste tan alto honor refleja, no solamente sus muchos años de labor aplicada en las Diócesis donde ha servido, sino también sus contribuciones insignes a la vida religiosa de toda la nación.

Desde una perspectiva internacional, su elevación hará posible que su capacidad de mando espiritual llegue aún más directamente a comunidades por todo el mundo para que los valores e ideales de fraternidad humana, que nos unen como una sola familia humana bajo Dios, puedan florecer en abundancia. La Sra. Nixon y yo le saludamos en la ocasión de esta distinción sagrada, y nuestras oraciones se unen con las de sus compatriotas para que su noble misión a la Iglesia, a la nación y al mundo sea larga y fecunda."

Sinceramente,

Richard Nixon
Presidente de los Estados Unidos de América

(La reproducción de este documento, felicitación del Presidente Richard Nixon por mi elevación al Colegio Cardenalicio, se copió fiel y exacto al original.)

The Roman Catholic Diocese of Burlington
351 North Avenue
P.O. Box 489
Burlington, VT 05402-0489

Phone: (802) 658-6110
Fax: (802) 658-0436

• CHANCERY OFFICE

July 29, 2002

His Eminence
Luis Cardinal Aponte Martinez
Urbanizacion San Ignacio
Calle San Alejandra 1763
San Juan, PR 00927

Your Eminence:

I write you on the grand occasion of your 80th birthday this coming August 4. Happy Birthday and "ad multos annos". It does not seem that I first met you thirty-five years ago at Cardinal Spellman's funeral in New York. How quickly the years have passed! So many of those who were close to you have died: your beloved mother and father, Sister Maria, Mons. Juan de Dios de Victoria and Father Felipe Lopez.

I was at Bishop Lawrence Riley's funeral and sat with Archbishop Gonzalez at dinner. He told me you were doing well. I asked him to please remember me to you.

Taking this opportunity to thank you for employing me ever so many years ago and most especially for your kindnesses and friendship, I am

Gratefully yours in Christ,

(Reverend) Walter D. Miller

418

Unde hoc mihi: ¿Por qué a mí?
Memorias del Cardenal Luis Aponte Martínez

St. John the Evangelist Catholic Church
21 S. 13th Street
Philadelphia, PA 19107
Tel. 215-563-4145   FAX 215-563-1770

27 de mayo del 2002
San Agustín de Canterbury

Querido Cardenal Aponte,

He deseado escribirle ya hace tiempo, y este "Memorial Day" sin horas de oficina me provee la oportunidad de hacerlo.

Quiero decirle simplemente MUCHAS GRACIAS por el privilegio de haber servido bajo su dirección y con usted como mi Ordinario durante mis años en la Arquidiócesis de San Juan – primero en Trujillo Alto y luego en Río Piedras, 24 de los 34 años que serví en Puerto Rico (1961-95).

Siempre me hizo sentir "en casa," aceptado y "abrazado" en todo momento. Fue usted amable y cariñoso, un padre y un amigo. Para mí, las memorias de mi tiempo en San Juan son maravillosas, en gran parte porque fue usted mi Arzobispo.

¡Qué el Señor que sabe apremiar a los buenos mayordomos sea su rico consuelo! ¡Qué pueda usted oír con alegría un día aquellas dulces palabras de bienvenida a casa: "Bien hecho, siervo bueno y fiel. ¡Entra en el gozo del reino!"

Con gratitud y cariño,

Francisco

Fr. Francisco J. Russo, OFM Capuchino
Párroco
francisxrusso@aol.com.

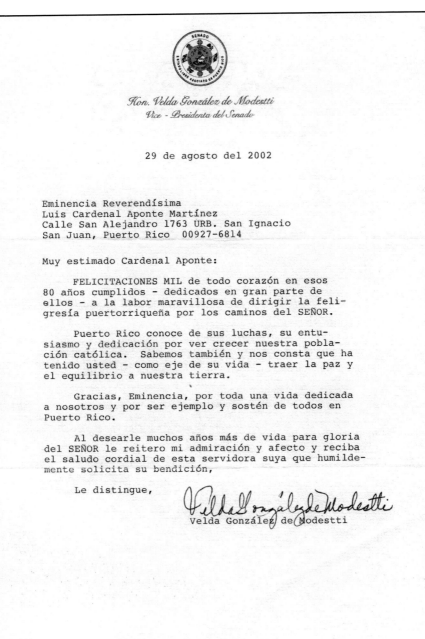

Hon. Velda González de Modestti
Vice - Presidenta del Senado

29 de agosto del 2002

Eminencia Reverendísima
Luis Cardenal Aponte Martínez
Calle San Alejandro 1763 URB. San Ignacio
San Juan, Puerto Rico   00927-6814

Muy estimado Cardenal Aponte:

FELICITACIONES MIL de todo corazón en esos
80 años cumplidos - dedicados en gran parte de
ellos - a la labor maravillosa de dirigir la feligresía puertorriqueña por los caminos del SEÑOR.

Puerto Rico conoce de sus luchas, su entusiasmo y dedicación por ver crecer nuestra población católica. Sabemos también y nos consta que ha
tenido usted - como eje de su vida - traer la paz y
el equilibrio a nuestra tierra.

Gracias, Eminencia, por toda una vida dedicada
a nosotros y por ser ejemplo y sostén de todos en
Puerto Rico.

Al desearle muchos años más de vida para gloria
del SEÑOR le reitero mi admiración y afecto y reciba
el saludo cordial de esta servidora suya que humilde-
mente solicita su bendición,

Le distingue,

Velda González de Modestti

El Capitolio P.O. Box 9023431, San Juan, Puerto Rico 00902-3431

420

Unde hoc mihi: ¿Por qué a mí?
Memorias del Cardenal Luis Aponte Martínez

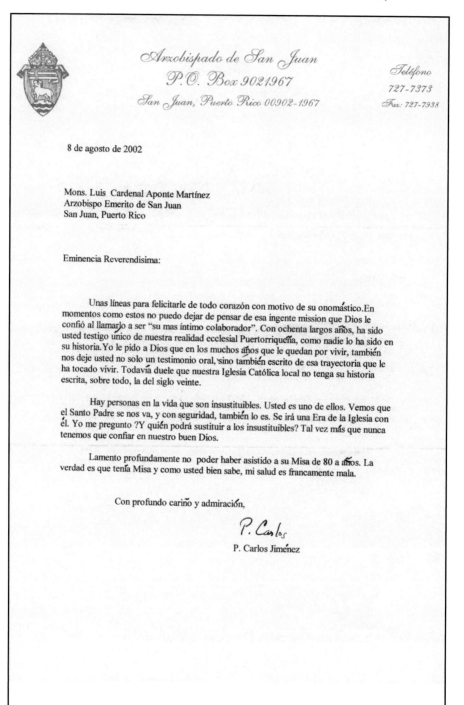

Arzobispado de San Juan
P.O. Box 9021967
San Juan, Puerto Rico 00902-1967

Teléfono
727-7373
Fax: 727-7938

8 de agosto de 2002

Mons. Luis Cardenal Aponte Martínez
Arzobispo Emerito de San Juan
San Juan, Puerto Rico

Eminencia Reverendisima:

Unas líneas para felicitarle de todo corazón con motivo de su onomástico. En momentos como estos no puedo dejar de pensar de esa ingente mission que Dios le confió al llamarlo a ser "su mas íntimo colaborador". Con ochenta largos años, ha sido usted testigo único de nuestra realidad ecclesial Puertorriqueña, como nadie lo ha sido en su historia. Yo le pido a Dios que en los muchos años que le quedan por vivir, también nos deje usted no solo un testimonio oral, sino también escrito de esa trayectoria que le ha tocado vivir. Todavía duele que nuestra Iglesia Católica local no tenga su historia escrita, sobre todo, la del siglo veinte.

Hay personas en la vida que son insustituibles. Usted es uno de ellos. Vemos que el Santo Padre se nos va, y con seguridad, también lo es. Se irá una Era de la Iglesia con él. Yo me pregunto ?Y quién podrá sustituir a los insustituibles? Tal vez más que nunca tenemos que confiar en nuestro buen Dios.

Lamento profundamente no poder haber asistido a su Misa de 80 años. La verdad es que tenía Misa y como usted bien sabe, mi salud es francamente mala.

Con profundo cariño y admiración,

P. Carlos

P. Carlos Jiménez

27 de agosto del 2002

Emo. Sr. Cardenal Luis Aponte Martínez
Urb San Ignacio
1763 San Alejandro
San Juan   00927

Eminencia:

He recibido su carta felicitándome por mis 50 años de vida religiosa. Aunque yo no soy de muchas celebraciones y protagonismos, me ha alegrado grandemente el saber que se ha acordado de mi. No importa que no pueda asistir a la celebración que me prepara la comunidad, pues con su gesto, su recuerdo y su oración me basta.

Le agradezco también porque, en esta gesta de mi vida religiosa y entrega al Señor, ha estado presente Su Eminencia como Pastor de la Arquidiócesis. Posiblemente no lo recuerde, pero no solamente Su Eminencia me ordenó de sacerdote en 1966, sino que me dio las primeras órdenes allá en Aibonito, recién ordenado Obispo; creo que las primeras en que oficiaba. Así que es parte, de muchas formas, de mi "genealogía" eclesiástica.

Gracias de nuevo, y que el Señor le conserve en salud y la alegría de ver que la iglesia local, que regentó, sigue creciendo en frutos evangélicos.

En el Señor,

Jorge Ambert S.J.

751-6001

Calle Eddie Gracia #576, Ext. Roosevelt, Hato Rey, P.R. 00918

422

Unde hoc mihi: ¿Por qué a mí?
Memorias del Cardenal Luis Aponte Martínez

17 de julio de 2002

S.E.R. Luis Cardenal Aponte Martínez
Arzobispo Emérito de San Juan
Calle San Alejandro 1763
Urb. San Ignacio 1763
San Juan, Puerto Rico   00927

Muy estimado S.E.R. Cardenal Aponte Martínez:

Damos gracias a Dios por tan importante conmemoración en su vida.   La Divina Providencia le ha permitido ver la abundante cosecha de su trabajo apostólico como padre y pastor de la Arquidiócesis de San Juan. Los que hemos estado a su lado por los pasados 25 años veneramos hoy su ingente labor y sus enseñanzas.

Fruto de sus inquietudes en favor del pueblo de Dios en San Juan hemos sido los diáconos en San Juan. Abrió puertas al Espíritu para que pudiéramos servir al pueblo en diversas instancias, con entusiasmo y alegría; todo ello gracias a sus consejos y personal atención.

Desde el estado de Maryland donde estaremos hasta el 6 de agosto, con motivo de la boda de nuestra hija Glorita, no podemos menos que solicitarle nos excuse de tan importante celebración para S.E.R. y en la que nos hubiese gustado estar presente. No obstante, cuente con mis oraciones y mi filial respeto y admiración. Aprovecho la ocasión para solicitarle su bendición para nuestra hija y su futuro esposo.

Que la Virgen de la Divina Providencia le siga bendiciendo, lleno de salud y de sus siempre sabios consejos para todos nosotros.

En Cristo y María siempre Virgen y Madre de la Divina Providencia,

Respetuosamente,

Revdo. D. Carlos R. Morales Rodríguez

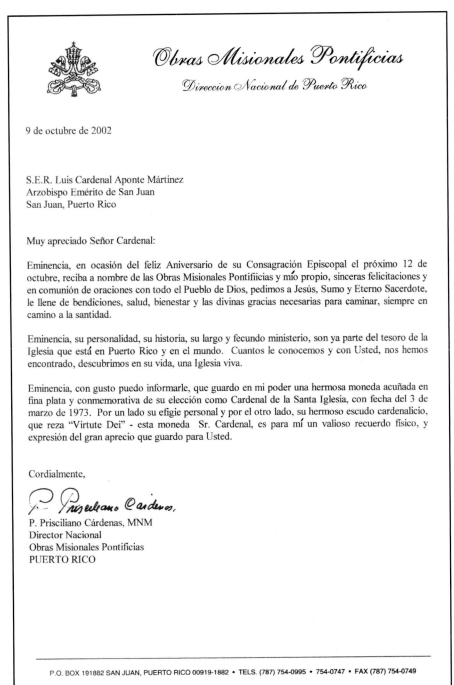

Obras Misionales Pontificias
Direccion Nacional de Puerto Rico

9 de octubre de 2002

S.E.R. Luis Cardenal Aponte Mártinez
Arzobispo Emérito de San Juan
San Juan, Puerto Rico

Muy apreciado Señor Cardenal:

Eminencia, en ocasión del feliz Aniversario de su Consagración Episcopal el próximo 12 de octubre, reciba a nombre de las Obras Misionales Pontifiicas y mío propio, sinceras felicitaciones y en comunión de oraciones con todo el Pueblo de Dios, pedimos a Jesús, Sumo y Eterno Sacerdote, le llene de bendiciones, salud, bienestar y las divinas gracias necesarias para caminar, siempre en camino a la santidad.

Eminencia, su personalidad, su historia, su largo y fecundo ministerio, son ya parte del tesoro de la Iglesia que está en Puerto Rico y en el mundo. Cuantos le conocemos y con Usted, nos hemos encontrado, descubrimos en su vida, una Iglesia viva.

Eminencia, con gusto puedo informarle, que guardo en mi poder una hermosa moneda acuñada en fina plata y conmemorativa de su elección como Cardenal de la Santa Iglesia, con fecha del 3 de marzo de 1973. Por un lado su efigie personal y por el otro lado, su hermoso escudo cardenalicio, que reza "Virtute Dei" - esta moneda Sr. Cardenal, es para mí un valioso recuerdo físico, y expresión del gran aprecio que guardo para Usted.

Cordialmente,

P. Prisciliano Cárdenas, MNM
Director Nacional
Obras Misionales Pontíficas
PUERTO RICO

424

Unde hoc mihi: ¿Por qué a mí?
Memorias del Cardenal Luis Aponte Martínez

PARROQUIA SAN VALENTIN
P.O.Box 9382
Carolina, P.R. 00628

Octubre 25-00

Carolina, Puerto Rico.

Emmo. Sr. Cardenal,
LUIS APONTE MARTINEZ.
San Juan.

Muy apreciado hermano en Cristo Jesús:

Mi comunidad parroquial y yo, hemos estado estrecha y espiritualmente unidos a su Eminencia, en la celebración de su presea dorada - BODAS DE ORO SACERDOTALES -.

Le agradezco de corazón a nuestro Sumo Pontífice Jesucristo, haber podido ejercer mi ministerio durante diez años bajo su cuidado pastoral. Son los años en que más seguro y confiado he ejercido miministerio sacerdotal. Atribuyo a su agilidad pastoral; su sencillez y dignidad; su cariño cercano; su firmeza y su gran testimonio de entrega y amor a la Iglesia.

El Pastor de los Pastores, le conceda disfrutar de amplia salud física y espiritual y la profunda satisfacción del deber generosamente cumplido.

En lo poco que yo pueda estaré muy a sus gratas órdenes.

Confío en sus oraciones y espero su bendición.

Filialmente,

Francisco José Quiceno. P. Pbro.

PARROQUIA SAN ANTONIO DE PADUA
P.O. BOX 602
DORADO, PUERTO RICO 00646

03 de octubre de 2000

"Ut ommes unum sint" (Jn. 17,21)

Emmo. Sr. Cardenal Luis Aponte Martínez
Arzobispo Emérito de San Juan, P. R.

Eminencia:

"Misericordia Domini in aeterno contabo" (Ps 88).

Quiero Eminencia con este versículo del Salmo 88, elevar un cántico de Acción de Gracias al Señor por motivo de sus 50 años de vida Sacerdotal, y 40 años de vida Episcopal, que han sido para la Iglesia, años llenos de frutos incesantes, o sea, toda una vida "ad multos annos".

Quiero además agradecerle que me haya permitido compartir con usted durante casi tres años de su pontificado en San Juan, como su ayudante personal y chofer. Agradezco al Señor haber conocido en la persona de su Eminencia, el gran ser humano que hay, que ama a la Iglesia, y que se desvive por ella día tras día.

Cuando la Iglesia Católica en Puerto Rico abra su historia al mundo, no podrá olvidar las ejecutorias de su Eminencia, en la creación de nuevas parroquias para la Arquidiócesis, la implantación de las directrices del Concilio Vaticano II, la implantación del Diaconado permanente, el haber ordenado nuevos sacerdotes, la creación del seminario Arquidiocesano (y luego Interdiocesano), y demás frutos que si pudiéramos escribirlos se llenarían muchos libros con sus ejecutorias.

Pido al Señor de todo corazón, larga vida a su Eminencia. Gracias por la ayuda dada en mi formación sacerdotal, y luego en prepararme para el futuro, al escuchar diariamente sus sabios consejos. Perdone las veces que no supe obrar con verdadera rectitud, y que usted me corrigió, por el gran cariño que siente hacia mi persona, como el Padre que corrige a sus hijos cuando no actúan bien. Gracias por la alegría que me dió al poder servirle a usted, hubiése querido dar más. "Un hijo agradecido, es un hijo agradecido". ¡Gracias!

De parte del P. Angel Luis Morales, de la comunidad parroquial San Antonio de Padua, y este servidor, queremos felicitar a su Eminencia, por esta larga vida fructífera y llena de Bendiciones, que el Señor ha colmado a su Eminencia.

Me retiro con su paternal bendición.

En Cristo y María,

P. José Miguel Cardona Matta
Vicario Parroquial

426

Unde hoc mihi: ¿Por qué a mí?
Memorias del Cardenal Luis Aponte Martínez

A Nuestro Eminentísimo Luis, Cardenal Aponte Martínez, como expresión de cariño y agradecimiento = lo primero, por las oraciones que en cada misa celebrada a lo largo de tantos años de sacerdocio elevara a Nuestro Padre Divino para bendición del pueblo puertorriqueño. Lo segundo, por su particular interés en que se levantase la parroquia de Cristo Rey.

Padre Luis, así, sin los títulos de nobleza eclesiastica tan merecidamente obtenidos, tan bien ganados, representa usted para nosotros sus hijos espirituales el ejemplo que debemos imitar = toda una vida ofrecida al servicio del Señor "con amor, y sin prisa, cada día que pasa, encendiendo un amor cada mañana".

Podemos confiar Su Eminencia que no ha pasado un día sin que el sol salga, o que la chispa brote. Todo lo que Su Eminencia nos ha dado lo tiene multiplicado allá en el cielo, pues quien sembró con amor, con amor será recompensado.

Hace algún tiempo, con motivo de su cumpleaños, Monseñor Fontánez nos relató momentos de su vida. Y regocijados nosotros, los feligreses, sentíamos la belleza de una vida transparente, infundida de aliento divino. Su alegría fue nuestra alegría, su felicidad se hizo nuestra.

Estaba Su Eminencia pensativo, como si quisiera dejarnos, a quienes escuchábamos, una esperanza para cada cuidado, y para cada pena los brazos abiertos esperando.

La vida es buena si se sabe vivir, ha dicho el filósofo. Para saberla vivir y conocerla hay que examinarla, pues una vida que no se examina no vale la pena vivirla. Su Eminencia, ha conocido en su corazón que la vida buena estaba en Nuestro Señor. Hacia Él se movió y dejó a un lado las impresiones engañosas y se dedicó a servirle libre y gozosamente. Como San Agustín, ya conocido el Señor, el corazón no podía entretenerse en otros menesteres que no fueran hacer la voluntad de Él. Ha sido un don del Señor que sabe dar buenas dádivas a sus hijos.

Son muchos años, Eminencia. Años de sacrificios, de dolor; años de ser testigo de las miserias humanas; años de querer hacer más para la mayor gloria de Dios; pero también años de logros, de alegrías, de gozo en el corazón y de promesas cumplidas.

Obras son amores y estamos viendo sus obras. De la abundancia del corazón habla la boca, y estamos oyendo sus palabras. Y las obras y las palabras perennizan aquel deseo que desde muy joven sacerdote sintió de consumirse en el fuego del amor a Dios.

Su Eminencia, Luis, Cardenal Aponte Martínez, como sarmientos de la Vid que es el Señor, le confiamos nuestro deseo de que cuando el Señor corte el racimo, halle una uva, una siquiera muy pequeña y muy dulce que resumiendo la sangre de la Vid sea un poquito de miel para su boca. (Alfonso Junco)

Y que la dulce paz que el alma anhela llene su corazón, en lo que el tiempo de descanso llega.

Con filial afecto, en Cristo y María Santísima,

Monseñor Antonio Gómez Ramírez, Párroco

Víctor M. Reyes, Diácono y

los feligreses de la Parroquia Cristo Rey

428

Unde hoc mihi: ¿Por qué a mí?
Memorias del Cardenal Luis Aponte Martínez

Bayamón Octubre 13-2000

Eminentísimo Señor Cardenal: Estoy saboreando los artículos de El Visitante. ¡Qué vida más linda y envidiable.

Personalmente tengo una deuda con usted que solo el Señor me puede ayudar a cancelar. Fue usted quien me recibió hace ya 12 años con una cartica hermosa que me envió a Miami. Su corazón de Padre y Pastor se mantenía abierto siempre no solo a mí sino también a todos los sacerdotes colombianos que hemos llegado a esta tierra privilegiada. Gracias Señor Cardenal, por mí y por todos mis hermanos sacerdotes colombianos.

He sido siempre un admirador suyo. Su autoridad como jefe de nuestra iglesia puertorriqueña fue ejemplar. Y su presencia con sus manos fueron seguridad en el timón.

Dios lo bendiga, Eminentísimo Señor. Sobra decirle que mi oración lo acompañará siempre. En sus 50 años de sacerdote y sus 40 de obispo nada mejor se puede decir que la frase del Evangelio "Todo lo hizo bien".

Con mi abrazo cariñoso y deseándole muchos años más de vida, quedo

Afectísimo en Jesús Eucaristía

Daniel Trujillo

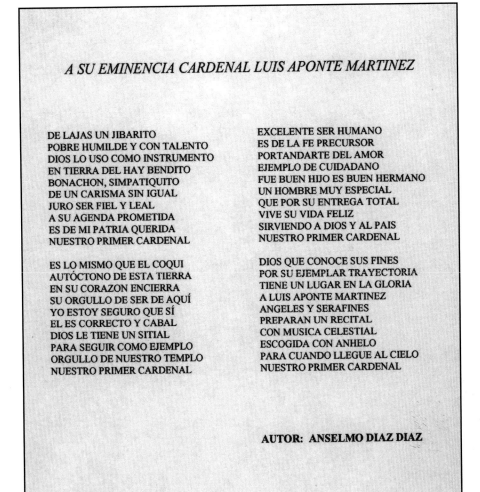

A SU EMINENCIA CARDENAL LUIS APONTE MARTINEZ

DE LAJAS UN JIBARITO
POBRE HUMILDE Y CON TALENTO
DIOS LO USO COMO INSTRUMENTO
EN TIERRA DEL HAY BENDITO
BONACHON, SIMPATIQUITO
DE UN CARISMA SIN IGUAL
JURO SER FIEL Y LEAL
A SU AGENDA PROMETIDA
ES DE MI PATRIA QUERIDA
NUESTRO PRIMER CARDENAL

ES LO MISMO QUE EL COQUI
AUTÓCTONO DE ESTA TIERRA
EN SU CORAZON ENCIERRA
SU ORGULLO DE SER DE AQUÍ
YO ESTOY SEGURO QUE SÍ
EL ES CORRECTO Y CABAL
DIOS LE TIENE UN SITIAL
PARA SEGUIR COMO EJEMPLO
ORGULLO DE NUESTRO TEMPLO
NUESTRO PRIMER CARDENAL

EXCELENTE SER HUMANO
ES DE LA FE PRECURSOR
PORTANDARTE DEL AMOR
EJEMPLO DE CUIDADANO
FUE BUEN HIJO ES BUEN HERMANO
UN HOMBRE MUY ESPECIAL
QUE POR SU ENTREGA TOTAL
VIVE SU VIDA FELIZ
SIRVIENDO A DIOS Y AL PAIS
NUESTRO PRIMER CARDENAL

DIOS QUE CONOCE SUS FINES
POR SU EJEMPLAR TRAYECTORIA
TIENE UN LUGAR EN LA GLORIA
A LUIS APONTE MARTINEZ
ANGELES Y SERAFINES
PREPARAN UN RECITAL
CON MUSICA CELESTIAL
ESCOGIDA CON ANHELO
PARA CUANDO LLEGUE AL CIELO
NUESTRO PRIMER CARDENAL

AUTOR: ANSELMO DIAZ DIAZ